U0123925

杜运苏 著

低碳经济条件下提升
中国制造业贸易竞争力研究

IMPROVING CHINA'S MANUFACTURING
INDUSTRY'S INTERNATIONAL COMPETITIVENESS
IN THE CASE OF LOW CARBON ECONOMY

社会科学文献出版社
SOCIAL SCIENCES ACADEMIC PRESS (CHINA)

　　本书为国家社科基金项目（11CJY045），同时还是江苏高校现代服务业协同创新中心、江苏高校人文社会科学校外研究基地"江苏现代服务业研究院"和江苏高校优势学科建设工程资助项目（PAPD）的研究成果。

前　言

改革开放以来，在传统非低碳经济条件下，中国制造业通过发挥比较优势、利用后发优势、培育竞争优势，积极参与国际分工与合作，从制成品、中间品到生产环节全面融入全球价值链的创造中，逐渐成为"世界工厂"，贸易竞争力大幅提升，成为中国经济保持持续快速增长的重要动力之一。与此同时，以煤炭为主的能源结构、相对较低的能源利用效率等因素导致中国制造业单位价值的碳排放量相对较高。然而，在《联合国气候变化框架公约》、《京都议定书》、"巴厘岛路线图"和《哥本哈根协议》后，低碳经济取代传统经济成为世界经济发展的大趋势，低碳与减排也成为各国经济发展的外部约束。欧盟和美国正在积极制定碳关税的相关政策，芬兰、丹麦、意大利等国家在国内征收碳税，中国也正在研究征收碳税的可行性及其影响。面对低碳、环保名义下的各种关税和非关税的壁垒新形式，中国制造业在传统非低碳经济条件下确立的贸易竞争力面临着日益严峻的挑战，相关出口产品也成为世界各国碳关税、碳标签政策的主要目标和制造贸易摩擦的主要对象。低碳经济发展对中国制造业贸易竞争力的影响要远大于其他国家。

本书第一章为导论部分，包括研究背景、研究意义、研究思路、研究方法等内容。第二章首先从规模、结构、市场多元化等方面分析了非低碳经济下中国制造业对外贸易的发展特征，并测算了中国制造业出口的二元边际，接着通过显示性竞争优势指数（CA 指数）、贸易竞争力指数（TC 指数）、出口技术复杂度指数（EXPY 指数）等分析了中国制造业贸易竞争力的动态变化及其规律。第三章基于可比价格投入 - 产出表，从总体上、不同行业、不同贸易伙伴等方面测度了非低碳经济下中国制造业对外贸易中隐含碳排放失衡度，而且针对中国制造业出口中隐含碳排放快速增长，采用结构分解法（SDA）和指数分解法（IDA）两种方法考察了出口中隐含碳排放增长的驱动因素，为科学评估低碳经济政策对中国制造业贸易竞争力的影响提供数据支撑。第四章在回顾碳关税产生的背景、合法性争议以及面临障碍的基础上，通过构建符合中国国情的动态可计算一般均衡模型，模拟了欧美征收不同水平碳关税对中国制造业贸易竞争力及其出口的影响，也模拟了不同缓解措施在实际效果上的差别。第五章在回顾碳税内涵、国外开征碳税的现状以及碳税经济效应的基础上，通过投入 - 产出表和动态可计算一般均衡模型，分析了不同水平的碳税对中国制造业贸易竞争力的短期和长期影响。第六章首先分析了中国环境规制的现状和政策工具，然后回顾了环境影响贸易竞争力的理论与实证检验，最后在合理构建环境规制强度指数的前提下，基于 HOV 模型，实证检验了环境规制对中国制造业贸易竞争力的影响。第七章主要总结前文研究的结论，并结合低碳经济发展以及中国制造业发展面临的国内外环境，提出相关的对策建议。

本书具有以下几个特点：第一，建立了符合中国国情的动态可计算一般模型（CGE），并用于分析中国制造业贸易竞争力。目前利用 CGE 研究国外碳关税和国内碳税的影响集中在宏观层面，本书进行了适当的延伸，用于研究对中国制造业贸易竞争力的影响。此外，本书还在 CGE 模型中纳入了技术进步，使分析结论更为科学合理。第二，本书基于可比价格投入－产出表，较为全面地研究了中国制造业与主要贸易伙伴之间的隐含碳排放问题，既研究了失衡情况，也研究了驱动因素，可以为我国科学评估低碳经济政策对制造业贸易竞争力的影响以及参与国际谈判提供一些参考。第三，本书基于动态可计算一般均衡模型模拟了欧美碳关税对中国制造业不同行业出口以及出口不同地区的影响，并模拟不同缓解措施的差别，为应对这一低碳贸易壁垒做了一些尝试性研究。第四，本书基于投入－产出表和动态可计算一般模型分别考察了碳税对中国制造业贸易竞争力的短期和长期影响，并模拟不同税收循环使用的差别，探讨了碳税"双重红利"效应在中国实现的可能性。第五，本书在合理构建环境规制强度综合指数的基础上，基于 HOV 模型，利用面板分位数回归模型分析了环境规制对中国制造业贸易竞争力的影响，研究结论可以为中国在低碳经济下处理好加强环境规制与贸易竞争力关系提供一些参考。

目　录

第一章 导论

由人为温室气体排放所引起的全球变暖问题日益引起国际社会的广泛关注，人类正在逐步从以化石能源为主的传统经济模式走向低碳经济发展模式。从《联合国气候变化框架公约》签署到《京都议定书》生效，再到《哥本哈根协议》的艰难谈判，关于发展权与排放权的讨论不断升级，催生了低碳经济理念的迅速发展，制造业竞争格局的变化也越来越受到关注。本章主要介绍研究背景、研究意义、研究思路、研究方法、研究内容等。

第一节 研究背景

工业革命以来，人类贪婪地追求经济发展与满足物质需要，无节制地利用化石能源，放任二氧化碳的高排放，把自己从农业社会的"原生态"低碳经济体系逐渐带入了工业社会的"高碳经济"体系，同时也把自己带入了全球变暖的尴尬境地。政府间气候变化专门委员会（IPCC）第四次报告显示：近百年来全球地表平均温度上升0.74℃，过去50年的升温速度几乎是过去100年升温速度的2倍，由此引发了全球性的生物多样性消失、土地退化和荒漠化、能源短缺、海洋环境恶化等问题。更为严重的是，伴随着更多发展中国家工业化的进行，到2050年世界经济规模比现在要高出3～4倍，而目前能源消费结构中，碳基能源（煤炭、石油、天然气）在总能源中所占的比重超过了80%，未来的发展如果仍然采用高碳模式，到21世纪中期，地球将不堪重负。于是，人类开始在经济增长与福利改进以及经济发展与环境保护的关系中积极寻求一种理性权衡，提出了低碳经济发展理念。不同于传统经济模式，低碳经济以低能耗、低污染、低排放为特点，提倡大幅提高能源利用效率和创建清洁能源结构，发展低碳技术、产品和服务，确保在经济稳定增长的同时消减温室气体的排放量。在《联合国气候变化框架公约》、《京都议定书》、"巴厘岛路线图"和《哥本哈根协议》签订后，世界各国都在为发展低碳经济做出自己的努力，纷纷把低碳和减排作为经济发展的约束条件，低碳经济逐渐取代传统经济成为世界经济发展的大趋势，将会带来国际竞争格局的变化。

改革开放以来，在投资、消费、出口"三驾马车"的拉动下，中国经济增速一直维持在较高水平，在世界经济发展历史中创造了"中国奇迹"。2010年中国GDP规模超过日本，成为仅次于美国的第二大经济体。虽然2012年以后，中国经济增长速度有所下降，由高速增长转入中高速增长的新常态，但在全球范围内仍然属于较高增长水平。不过，中国的经济增长主要是通过资源的超常投入来获得更高的产出，是典型的"高消耗、高污染、高排放"的传统经济增长模式。2011年中国化石能源燃烧排放的二氧化碳排放总量达到79.5亿吨，超过美国的26.7亿吨，是欧盟27国的排放总量的2.2倍，占全球总量的25.4%，中国在总量上已经成为碳排放大国。[1]这就导致了中国低碳经济国际竞争力处于弱势地位，落后于世界平均水平，2011年在50个国家或地区中中国居第45位，排名比较靠后，在四个一级指标即低碳效率、低碳社会、低碳引导方面的得分均较低。[2]低碳与减排也成为中国政府和企业必须面对的外部约束要素。中国不仅在发达国家签署《京都议定书》的第二承诺期的前提下，

---

[1]　IEA，CO_2 Emissions from Fuel Combustion Highlights，2013，pp. 50 – 52.

[2]　中国人民大学气候变化与低碳经济研究所：《中国低碳经济年度发展报告》，石油工业出版社，2012，第17~37页。

有条件地接受 2020 年后的二氧化碳量化排放协议，而且在发布的《中国应对气候变化的政策与行动（2011）》白皮书中明确提出，到 2020 年单位国内生产总值温室气体排放要比 2005 年下降 40% ~ 45%，并将其作为约束性指标纳入国民经济和社会发展中长期规划，在保障社会经济发展的前提下积极参与全球减排行动。作为世界碳排放大国和最大的发展中国家，能否寻找一条低碳发展之路在很大程度上决定了我国在未来一段时间内经济增长的可持续性。

作为国民经济的支柱产业，中国制造业通过发挥比较优势、利用后发优势、培育竞争优势，积极参与国际分工与合作，融入全球价值链的创造中，逐渐成为"世界工厂"，贸易竞争力大幅提升，部分行业已经居世界前列。根据世界贸易组织统计，1980 年中国制成品的国际市场占有率仅为 0.8%，是美国的 6%、日本的 7.1%；到 2000 年中国制成品国际市场占有率提高到 4.7%，是美国的 34%、日本的 49%、欧盟的 33%。加入 WTO 以后，中国制成品的国际市场占有率提升速度陡然加快，在 2004 年国际市场占有率达到 8.3%，超过了日本，成为仅次于欧盟和美国的世界第三大制成品出口经济体，在 2013 年中国国际市场占有率更是高达 17.5%，分别是美国和日本的 1.85 倍和 3.32 倍，牢固确立了第一大出口国的地位。[1]然而，以煤炭为主的能源结构、相对较低的能源利用效率等因素导致了中国制造业单位价值的碳排放量相对较高。面对低碳、环保名义下的各种关税和非关税的壁垒新形式，中国制造业在传统非低碳经济条件下确立的贸易竞争力面临日益严峻的挑战，相关出口产品也成为世界各国碳关税、碳标签政策的主要目标和制造贸易摩擦的主要对象。低碳经济发展对中国制造业贸易竞争力的影响要远大于其他国家。

在此背景下，本书展开理论与实证研究。

---

[1] http：//stat. wto. org/Home/WSDBHome. aspx？Language = E。

第二节　研究意义

本书的研究意义主要体现在以下几个方面。

（1）建立了符合中国国情的动态可计算一般模型（CGE），并用于分析中国制造业的贸易竞争力。目前利用 CGE 研究国外碳关税和国内碳税的影响集中在宏观层面，本书进行了适当的延伸，用于研究对中国制造业贸易竞争力的影响。此外，本书还在 CGE 模型中纳入了技术进步，使分析结论更为科学合理。

（2）在开放经济条件下，对外贸易中隐含碳排放在各国制造业的碳排放中占有举足轻重的地位。本书基于可比价格投入－产出表较为准确地测算了中国制造业对外贸易中隐含碳排放的失衡问题，并运用结构分解法（Structural Decomposition Analysis，SDA）和指数分解法（Index Decomposition Analysis，IDA）两种方法分析了中国制造业出口中隐含碳排放增长的驱动因素。一方面，可以为我国科学评估各种低碳经济政策对我国制造业贸易竞争力的影响提供数据支撑；另一方面，可以为我国参与国际谈判以及减少出口中隐含碳排放提供一些参考。

（3）在低碳经济条件下，碳关税很有可能成为一种重要的贸易壁垒。作为世界第一大排放国和第一大出口国，碳关税的征收势必对中国制造业贸易竞争力产生一定的影响。本书基于动态可计算一般均衡模型模拟了欧美碳关税对中国制造业不同行业出口以及出口不同地区的影响，并模拟了不同缓解措施的差别，可以为应对这一低碳贸易壁垒提供一些建议。

（4）碳税已经在很多发达国家被证明是减少碳排放的最具市场效率的经济手段之一。随着中国碳排放量的不断增加，制定并实施符合我国国情的碳税政策已经势在必行。本书基于投入－产出表和动态可计算一般模型分别考察了碳税对中国制造业贸易竞争力的短期和长期影响，并模拟了不同税收循环使用的差别，检验了碳税的"双重红利"效应在中国实现的可能性，可以为我国制定碳税政策以及低碳经济下提高贸易竞争力提供一些参考。

（5）在低碳经济条件下，加强环境规制是必然趋势，而贸易竞争力是一国加强环境规制需要考量的重要因素。本书在合理构建环境规制强度综合指数的基础上，基于 HOV 模型，利用面板分位数回归模型分析了环境规制对中国制造业贸易竞争力的影响，可以为我国制定环境政策、产业政策以及外贸政策提供一些建议、参考。

第三节　研究思路与研究方法

一　研究思路

（1）提出问题。在传统经济条件下，中国制造业凭借廉价的劳动力和资源，加上优惠的外贸外资政策，全面融入了国际分工链条，贸易竞争力显著提升，成为"世界工厂"。然而，以煤炭为主的能源结构、相对较低的能源利用效率等因素导致了中国制造业单位价值的碳排放强度较高，随着低碳经济逐步取代传统经济，中国制造业建立在"低成本、高能耗、高排放"基础上的贸易竞争力面临着巨大挑战。因此，在低碳经济条件下如何提升中国制造业贸易竞争力已经成为一个需要我们研究的重要课题。

（2）定量研究。一方面通过显示性竞争优势指数（CA 指数）、贸易竞争力指数（TC 指数）、国际市场占有率（MS）、出口技术复杂度指数（EXPY 指数）等总结中国制造业贸易竞争力的动态变化及其规律；另一方面，基于可比价格投入 - 产出表测算中国制造业对外贸易中隐含碳排放的失衡情况，并运用 SDA 和 IDA 两种结构分解方法分析中国制造业出口中隐含碳排放增长的驱动因素。这两个方面的定量研究可以为实证研究奠定基础。

（3）实证研究。首先建立符合中国国情的动态可计算一般均衡模型，用于模拟欧美碳关税以及国内碳税对中国制造业贸易竞争力的影响，并考察不同缓解措施或在不同情境设置下影响的差异。其次，建立面板分位数回归模型，分析环境规制对中国制造业贸易竞争力的影响。

（4）总结研究结论，并提出相关的对策建议。总结归纳定量研究和实证研究的结论，结合低碳经济发展以及中国制造业发展面临的国内外环境，提出低碳经济条件下提升中国制造业贸易竞争力的对策建议。

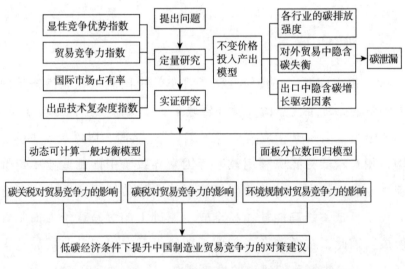

图 1-1　本书的技术路线图

二　研究方法

（1）可计算一般均衡（CGE）法。借鉴目前广泛应用于碳关税和碳税的 CGE 方法，结合中国国情并纳入技术进步因素构建动态可计算一般均衡模型，通过适当的延伸应用于国外碳关税以及国内碳税可能对我国制造业贸易竞争力所产生的影响。

（2）环境投入－产出分析法。利用双重平减（double deflation）方法将中国 1997～2010 年投入－产出表转化为可比价格投入－产出表，然后分别计算中国制造业不同行业的二氧化碳排放强度和对外贸易中隐含碳排放失衡度（即碳泄漏）。

（3）比较分析法。通过比较分析不同制造业行业的碳排放及其泄漏，比较分析国外碳关税、国内碳税对中国制造业贸易竞争力的影响，这既可以让我们了解低碳经济对我国制造业贸易竞争力的影响，也可以为国家制定产业政策、外资外贸政策提供一些有益的借鉴。

（4）分解分析法。利用结构分解分析法（SDA）和指数分解分析法（IDA）两种方法将隐含碳排放分解为：①技术效应，即产品碳排放强度的变化；②结构效应，即贸易结构的变化；③规模效应，即贸易量的变化。

（5）面板分位数回归法。通常的固定效应或随机效应模型得出的是解释变量的平均效果，无法考察不同分位数下解释变量对被解释变量的影响差别。为弥补这一缺陷，在研究环境规制对贸易竞争力的影响时，本书借助分位数回归理论，用被解释变量的条件分位数对解释变量进行回归，捕捉分布上尾和下尾的特征，得出解释变量对不同部分被解释变量产生的不同影响。

第四节　研究内容

本书共分为七章，具体研究内容包括：

第一章导论部分，首先分析了低碳经济条件下中国制造业贸易竞争力这个论题的研究背景，接下来介绍了本书的研究意义、研究思路、研究方法等内容。

第二章首先从规模、结构、市场多元化等方面分析了传统经济条件下中国制造业对外贸易的发展特征，并测算了中国制造业出口的二元边际；接着通过显示性竞争优势指数（CA 指数）、贸易竞争力指数（TC 指数）、国际市场占有率（MS）、出口技术复杂度指数（EXPY 指数）、产业内贸易指数（IIT 指数）等总结了中国制造业贸易竞争力动态变化及其规律，为后面的研究奠定了基础。

第三章基于可比价格投入－产出表，从总体上、不同行业、不同贸易伙伴等方面测度了传统经济条件下中国制造业对外贸易中隐含碳排放的失衡度。针对中国制造业出口中隐含碳排放快速增长的情况，采用 SDA 和 IDA 两种分解方法考察了出口中隐含碳排放增长的驱动因素，为科学评估低碳经济政策对中国制造业贸易竞争力的影响提供数据支撑。

第四章在回顾碳关税产生的背景、合法性争议以及面临障碍的基础上，通过构建符合中国国情的动态可计算一般均衡模型，模拟了欧美征收不同水平的碳关税对中国制造业贸易竞争力及其出口的影响，并模拟了不同缓解措施在实际效果上的差别。

第五章在回顾碳税内涵、国外开征碳税的现状以及碳税经济效应的基础上，通过投入－产出表和动态可计算一般均衡模型，分析了不同水平碳税对中国制造业贸易竞争力的短期和长期影响。

第六章首先分析了中国环境规制的现状和政策工具，然后回顾了环境影响贸易竞争力的理论与实证检验，最后在合理构建环境规制强度指数的前提下，基于 HOV 模型，实证检验了环境规制对中国制造业贸易竞争力的影响。

第七章主要总结前文研究的结论，并结合低碳经济发展以及中国制造业发展面临的国内外环境，提出相关的对策建议。

第二章 非低碳经济条件下中国制造业 贸易竞争力分析

20 世纪 90 年代中期以来，中国制造业进出口贸易迅速发展，贸易竞争力显著提升，取得了举世瞩目的成就。特别是加入 WTO 以来，中国积极参与国际分工与合作，融入全球价值链的创造中，逐渐成为世界制造与贸易中心，2012 年贸易总额首次超过美国，成为世界贸易规模最大的国家。本章将对中国制造业对外贸易及其竞争力进行分析，为后面的研究奠定基础。

第一节 中国制造业对外贸易发展变化

长期以来，制造业在中国的对外贸易中一直占据主导地位，其发展水平和规模在很大程度上反映了中国的综合实力。本节将从五个方面分析中国制造业进出口贸易的发展趋势。

一 规模不断扩大

近年来，中国制造业得益于对外开放、全球制造业转移、丰富的人力资本等因素，对外贸易取得了令人瞩目的发展，进出口额由 1996 年的 2345.22 亿美元增加到 2012 年的 29915.76 亿美元，增加了 12.7 倍，年均增长率为 17.95%，远远高于世界平均水平，已经成为拉动中国经济增长的重要因素之一（见图 2-1）。[①]从出口的角

---

① 基于 HS 分类标准的进出口贸易数据与制造业各行业之间的对应关系采用盛斌（2002）的标准，详见盛斌《中国对外贸易政策的政治经济学分析》，上海三联书店，2002，第 517~529 页。

度来看，1996 年中国制造业的出口额为 1276.56 亿美元，2012 年上升至 18472.02 亿美元，增长了近 14.5 倍，年均增长率为 18.95%；从进口的角度来看，1996 年中国制造业的进口额为 1068.66 亿美元，2012 年就上升到 11443.75 亿美元，增长了 10.7 倍，年均增长率为 16.69%。由此可以看出，中国制造业出口不仅绝对额高于进口，而且增速也较快。

由图 2-1 我们还可以发现，中国制造业出口贸易在取得巨大成绩的同时也存在着一个不可忽视的问题，即面临外部冲击时存在较大的脆弱性，每一次发生金融危机都会导致中国制造业出口的大幅波动，增长率显著下降，甚至出现负增长，绝对额出现下降。在 1998 年亚洲金融危机期间中国制造业出口只增长了 2.35%；而在 2008 年世界金融危机爆发后，2009 年中国制造业的出口下降了 13.58%。实际上，中国制造业出口增长的脆弱性与中国以集约边际为主导的增长模式有关。一国出口的增长可以分解为扩展边际（Extensive Margin）和集约边际（Intensive Margin）。出口增长的扩展边际意味着新企业进入出口市场以及出口产品种类的增加，而出口增长的集约边际是指现有出口企业和出口产品在单一方向的量的扩张。沿集约边际的出口增长使一国出口极易遭受外部冲击的影响，从而引起出口的大幅度波动，也有可能降低一国出口产品的价格从而使一国的贸易条件恶化（Liapis 和 Fournier，2008）。[1]而沿扩展边际的出口增长意味着出口更多的产品到更多的国家，有利于出口国实现多元化的贸易结构，从而保证了本国出口的稳定性。Bernard 等（2009）的研究表明，相对于扩展边际，集约边际主导的出口增长模

---

① Liapis, R. S. and Fournier, A., How Important is the Extensive Margin in Agricultural Trade, presented at the International Agricultural Trade Research Consortium（IATRC）meetings, Scottsale , AZ, 2008.

式极易遭受外部冲击的影响。[①]基于此，下面我们将专门分析中国制造业出口增长的二元边际。

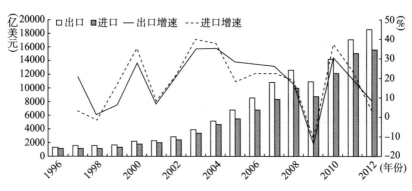

图 2 - 1　1996～2012 年中国制造业对外贸易情况

资料来源：联合国商品贸易统计数据库（UN COMTRADE）。

随着制造业贸易规模的扩大，其在中国货物贸易进出口总额中所占的比重也有所上升（见表 2 - 1）。就出口而言，从变化趋势来看，以 2009 年全球金融危机作为分界点，前后呈现出不同特点。出口所占比重在 1996～2009 年有了一定幅度的上升，从 84.51% 上升至 90.29%，此后又有所下降，2012 年为 90.16%，略低于 2009 年的水平。制造业已经确立了在中国出口贸易中的主导地位，成为衡量中国综合实力的重要标志之一。与出口占比略有不同，进口占比基本上一直处于下降状态，2008 年比 1996 年下降了 0.5 个百分点，仅为 67.5%。虽然 2009 年有所上升，但之后出现了较大幅度下降，2012 年仅为 62.94%，导致这一结果的主要原因是随着中国经济的发展，进口的原材料、能源等初级产品大幅增加。进出口总额占比与出口占比的变化趋势比较接近，最高点在 2009 年，此后开始有所下降，2012 年为 77.36%。这一现象说明制造业贸易发展对于巩固

---

① Bernard, A. B., Jensen, J. B., Redding, S. J. and Schott, P. K., The Margins of U. S. Trade, NBER Working Paper No. 1466, 2009.

我国贸易大国的地位有着深远的意义，是由贸易大国走向贸易强国的关键。有一点值得注意的是，自 2010 年以来制造业进口占比、出口占比与进出口总额占比均出现了小幅度的下降，这可能与金融危机以后全球需求萎缩以及中国制造业产品替代弹性较高有关。

表 2 - 1　1996～2012 年制造业进出口占中国货物贸易
进出口总额的比重

年份	出口占比（%）	进口占比（%）	进出口总额占比（%）
1996	84.51	76.97	80.90
2000	86.57	72.29	79.79
2005	87.23	71.78	80.06
2006	87.53	72.45	80.75
2007	88.04	72.07	80.89
2008	87.75	67.50	78.80
2009	90.29	69.94	81.02
2010	89.93	67.20	79.26
2011	89.77	63.76	77.32
2012	90.16	62.94	77.36

资料来源：联合国商品贸易统计数据库（UN COMTRADE）。

二　顺差稳定增加

20 世纪 90 年代中后期以来，中国制造业贸易顺差不断扩大。1996 年，中国制造业的贸易顺差为 207.897 亿美元，在 1999 年该顺差也仅增加到 433.53 亿美元，增加幅度较小。但是进入 21 世纪以来，制造业贸易顺差迅速扩大，到 2012 年该顺差已增加到 7028.26 亿美元，相比于 1996 年增加了 32.8 倍，年均增速为 28%，远远高于进出口贸易额的增长速度（见图 2 - 2）。制造业贸易顺差的扩大对中国外汇储备的增加起了巨大的促进作用。该时期内制造业贸易顺差的扩大一方面反映出中国的制造业在国际上具有一定的竞争力；另一方面也表明该时间段内全球制造业持续向中国转移，中国已成为国际产业转移的主要承接地。不过，随着中国制造业贸易顺差的增加，由此引起的贸易摩擦也呈愈演愈烈之势，尤其在世界经济和贸易出现急剧下滑、市场竞争更加激烈的形势下，滥用救济手段等各种贸易摩擦急剧增加。

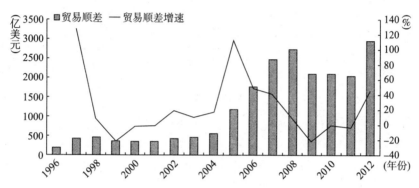

图 2 - 2　1996～2012 年中国制造业贸易顺差及其增速

资料来源：联合国商品贸易统计数据库（UN COMTRADE）。

三　结构日益优化

中国制造业不仅贸易规模迅速增加，而且产品结构也发生了重大变化，并不断优化。就制造业出口产品结构而言，电气与通信设备、纺织品、电器机械与器材、皮革皮毛羽绒及其制品、服装及其他纤维品、金属制品、交通运输设备、文教体育用品、仪器仪表文化及办公用品与普通机械设备是中国制造业出口的主要产品，在1996 年这 10 类产品的出口额占制造业总出口额的比重为 74.6%，而到了 2012 年该比重上升为 76.6%。其中电气与通信设备是中国制造业出口金额最大的产品，在 1996 年电气与通信设备的出口额占制造业总出口额的比重为 11.96%，而到了 2006 年该比重上升到29.64%，此后该比重有所下降，2012 年该行业比重为 27.8%；同时纺织品与皮革皮毛羽绒及其制品作为中国制造业出口的重要产品，其出口额占制造业出口的比重逐渐下降，分别由 1996 年的 13.15%、10.37% 下降至 2012 年的 8.57%、4.81%；近年来电器机械与器材制造业在制造业出口所占的比重开始上升，由 1996 年的 8.15% 上升到 2012 年的 10.65%。

表 2-2 1996-2012 年中国制造业出口产品结构

单位:%

	1996 年	2000 年	2003 年	2006 年	2009 年	2012 年
电气及通信设备制造业	11.96	17.27	26.01	29.64	28.84	27.80
纺织业	13.15	11.73	10.70	9.58	9.23	8.57
电器机械与器材制造业	8.15	11.08	10.68	10.30	10.24	10.65
皮革皮毛羽绒及其制品业	10.37	8.68	7.02	4.93	4.70	4.81
服装及其他纤维品制造业	11.73	9.03	6.82	5.36	4.51	3.53
金属制品业	4.75	4.75	4.55	5.44	5.19	5.17
交通运输设备制造业	3.27	4.30	4.09	4.53	5.54	5.87
文教体育用品制造业	5.14	4.74	3.94	3.03	2.81	2.25
仪器仪表文化及办公用品制造业	3.67	3.42	3.05	3.72	3.33	3.77
普通机械设备制造业	2.46	2.68	2.98	3.45	4.15	4.20
食品加工制造业	5.52	3.75	2.89	2.26	2.12	2.04
专用设备制造业	1.33	1.38	1.73	2.48	4.85	3.74
化学原料及化学制品制造业	2.78	2.50	2.30	2.06	2.20	2.40
非金属矿物制造业	2.28	2.10	1.99	1.98	2.06	2.31
家具制造业	1.02	1.66	1.92	2.03	2.36	2.67
其他制造业	2.09	1.97	1.43	1.29	1.25	3.10
化学纤维制造业	2.27	1.88	1.71	1.43	1.25	1.35
石油加工及炼焦业	1.36	1.60	1.53	1.21	1.28	1.30
有色金属冶炼及延压加工业	1.25	1.51	1.26	1.73	0.79	1.02

	1996 年	2000 年	2003 年	2006 年	2009 年	2012 年
木材加工及竹藤棕草制品业	1.44	1.16	1.10	1.16	0.85	0.76
橡胶制品业	0.61	0.70	0.65	0.86	0.96	1.16
造纸及纸制品业	0.54	0.56	0.52	0.57	0.62	0.72
黑色金属冶炼及延压加工业	1.01	0.59	0.38	0.38	0.16	0.14
医药制造业	0.47	0.31	0.24	0.18	0.31	0.32
饮料制造业	0.53	0.39	0.26	0.19	0.14	0.13
印刷业记录媒介的复制	0.16	0.20	0.18	0.17	0.22	0.19
烟草加工业	0.68	0.07	0.07	0.03	0.03	0.03
塑料制品业	0.01	0.01	0.01	0.01	0.01	0.02

资料来源：联合国商品贸易统计数据库（UN COMTRADE）。

为了更加细致地考察中国制造业出口结构，我们借鉴 OECD 的标准和谢建国（2003）的方法，按照要素密集度将 28 个制造行业划分成 3 类：劳动密集型、资本密集型、资本和技术密集型。[1][2]根据图 2-3 我们可知，中国劳动力密集型产业的出口额占制造业总出口额的比重逐渐下降，由 1996 年的 43.42% 下降至 2012 年的 19.86%；而资本和技术密集型产业的出口额占制造业总出口额的比重逐渐上升，由 1996 年的 40.93% 上升至 2012 年的 67.01%，这表明中国在资本与技术密集型的生产上逐渐表现出了较强的竞争优势，标志着

---

[1] 谢建国：《外商直接投资与中国的出口竞争力——一个中国的经验研究》，《世界经济研究》2003 年第 7 期。

[2] 劳动密集型产业包括：食品加工制造业、饮料制造业、烟草加工业、纺织业、服装及其他纤维制品制造业、皮革皮毛羽绒及其制业业，木材加工及竹藤棕草制品业；资本密集型产业包括：家具制造业、造纸及纸制品业、印刷业记录媒介的复制、石油加工及炼焦业、化学纤维制造业、橡胶制品业、塑料制品业、非金属矿物制造业、文教体育用品制造业、黑色金属冶炼及压延加工业、有色金属冶炼及压延加工业；资本和技术密集型产业包括：化学原料及化学制品制造业、医药制造业、普通机械制造业、专用设备制造业、交通运输设备制造业、电气机械与器材制造业、电气及通信设备制造业、其他制造业、仪器仪表文化及办公用品制造业。

中国制造业出口结构实现了一次重要的飞跃，由低附加值产品向中高附加值产品方向发展，从根本上扭转了中国以前大量出口初级产品来换取工业品进口的被动局面。

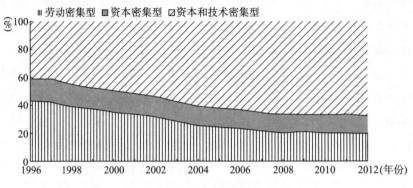

图 2 - 3　不同要素密集度产品出口占比

资料来源：联合国商品贸易统计数据库（UN COMTRADE）。

就制造业进口产品结构而言，电气与通信设备、石油和天然气、电器机械与器材、专用设备、化学原料与化学制品、仪器仪表文化器材、普通机械设备、交通运输设备、有色金属矿与纺织品成为中国制造业进口的主要产品，在 1996 年这 10 类产品的进口额占制造业总进口额的比重为 75.48%，而到了 2012 年该比重上升为 83.25%。其中电气与通信设备是我国制造业中进口金额最大的产品，在 1996 年电气与通信设备的进口额占制造业总进口额的比重为 11.4%，而到了 2006 年该比重上升到 32.02%，此后该比重有所下降，到 2012 年该比重下降为 28.87%，但优势依然十分明显，比第二位的仪器仪表文化办公器械制造业高出 19.7 个百分点。

表 2 - 3　1996 - 2012 年中国制造业进口产品结构

单位：%

	1996 年	2000 年	2003 年	2006 年	2009 年	2012 年
电气及通信设备制造业	11.40	24.25	28.12	32.02	28.59	28.87

续表

	1996 年	2000 年	2003 年	2006 年	2009 年	2012 年
电器机械及器材制造业	7.63	9.95	9.60	9.80	9.35	7.84
专用设备制造业	16.43	8.36	9.01	6.09	6.35	5.20
化学原料及化学制品制造业	9.09	8.88	7.99	7.47	8.15	8.47
仪器仪表及文化办公用品制造业	3.85	4.43	7.81	9.95	9.07	9.17
普通机械设备制造业	8.95	6.96	7.05	6.48	6.74	6.20
交通运输设备制造业	5.01	3.92	5.69	5.18	6.11	7.97
有色金属冶炼及延压加工业	3.10	4.90	3.75	4.90	6.35	6.18
纺织业	6.36	4.93	3.07	2.06	1.61	1.42
造纸及纸制品业	3.68	4.08	2.69	1.98	2.06	1.93
石油加工及炼焦业	2.35	2.50	2.24	3.08	2.86	3.75
食品加工制造业	4.23	2.62	2.35	1.97	2.60	3.15
化学纤维制造业	6.68	4.15	2.23	1.15	0.81	0.63
金属制品业	2.40	1.89	1.83	2.03	1.99	1.51
皮革皮毛羽绒及其制品业	2.42	1.81	1.17	0.95	0.72	0.74
其他制造业	0.75	0.88	0.74	0.91	1.02	1.23
非金属矿物制造业	0.98	1.12	0.87	0.70	0.61	0.84
塑料制品业	0.79	0.75	0.73	0.70	0.83	0.71
木材加工及竹藤棕草制品业	1.03	1.27	0.71	0.42	0.40	0.55
黑色金属冶炼及延压加工业	0.18	0.34	0.61	0.54	1.42	0.69
医药制造业	0.25	0.49	0.45	0.42	0.85	1.13
橡胶制品业	0.29	0.37	0.46	0.53	0.65	0.76
服装及其他纤维品制造业	0.76	0.47	0.26	0.15	0.15	0.24
文教体育用品制造业	0.63	0.24	0.21	0.18	0.20	0.18
印刷业记录媒介的复制	0.28	0.20	0.11	0.09	0.15	0.13
家具制造业	0.06	0.11	0.18	0.14	0.18	0.20
饮料制造业	0.04	0.10	0.06	0.10	0.16	0.28
烟草加工业	0.37	0.02	0.01	0.01	0.01	0.01

资料来源：联合国商品贸易统计数据库（UN COMTRADE）。

与研究出口贸易结构相似，我们进一步研究不同要素密集度的产品在中国制造业进口中所占的比重。由图2-4我们可知，劳动密集型产品在中国制造业进口中所占的比重不断下降，由1996年的15.22%下降到2012年的6.39%；资本和技术密集型产品一直是中国最主要的进口产品，虽然其在制造业进口中所占的比重有所下降，但是其份额一直维持在65%以上；资本密集型产品在制造业进口中所占的比重也比较稳定，一直保持在13%~15%。相对来说，中国制造业进口结构要比出口结构稳定，变化的幅度比较小，这主要因为中国经济增长和人民生活水平的日益提高对国外产品的需求比较稳定。

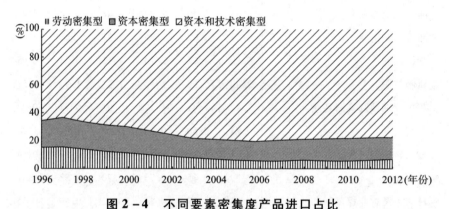

图2-4　不同要素密集度产品进口占比

资料来源：联合国商品贸易统计数据库（UN COMTRADE）。

四　市场逐步多元化

随着经济全球化的发展与深化，中国制造业对欧盟、美国与日本等主要贸易伙伴的进出口贸易总量逐年增加。由表2-4可知，中国制造业对欧盟的进出口额分别由2000年的183.18亿美元、521.72亿美元增长至2012年的1598.78亿美元、2747.03亿美元，进口增加了7.7倍，而出口增加了4.27倍多；中国制造业对美国的进出口额分别由1996年的128.74亿美元、235.37亿美元增长至

2012 年的 921. 83 亿美元、3256. 2 亿美元，进口增加了 6 倍多，而出口增加了 12 倍多；中国制造业对日本的进出口额分别由 1996 年的 240. 10 亿美元、254. 47 亿美元增长至 2012 年的 1569. 54 亿美元、1367. 60 亿美元，进口增加了 5. 5 倍多，而出口增加了 4. 3 倍多。上述国家或地区在中国制造业贸易发展中始终占据重要地位。

表 2 - 4 1996 ~ 2012 年中国制造业对欧盟、美国、日本的进出口总额

单位：亿美元

年份	欧盟		美国		日本	
	出口额	进口额	出口额	进口额	出口额	进口额
1996	NA	NA	235. 37	128. 74	254. 47	240. 10
2000	521. 72	183. 18	469. 01	183. 56	361. 75	341. 70
2005	1485. 18	509. 23	1481. 28	374. 65	735. 19	845. 24
2006	1521. 72	647. 96	1845. 55	469. 82	809. 61	989. 42
2007	1552. 30	804. 25	2142. 63	547. 84	908. 40	1168. 62
2008	2336. 00	955. 62	2316. 63	615. 70	1014. 99	1312. 85
2009	2233. 30	947. 27	2051. 95	587. 42	875. 04	1144. 99
2010	2292. 42	1283. 87	2624. 30	753. 36	1078. 70	1541. 33
2011	2178. 49	1492. 53	2997. 71	876. 23	1310. 35	1706. 81
2012	2747. 03	1598. 78	3256. 20	921. 83	1367. 60	1569. 54

资料来源：联合国商品贸易统计数据库（UN COMTRADE）。

由表 2 - 5 可知，中国制造业进出口流向也发生了重大的变化。首先，中国制造业的进出口市场集中度不断下降。就出口而言，前 5 位和前 10 位制造业出口市场占中国制造业出口额的份额分别由 1996 年的 69. 29%、78. 56% 下降为 2012 年的 48. 74%、58. 58%。就进口而言，前 5 位和前 10 位制造业进口市场占中国制造业进口额的份额分别由 1996 年 的 57. 09%、69. 63% 降至 2012 年 的 46. 90%、56. 22%。其次，中国制造业主要出口市场和进口市场内部结构发生

了重大变化。从出口市场结构来看，中国香港、日本、美国、韩国、德国的份额均有所下降，其中日本的降幅最大，由 1996 年的 19.93% 下降至 2012 年的 7.4%；与此同时新兴市场在中国制造业出口市场结构中所占的比重开始上升，巴西、墨西哥、印度所占的份额分别由 1996 年的 0.5%、0.1%、0.3% 上升至 2012 年的 1.56%、1.33%、2.12%。从进口市场结构来看，日本、美国、中国香港与德国的份额均有所下降，尽管日本仍是我国制造业的第一大进口国，但其份额下降幅度最大，由 1996 年的 22.47% 下降到 2012 年的 13.72%，同样的新兴市场在中国制造业进口市场结构中所占的比重开始上升，巴西、墨西哥、印度的份额分别由 1996 年的 1.07%、0.18%、0.34% 上升至 2012 年的 2.34%、0.47%、0.88%。这表明，随着中国入世后贸易自由化的推进和多元化战略的实施，制造业进出口市场开始日趋多元化，市场结构趋于完善。

表 2－5　1996 年和 2012 年中国制造业出口市场结构与进口市场结构

单位:%

出口市场及份额				进口市场及份额			
1996 年		2012 年		1996 年		2012 年	
中国香港	22.92	美国	17.63	日本	22.47	日本	13.72
日本	19.93	中国香港	16.27	美国	12.05	韩国	12.95
美国	18.44	日本	7.40	韩国	9.55	美国	8.06
韩国	4.02	韩国	3.94	中国香港	6.58	德国	7.60
德国	3.98	德国	3.50	德国	6.45	马来西亚	4.58
前 5 名累计	69.29	前 5 名累计	48.74	前 5 名累计	57.10	前 5 名累计	46.91
新加坡	2.49	荷兰	2.94	俄罗斯	3.25	泰国	2.39
英国	2.17	英国	2.34	新加坡	2.89	新加坡	2.30
荷兰	2.13	俄罗斯	2.18	法国	2.86	法国	1.94
法国	1.29	印度	2.12	马来西亚	1.89	英国	1.35

续表

出口市场及份额				进口市场及份额			
1996 年		2012 年		1996 年		2012 年	
意大利	1.19	新加坡	1.96	英国	1.64	俄罗斯	1.34
前 10 名累计	78.56	前 10 名累计	60.28	前 10 名累计	69.63	前 10 名累计	56.23

资料来源：联合国商品贸易统计数据库（UN COMTRADE）。

另外，我们进一步区分了不同要素密集度制造业的进出口市场结构（见表 2 - 6）。就资本和技术密集型产业而言，2012 年中国的出口市场主要集中在中国香港、美国、日本、韩国、荷兰、德国六个国家或地区，占制造业出口总额的 55.8%，进口市场主要集中在日本、韩国、德国、美国、马来西亚五个国家，占制造业进口总额的 50.9%，前十位出口目的地和进口来源地所占的比重分别为 64.19% 和 59.85%。由此可以看出，我国资本和技术密集型产业的出口和进口市场集中度相对较高。就资本密集型产业而言，进出口市场与资本技术密集型产业基本相似，但集中度要小于后者，前十位出口目的地和进口来源地所占的比重分别为 50.97% 和 53.10%。就劳动力密集型产业而言，出口市场主要集中于美、日、德、中国香港等发达国家或地区，而进口市场集中于印度尼西亚、马来西亚、巴西等欠发达国家或地区，不同于其他两种类型的产业。

表 2 - 6　2012 年中国不同要素密集度制造业
出口市场结构与进口市场结构

单位：%

资本和技术密集型				资本密集型				劳动密集型			
出口市场结构		进口市场结构		出口市场结构		进口市场结构		出口市场结构		进口市场结构	
中国香港	21.11	日本	15.30	美国	18.35	韩国	10.94	美国	18.78	美国	9.24
美国	17.15	韩国	14.12	中国香港	6.46	日本	10.16	日本	11.81	印尼	7.10

续表

资本与技术密集型				资本密集型				劳动密集型			
出口市场结构		进口市场结构		出口市场结构		进口市场结构		出口市场结构		进口市场结构	
日本	6.40	德国	9.05	日本	5.88	美国	8.96	中国香港	6.43	马来西亚	6.07
韩国	4.29	美国	7.77	韩国	4.18	俄罗斯	5.03	德国	3.96	巴西	5.05
荷兰	3.44	马来西亚	4.65	德国	3.33	新加坡	3.74	俄罗斯	3.62	意大利	4.80
德国	3.40	泰国	2.26	英国	3.18	马来西亚	3.66	英国	3.37	法国	4.43
印度	2.52	新加坡	2.15	澳大利亚	2.45	德国	2.96	韩国	2.59	加拿大	4.30
新加坡	2.20	法国	1.97	新加坡	2.41	泰国	2.57	法国	1.93	新西兰	4.24
英国	1.86	英国	1.43	印尼	2.40	中国香港	2.55	澳大利亚	1.92	俄罗斯	3.74
俄罗斯	1.82	意大利	1.15	马来西亚	2.33	印尼	2.53	马来西亚	1.84	韩国	3.72
前10名	64.19	前10名	59.85	前10名	50.97	前10名	53.10	前10名	56.25	前10名	52.69

资料来源：联合国商品贸易统计数据库（UN COMTRADE）。

五　集约边际增长显著

正如前文所述，贸易增长的边际不仅影响稳定性，还与贸易条件、福利水平等相关，下面我们将考察中国制造业出口增长的边际增长问题。研究结论既可以帮我们全面审视加入 WTO 对中国出口增长的影响，也可以为中国实现出口可持续发展提供一些参考。

（一）　二元边际的分解框架

目前，对贸易增长的二元边际没有统一的定义和测算方法，总体上可以分为产品层面、企业层面和国家层面三类。考虑到数据的可获得性，本文从产品层面来定义二元边际，借鉴 Hummels 和 Klenow 的分解方法，即扩展边际是出口产品种类的增加，集约边际是指已出口产品单一方向上量的扩张。[1]他们所提出的分解思路建立在

---

[1] Hummels, David and Klenow, Peter , "The Variety and Quality of a Nation's Exports", *American Economic Review*, 2005（3）.

Feenstra 方法的基础上可以更好地反映两种边际在多大程度上成就了一个国家的高额出口量。[①]

根据 Hummels 和 Klenow 的定义，首先将出口分解为扩展边际和集约边际。j 是出口国，w 是参考国，m 为进口国。如果 j 国出口是 w 国出口产品的一个子集，那么扩展边际可以定义为：

$$EM_{jm} = \frac{\sum_{i \in I_{jm}} p_{wmi} x_{wmi}}{\sum_{i \in I_{wm}} p_{wmi} x_{wmi}} \qquad (2-1)$$

在（2-1）式中，出口 j 代表中国，而参考国 w 选取世界作为参考整体以保证中国出口的产品是参考国出口产品的子集，即 $I_{jm} \in I_{wm}$。p 和 x 分别代表产品的价格和数量。测算的 EM 值越大说明中国与世界出口到 m 国重叠商品贸易量占世界出口总额的比重越大，从而说明中国在更多的产品上实现了出口。

而集约边际可以定义为：

$$IM_{jm} = \frac{\sum_{i \in I_{jm}} p_{jmi} x_{jmi}}{\sum_{i \in I_{jm}} p_{wmi} x_{wmi}} \qquad (2-2)$$

IM 为中国出口产品集合内中国出口额与世界出口额的比重，IM 值越大说明在向世界出口相同的产品，中国实现了更多的出口。

将扩展边际与集约边际相乘就可得到中国出口占世界总出口的比重：

$$\frac{\sum_{i \in I_{jm}} p_{jmi} x_{jmi}}{\sum_{i \in I_{wm}} p_{wmi} x_{wmi}} = EM_{jm} \times IM_{jm} \qquad (2-3)$$

---

① Feenstra, Robert C. , "New Product Varieties and Measurement of International Prices", *American Economic Review*, 1994（3）：157 - 177.

（2 - 3）式表明，中国出口占世界出口的比重是扩展边际和集约边际相互作用的结果。两个边际的变动都会引起中国与世界出口额比重的变化。

其次，将集约边际进一步分解为数量边际和价格边际：

$$IM_{jm} = P_{jm} \times Q_{jm} \tag{2 - 4}$$

其中，$P_{jm} = \prod_{i \in I_{jm}} \left[\dfrac{p_{jmi}}{p_{wmi}} \right]^{\theta_{jmi}}, Q_{jm} = \prod_{i \in I_{jm}} \left[\dfrac{q_{jmi}}{q_{wmi}} \right]^{\theta_{jmi}}$ 分别代表价格边际和数量边际；权重 θ 为：

$$\theta_{jmi} = \dfrac{\dfrac{s_{jmi} - s_{wmi}}{\ln s_{jmi} - \ln s_{wmi}}}{\sum_{i \in I_{jm}} \dfrac{s_{jmi} - s_{wmi}}{\ln s_{jmi} - \ln s_{wmi}}} \tag{2 - 5}$$

s_{jmi} 和 s_{wmi} 分别表示在中国出口产品集内 i 种产品出口额占中国和世界出口额的比重。

通过上述（2 - 1）至（2 - 5）式，可以将中国在某一市场的出口份额分解为扩展边际、价格边际和数量边际：

$$ER_{jm} = EM_{jm} \times P_{jm} \times Q_{jm} \tag{2 - 6}$$

为了分析一国出口的整体情况，需要将一国出口不同市场的情况进行加总：

$$EM_j = \prod_{m \in M_{-j}} [EM_{jm}]^{\alpha_{jm}}, IM_j = \prod_{m \in M_{-j}} [IM_{jm}]^{\alpha_{jm}}$$

$$P_j = \prod_{m \in M_{-j}} [P_{jm}]^{\alpha_{jm}}, Q_j = \prod_{m \in M_{-j}} [Q_{jm}]^{\alpha_{jm}}$$

其中，α_{jm} 表示对 m 国出口占中国总出口的比重。考虑到数据的可获得性，本文选取了 13 个重要的出口市场，占中国出口总额的比重在80%以上。[①]下面利用上述公式，从总体上和主要出口市场两个方面考察中国制造业出口增长二元边际结构的演变。

（二）整体情况分析

由图2-5可知，中国制造业出口的扩展边际在2002~2006年呈现出一个小幅度上升，由0.877上升至0.888，但2007年又出现了较大的下降，此后虽有所上升，但一直没有超过0.9，2010年与2001年基本相当。与拓展边际形成鲜明对比，中国制造业出口的集约边际基本上一直处于上升态势，2010年的指数值比2002年上升了0.063，虽然绝对值不大，但由于集约边际基数很小，如果用比例衡量的话，上升了将近50%。由此可见，中国制造业出口主要是沿着集约边际增长的，这一结论与钱学锋和熊平（2010）的结论基本上一致。[②]

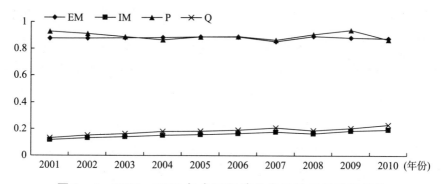

图2-5　2001~2010年中国制造业出口的二元边际结构

资料来源：联合国商品贸易统计数据库（UN COMTRADE）。

2002~2010年，集约边际只有在2008年出现了一定幅度的下降，不过，扩展边际的上升起到了抵消作用，中国制造业出口并没有出现较大的波动。金融危机的冲击体现在2009年，从二元边际来

---

① 本文选择的出口市场包括欧盟、美国、日本、韩国、东盟、加拿大、澳大利亚、巴西、墨西哥、俄罗斯、阿拉伯联合酋长国、印度、中国香港。

② 钱学锋、熊平：《中国出口增长的二元边际及其因素决定》，《经济研究》2010年第1期。

看，这一年扩展边际确实有所下降，但幅度很小，而集约边际则出现了较大幅度的上升，指数由 2008 年的 0.166 上升至 0.188，这是因为扩展边际和集约边际的乘积是市场份额，而不是绝对额。2009年中国制造业出口总额虽然下降了，但依然超过德国。也就是说，虽然金融危机导致外需下降，但中国制造业出口通过集约边际的增长，提高了市场份额。2010 年中国制造业出口复苏仍然是通过集约边际实现的，指数由 0.186 上升至 0.194，而扩展边际继续小幅下降。由此可知，金融危机不仅没有改变中国制造业出口增长的路径，反而进一步强化了中国制造业出口增长的路径依赖。这需要引起我们高度重视，从二元边际角度来看，这种增长模式有可能使得中国制造业出口在面临外部冲击时出现更大的波动。

从集约边际的构成来看，价格边际在此期间的变化不大，指数一直在 0.9 左右变化，2010 年的指数值与 2001 年基本相当，而集约边际的增长主要是由数量边际增长导致的。2010 年数量边际指数由 2002 年的 0.15 上升至 0.231，动态变化与集约边际一致，在 2008 年出现了小幅度下降，其他年份一直处于上升趋势。由此反映出，到目前为止，中国制造业沿着集约边际的出口增长还没有导致出口价格的明显降低，贸易条件恶化效应尚未显现，但数量边际的快速增长势必会成为贸易摩擦增多的一个重要原因。从这个方面来看，要想维持目前中国制造业出口增长模式，从数量边际向价格边际转变是重要的前提条件。

（三） 主要出口市场分析

为了全面了解中国制造业出口增长的特点，我们选择欧盟、美国、日本、韩国、东盟五个主要出口目的地进行深入分析。

在总体上，中国制造业对五个主要贸易伙伴的出口增长主要通过集约边际实现（见表 2-7）。具体来看，中国制造业出口欧盟的扩展边际变化不大，指数值在 0.85 以内，2005 年只有 0.793，一直排在五个主要出口市场的最后一位；而集约边际则处于不断上升之中，即使受到全球金融危机的冲击也没有改变，2010年指数值达到0.222，仅略低于日本。由此可知，中国制造业对欧盟出口要在未来实现可持续增长，比较可行的方向是增加出口产品种类，提高扩展边际水平。与对欧盟出口相似，中国制造业对美国出口的集约边际上升也较快，2010年指数值是2002年的1.9倍，而扩展边际呈现出"先升后降"的特点，2008年达到峰值0.954，此后降至0.94左右。不过，中国制造业对美国出口的扩展边际明显高于对欧盟的出口，进一步增长的可能性较小，未来对美国出口主要还要依赖于集约边际。不同于上述两个出口市场，中国制造业对日本出口在两个边际上的增长都比较有限，集约边际虽然基数在五个出口市场中最大，2002年指数值为0.204，但上升的幅度最小，2010年也只有0.246。从动态变化来看，除非中国制造业进一步增加出口日本商品的种类，提高扩展边际，否则中国在日本的市场份额很难提升。而中国制造业对韩国出口的两个边际都有所上升，2010年扩展边际指数和集约边际指数分别比2002年提高了0.019和0.054，增长比较乏力。值得注意的是，我国制造业对东盟的出口，一方面，扩展边际的发展水平很高且较稳定，一直在0.97~0.99；另一方面，集约边际上升比较快，2010年是2002年的两倍，不过，指数仍然较小，目前只有0.145，低于其他主要出口市场。因而，随着中国—东盟自由贸易的成功建立，中国制造业出口东盟将沿着集约边际方向进一步发展。

表2－7　2002~2010年中国制造业主要出口市场的二元边际结构

	2002 年		2005 年		2008 年		2009 年		2010 年	
	EM	IM	EM	IM	EM	IM	EM	IM	EM	IM
欧盟	0.833	0.116	0.793	0.171	0.814	0.194	0.850	0.207	0.840	0.222

续表

	2002 年		2005 年		2008 年		2009 年		2010 年	
	EM	IM	EM	IM	EM	IM	EM	IM	EM	IM
美国	0.922	0.100	0.927	0.136	0.954	0.158	0.946	0.184	0.943	0.190
日本	0.885	0.204	0.917	0.223	0.893	0.207	0.884	0.248	0.889	0.246
韩国	0.905	0.129	0.921	0.161	0.920	0.189	0.905	0.183	0.924	0.183
东盟	0.971	0.076	0.979	0.107	0.985	0.127	0.989	0.139	0.989	0.145

资料来源：联合国商品贸易统计数据库（UN COMTRADE）。

从集约边际的内部构成来看，出口不同市场存在一定差别（见表 2 - 8）。中国制造业出口欧盟的价格边际指数在 2002 ~ 2008 年有一定程度上升，而此后略有下降，集约边际指数上升主要是通过数量边际的扩展实现的，2010 年指数值比 2002 年上升了 0.115，达到 0.267。对美国出口的数量边际增长较快，促进了集约边际的上升，而价格边际水平较高，在 0.98 左右，但在 2010 年有了较大幅度下降，如果这一下降趋势继续发展的话，有可能会导致反倾销等贸易摩擦的增多。相对来说，中国制造业出口日本的价格边际和数量边际水平均较高，分别在 0.9 和 0.2 以上，但增长都比较乏力，导致中国对日出口集约边际增长不是很明显。不同于上述三个出口市场，中国制造业出口韩国的集约边际上升有很大一部分是由价格边际导致的，2010 年价格边际指数比 2002 年提高了 0.109，不过绝对值仍然比较小，只有 0.785，进一步上升的空间较大，而数量边际上升则相对较少。虽然我国制造业出口东盟的价格边际在集约边际增长中也起到了一定的作用，但波动较大，数量边际仍然发挥主导性作用。

表 2-8 2002~2010 年中国制造业主要出口市场的
价格边际和数量边际

	2002 年		2005 年		2008 年		2009 年		2010 年	
	P	Q	P	Q	P	Q	P	Q	P	Q
欧盟	0.762	0.152	0.788	0.217	0.835	0.233	0.824	0.251	0.830	0.267
美国	0.988	0.102	0.967	0.141	0.979	0.161	0.987	0.187	0.876	0.217
日本	0.913	0.223	0.916	0.243	0.948	0.219	0.990	0.251	0.919	0.268
韩国	0.676	0.191	0.777	0.207	0.796	0.238	0.761	0.241	0.785	0.233
东盟	0.846	0.090	0.869	0.124	0.969	0.131	0.899	0.155	1.005	0.145

资料来源：联合国商品贸易统计数据库（UN COMTRADE）。

第二节 中国制造业贸易竞争力的发展变化

在分析进出口贸易发展现状的基础上，本节将利用国际市场占有率（MS 指数）、贸易竞争力指数（TC 指数）、显示性竞争优势指数（CA 指数）、出口技术复杂度指数（EXPY 指数）、产业内贸易指数（IIT 指数）等指标来分析中国制造业贸易竞争力的发展变化。

一 整体分析

（一）国际市场占有率（MS 指数）

国际市场占有率（MS 指数）指一国某行业的出口额占世界同一行业出口额的比重，MS 指数越高，表明该国在该行业领域的地位越高，影响力越强，其计算公式为：

$$MS_{ij} = \frac{X_{ij}}{XW_j} \qquad (2-7)$$

其中，MS_{ij} 表示 i 国 j 行业出口的国际市场占有率，X_{ij} 表示 i 国 j 行业的出口额，XW_j 表示全世界 j 行业的出口总额。

表 2-9 是利用公式（2-7）测算的 MS 指数。从中可以看出，中国制造业国际市场占有率（MS 指数）呈现出持续上升的趋势，由 1997 年的 0.040 上升到 2012 年的 0.147。特别是中国加入 WTO 后，随着市场准入的扩大，MS 指数上升非常显著，即使在 2008 年金融危机之后，这一上升趋势仍然没有发生实质性的变化。与发达国家相比，中国制造业的国际市场份额分别于 2004 年和 2008 年超过日本和德国两个制造业较为发达的国家，2012 年更是比这两个国家分别高出 0.093 和 0.051。近年来，俄罗斯、巴西与印度等国家制造业的国际市场份额也在不断上升，以俄罗斯为例，其制造业的市场份额由 1997 年的 0.008 上升到 2012 年的 0.017，但是和中国相比，差距仍然较大。上述分析表明，不管是面对发达国家还是新兴的经济体，中国制造业都存在较强的贸易竞争优势。

表 2-9　1997~2010 年主要国家制造业国际市场占有率（MS 指数）

年份	中国	德国	日本	俄罗斯	巴西	印度
1997	0.040	0.108	0.093	0.008	0.010	0.007
1998	0.040	0.114	0.084	0.008	0.009	0.007
1999	0.041	0.109	0.087	0.007	0.008	0.007
2000	0.047	0.097	0.090	0.008	0.009	0.007
2001	0.051	0.108	0.077	0.009	0.010	0.008
2002	0.059	0.111	0.074	0.009	0.009	0.008
2003	0.069	0.112	0.073	0.009	0.009	0.009
2004	0.077	0.112	0.072	0.010	0.010	0.009
2005	0.089	0.111	0.067	0.011	0.011	0.011
2006	0.098	0.110	0.063	0.013	0.011	0.011
2007	0.107	0.110	0.061	0.013	0.011	0.012
2008	0.112	0.108	0.060	0.015	0.011	0.013

年份	中国	德国	日本	俄罗斯	巴西	印度
2009	0.123	0.106	0.055	0.012	0.011	0.016
2010	0.133	0.100	0.061	0.013	0.011	0.017
2011	0.135	0.101	0.055	0.014	0.011	0.019
2012	0.147	0.096	0.054	0.017	0.011	0.019

资料来源：联合国商品贸易统计数据库（UN COMTRADE）。

（二）贸易竞争力指数 （TC 指数）

贸易竞争力指数指的是一个国家某个行业的净出口额占该行业总的贸易额的比重，其计算公式为：

$$TC_{ij} = \frac{X_{ij} - M_{ij}}{X_{ij} + M_{ij}} \qquad (2-8)$$

其中，TC_{ij} 表示 i 国 j 行业的贸易竞争力指数，X_{ij} 和 M_{ij} 分别表示 i 国 j 行业的出口额和进口额。因为该指标是一个相对数，使其具有不受通胀等总量波动影响的特点，在不同时间与地区之间具有较强的可比性。TC 指数取值范围为 [-1，1]，数值越大说明国际竞争力越强。一般认为，当 $0.8 \leqslant TC < 1$ 时，说明该行业具有非常强的国际竞争力；当 $0.5 \leqslant TC < 0.8$ 时，说明该行业具有比较明显的竞争力；当 $0 < TC < 0.5$ 时，说明该行业具有竞争优势，然而这种竞争力并不明显；当 $-1 < TC < -0.8$ 时，说明该行业在国际竞争中处于非常明显的劣势地位；当 $-0.8 < TC \leqslant -0.5$ 时，说明该行业在国际竞争中处于比较明显的劣势地位；当 $-0.5 < TC < 0$ 时，说明该行业在国际竞争中处于劣势地位，但这种劣势并不明显；当 TC 指数接近于 0 时，说明该行业在国际竞争中处于既无优势又无劣势的中间位置。

由表 2-10 可知，1997～2012 年，中国制造业的贸易竞争力指数一直介于 [0.1，0.23]，说明中国制造业在国际上具有竞争优势，但这种竞争优势在总体上不是十分明显。从变动趋势来看，中国制造业贸易竞争力指数呈现出一定的波动性，1997 年以后开始下降，2004 年降至最低点 0.12，此后又开始上升，2008 年达到局部高点 0.24，金融危机后略有下降，2012 年为 0.23。从表 2 - 10 我们还可以看出：虽然 2008 年金融危机之后，中国制造业不仅国际市场占有率（MS 指数）超过德国，而且贸易竞争力指数也超过了德国，2012 年中国和德国的 TC 指数值分别为 0.23 和 0.19。近年来，日本制造业的竞争优势有所下降，2011 年和 2012 年分别为 0.19 和 0.17，已经被中国制造业超过。此外，与巴西、印度这些新兴市场国家相比，中国制造业有着较强的竞争优势。

表 2 - 10　1997 ~ 2012 年主要国家制造业贸易竞争力指数（TC 指数）

年份	中国	德国	日本	俄罗斯	巴西	印度
1997	0.18	0.13	0.25	- 0.11	- 0.14	- 0.01
1998	0.19	0.13	0.29	0.00	- 0.13	- 0.04
1999	0.15	0.13	0.27	0.16	- 0.06	- 0.04
2000	0.14	0.13	0.26	0.24	- 0.02	0.08
2001	0.12	0.14	0.21	0.13	0.01	0.10
2002	0.12	0.17	0.23	0.07	0.11	0.09
2003	0.11	0.17	0.23	0.05	0.20	0.05
2004	0.12	0.19	0.24	0.06	0.21	0.01
2005	0.17	0.18	0.23	0.04	0.23	- 0.02
2006	0.19	0.17	0.22	0.00	0.19	- 0.01
2007	0.22	0.20	0.25	- 0.11	0.15	- 0.03
2008	0.24	0.19	0.24	- 0.14	0.00	- 0.06
2009	0.21	0.17	0.20	- 0.11	- 0.01	- 0.04
2010	0.20	0.16	0.24	- 0.14	- 0.09	- 0.05
2011	0.21	0.16	0.19	- 0.17	- 0.13	- 0.02
2012	0.23	0.19	0.17	- 0.13	- 0.13	- 0.02

资料来源：联合国商品贸易统计数据库（UN COMTRADE）。

（三）　显示性竞争优势指数 （CA 指数）

为了弥补显示性比较优势指数（RCA）没有考虑进口方面的因素的缺点，学者们提出了一个衡量国际竞争优势的新指标——显示性竞争优势指数，该指数在保留 RCA 指数的优点的同时，还将进口方面的因素纳入其中。它的计算公式为：

$$CA_{ij} = \frac{X_{ij}/X_i}{X_{iw}/X_w} - \frac{M_{ij}/M_i}{M_{iw}/M_w} \qquad (2-9)$$

其中，CA_{ij} 表示 i 国 j 行业的显性竞争优势指数，X_{ij} 和 M_{ij} 分别表示 i 国 j 行业的出口额和进口额，X_i 和 M_i 分别表示 i 国的出口总额和进口总额；X_{wj} 和 M_{wj} 分别表示世界 j 行业的出口额和进口额，X_w 和 M_w 分别表示世界的出口总额和进口总额。假如 CA 指数大于 0，则说明该国或地区的某一行业存在竞争优势，且 CA 指数越大说明其国际竞争力越大；如果 CA 指数小于 0，这表示该国的制造业在国际竞争中处于竞争劣势，且 CA 指数越小说明其国际竞争力越小。陈佳贵和张金昌通过比较中、美不同产业的国际竞争力发现，相对于 RCA 指数而言，用 CA 指数在衡量产业的国际竞争力时更加准确，也更加符合现实。[①]

表 2-11 的测算结果表明，中国制造业的显示性竞争优势指数大于 0，在整体上具有竞争优势。从变动趋势来看，中国制造业 CA 指数基本处于上升之中，即使在金融危机前后，这一趋势都没有实质性改变，2012 年由 1997 年的 0.11 升至 0.33。横向比较来看，德国制造业 CA 指数比较稳定，一直在 0.11 ~ 0.15 波动，2000 年时已经被中国制造业超过，加入 WTO 后，差距不断扩大，2012 年德国制造业 CA 指数仅为 0.15，不到中国的 1/2。日本制造业 CA 指数较

---

① 陈佳贵、张金昌：《实现利润优势——中美具有国际竞争力产业的比较》，《国际贸易》2002 年第 5 期。

高，一直维持在 0.25 以上，2005 年之后还有了较大幅度的上升，2008 年达到峰值 0.42 以后有所下降，但 2012 年仍然达 0.38，高于中国的水平。在新兴国家中，巴西和俄罗斯制造业的 CA 指数一直小于 0，尤其是后者，近年来负值不断变大，竞争劣势较为显著，但印度制造业的 CA 指数近些年有了较大上升，2012 年高达 0.4，在这些国家中处于较高水平。由此可以看出，中国制造业既面临与德国、日本等传统制造业强国的竞争，也面临与印度等新兴国家的竞争。

表 2 – 11　1997～2012 年主要国家制造业显示性
竞争优势指数（CA 指数）

年份	中国	德国	日本	俄罗斯	巴西	印度
1997	0.11	0.12	0.27	– 0.30	– 0.08	0.13
1998	0.11	0.11	0.25	– 0.36	– 0.08	0.15
1999	0.14	0.14	0.26	– 0.36	– 0.03	0.22
2000	0.18	0.15	0.28	– 0.41	– 0.03	0.34
2001	0.15	0.12	0.27	– 0.44	– 0.04	0.30
2002	0.14	0.11	0.25	– 0.49	– 0.04	0.28
2003	0.15	0.13	0.26	– 0.52	– 0.03	0.27
2004	0.17	0.13	0.25	– 0.54	– 0.01	0.24
2005	0.19	0.13	0.29	– 0.59	– 0.03	0.26
2006	0.18	0.13	0.32	– 0.61	– 0.05	0.31
2007	0.19	0.15	0.33	– 0.61	– 0.01	0.29
2008	0.25	0.16	0.42	– 0.68	– 0.15	0.36
2009	0.24	0.13	0.31	– 0.60	– 0.21	0.29
2010	0.29	0.14	0.35	– 0.62	– 0.27	0.33
2011	0.34	0.15	0.39	– 0.65	– 0.36	0.34
2012	0.33	0.15	0.38	– 0.67	– 0.34	0.40

资料来源：联合国商品贸易统计数据库（UN COMTRADE）。

（四）　出口技术复杂度指数　（EXPY 指数）

出口技术复杂度指数是衡量竞争力的另一种重要指标。理论上，测定一国制造业出口技术含量最直接的方法是用该国制造业每一类产品的劳动生产率加权求和，权重为各类产品出口占该国制造业总出口的份额。不过，由于每一个国家每一类产品劳动生产率无法获得，诸多学者提出了替代的测算方法。考虑到数据的可获得性和研究目的，本文采用下列方法测度出口技术复杂度[①]：

$$EXPY_j = \sum_k \frac{x_{jk}}{X_j} PRODY_k \qquad (2-10)$$

其中，$EXPY_j$ 为 j 国制造业的出口技术复杂度，x_{jk} 为 j 国制造业产品 k 的出口额，X_j 为 j 国的制造业出口总额，$PRODY_k$ 为制造业出口商品 k 的技术复杂度指数，由下列公式计算得到：

$$PRODY_k = \sum_j \frac{x_{jk}/X_j}{\sum_j (x_{jk}/X_j)} Y_j \qquad (2-11)$$

其中，Y_j 为 j 国家的人均收入水平，它是由 PPP 计算的人均 GDP。实际上，$PRODY_k$ 是间接测算商品 k 劳动生产率的替代指标，其隐含两个基本假定前提：一是根据比较优势理论，高技术复杂度的产品将由高工资（收入）国家或地区进行生产，低技术复杂度的产品将由低工资（收入）国家或地区进行生产；二是若某种产品在高收入国家的显性比较优势指数较高，则与该产品相关的劳动生产率水平也较高。

图 2-6 是利用上述公式以及 UN COMTADE 和 WDI 数据库测算出的 165 个国家和地区制造业出口技术复杂度与人均收入的散点图。

[①] Hausmann, R., Hwang, J., Rodrik, D., "What You Export Matters", *Journal of Economic Growth*, 2007, 12 (1): 1-25.

从中可以看出，二者存在很强的相关性，相关系数高达 0.8172，一个高收入国家出口的产品也是其他高收入国家出口的产品，说明 Hausmann 等（2007）的测算方法比较科学合理。然而，中国（CHN）是一个例外，2010 年中国制造业出口技术复杂度为 15949.47 美元，远高于相近人均收入水平的国家。2010 年 PPP 计算的中国人均 GDP 为 6819.32 美元，略高于伯利兹（BLZ），低于苏里南（SUR），但制造业出口技术复杂度比前者高 5889.36 美元，比后者高 7576.62 美元。2010 年与中国制造业出口技术复杂度相近的国家和地区有新加坡（SGP）、中国香港（HK）、拉脱维亚（LVA）、挪威（NOR）、墨西哥（MEX）等，其人均收入水平大都是中国内地的 2 倍以上，有的甚至在 7 倍以上。这一结果表明，中国制造业在出口规模扩大的同时，出口技术复杂度也处于相对较高的水平。

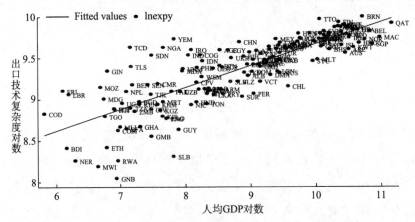

图 2 - 6　2010 年 165 个国家和地区的出口技术复杂度

资料来源：联合国商品贸易统计数据库（UN COMTRADE）和 WDI 数据库。

（五）产业内贸易指数（IIT 指数）

总体上来说，一国制造业参与国际分工可以分为基于要素禀赋差异的产业间贸易和基于规模经济、产品差异化的产业内贸易。一方面，产业内贸易发展水平，特别是与发达国家产业内贸易水平，是衡量一国或地区在国际分工中地位和某个产业在国际市场中竞争力的重要指标；另一方面，产业内贸易的发展，更多的会导致生产要素在同一个产业内流动，贸易自由化的经济调整成本相对较小，引起的贸易摩擦相对较少。基于此，下面从产业内贸易角度，分析中国制造业贸易竞争力的发展变化。

随着产业内分工的深化，出现了诸多衡量产业内贸易的方法。这些方法各有优劣，本文将采用使用最多最权威的 GL 指数[1]，即单个产业的产业内贸易指数定义为：

$$GL_i = \left[1 - \frac{|X_i - M_i|}{X_i + M_i} \right] \times 100 \qquad (2 - 12)$$

X_i 和 M_i 分别为 i 产业的出口额和进口额，GL_i 是 i 产业的产业内贸易指数，GL_i 介于 0 ~ 100。当 i 产业进出口额越接近，GL_i 越接近 100，产业内贸易越高；反之，当 i 产业进出口额差距越大，GL_i 越接近 0，产业内贸易越低。以各产业贸易额在所占比例为权数加总可得总的 GL 指数：

$$GL = \left[1 - \frac{\sum_{i=1}^{n} |X_i - M_i|}{\sum_{i=1}^{n} (X_i + M_i)} \right] \times 100 \qquad (2 - 13)$$

由于不同类型产业内贸易意味着不同的分工地位，还需要对总体产业内贸易指数（TIIT）进一步分解，本文采用的是目前广泛使用的 GHM 度量方法[2]：

---

[1] Grubel, Herbert G. and Lloyd, Peter J., *Intra-industry Trade: the Theory and Measurement of International Trade in Differentiated Products*, New York: Wiley, 1975.

[2] Greenaway, D., Hine, R. C. and Milner, C. R., "Country-Specific Factors and the Pattern of Horizontal and Vertical Intra-Industry Trade in the UK", *Review of World Economics/Weltwirtschaftliches Archiv*, 1994, 130 (1): 77 - 100.

$$1 - \alpha \leqslant \frac{UV_X}{UV_M} \leqslant 1 + \alpha$$

UV_X、UV_M 分别表示同一产品出口和进口的单位价值，α 为离散因子。如果出口商品与进口商品单位价值之比在 $1 - \alpha$ 与 $1 + \alpha$ 之间，属于水平产业内贸易（HIIT）；如果出口商品与进口商品价值之比小于 $1 - \alpha$，属于低质量垂直产业内贸易（LVIIT）；如果出口商品与进口商品价值之比大于 $1 + \alpha$，属于高质量垂直产业内贸易（HVIIT）。实证研究中，α 取 0.15 或 0.25，考虑到中国产业内贸易发展水平还比较低，取 0.15 时水平产业内贸易和高质量垂直产业内贸易几乎都为 0，很难反映中国制造业竞争力的变化，因而取 0.25。

1. 整体分析

从图 2 - 7 可以看出，中国制造业贸易增长主要是通过产业间贸易实现，产业内贸易指数一直维持在 40 左右。由此可见，与贸易伙伴的要素禀赋差异是促进中国制造业贸易发展的主要动力。从动态变化来看，2002 ~ 2006 年产业内贸易有一定程度的上升，指数由入世初的 40.35 上升至 41.6。随着金融危机影响的不断扩大，不仅进出口贸易受到冲击，中国制造业产业内贸易发展水平也开始出现小幅度下降，2011 年降至 39.76。尤其值得注意的是，这一下降趋势至今还没有出现实质性的变化。根据相关理论以及其他国家发展经验，制造业产业内贸易发展水平下降意味着，中国贸易发展导致了生产要素更多的是在产业间流动，进一步贸易自由化成本将会提高。

从产业内贸易类型来看，低质量垂直型产业内贸易（LVIIT）一直在中国制造业的产业内贸易中占有很大的比重，2003 年比 2001 年上升了 4.83 个百分点，占比高达 81.24%，2004 ~ 2006 年有所下降，此后又开始上升，2011 年占比为 79.3%。中国水平型产业内贸易（HIIT）在入世初期有一定程度的发展，但 2004 年以后基本处于不断下降态势，现在已与高质量产业内贸易基本相当，指数在 4 左右。虽然中国高质量产业内贸易（HVIIT）在入世后有所上升，但幅度很小，指数上升了 1 左右，加上基数较小，影响比较有限。这说明中国制造业在国际分工中的地位并没有随着进出口额增长而逐步改善，单位出口价值明显低于单位进口价值，仍然处在全球价值链的"非战略性环节"，提高中国贸易竞争力还有很长的路要走。

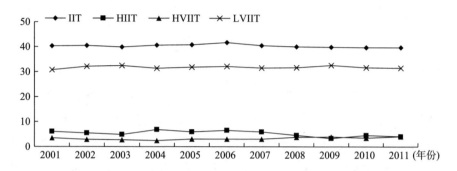

图 2 - 7　2001～2011 年中国制造业产业内贸易发展情况

资料来源：联合国商品贸易统计数据库（UN COMTRADE）。

2. 不同类型产品分析

为了深入分析，我们还将制造业进出口商品进一步细分，分为高技术产品、中技术产品、低技术产品和初级资源产品。[①]中国制造业产业内贸易在不同产品之间存在着较大差别（见表 2 - 12）。改革开放以来，中国对高技术产品出口的政策偏向非常明显，再加上中国要素禀赋的特点，高技术产品的劳动密集型环节迅速向中国转移，进出口额实现了快速增长。2011 年高技术产品出口额达 5852.6 亿美元，占制成品出口的 35%，比入世前提高了 10 个百分点，贸易结构日益优化[②]。与此同时，产业内分工合作也较多。2001 年产业内贸易已经成为中国高技术产品的主要贸易模式，指数高达 58.71。入世

---

① Lall（2000）是基于第二次修订的国际贸易标准分类（SITC Rev. 2），所以我们先按照 UN COMTRADE 提供的标准将 SITC Rev. 3 转换为 SITC Rev. 2，具体对应关系详见 http://unstats. un. org/unsd/cr/registry/regdnld. asp？Lg = 1。

② 数据来源：UN COMTRADE 数据库（http://comtrade. un. org/db/）。

后，高技术产品产业内贸易发展水平有了较大幅度下降，近几年指数维持在 45 左右。与之相反，中技术产品产业内贸易在入世后出现了较快的发展，2008 年指数由 2001 年的 39.31 上升到 50.27，并保持在略大于 50 的水平，参与分工的形式由产业间贸易转变为产业内贸易。鞋帽、皮包等低技术产品大多是中国具有较强竞争优势的产品，也是中国贸易顺差的主要来源，产业内贸易发展水平在四种类型产品中最低，入世后还有所下降，2011 年指数仅为 20.57。从产业内贸易类型来看，低质量垂直型产业内贸易（LVIIT）在高中低技术产品中均占绝对主导地位。具体来看，高技术产品的水平型产业内贸易（HIIT）和高质量垂直型产业内贸易（HVIIT）均有一定程度的发展，二者指数之和占比接近 20%，提高了 15.38 个百分点，说明中国在高技术产品的国际分工中地位在逐步上升。而中技术产品在 HVIIT 有所增长的同时，HIIT 却出现了较大的下降，指数由 2001 年的 7.57 降至 1.55。低技术产品的 HVIIT 和 HIIT 都在不断下降，说明入世后中国这种类型产品贸易的发展主要是通过"量"的增加，在国际分工中的地位在下降。

初级资源产品产业内贸易发展虽然在入世后处于下降态势，但由于这类产品国内外差异不是很大，产业内贸易发展水平仍然较高，2011 年指数为 37.45。此外，这类产品出口单位价值与进口单位价值相对来说最为接近，HIIT 和 HVIIT 占比非常高，两种之和占比一直在 50% 以上。

表 2 - 12　2001 ~ 2011 年中国不同类型产品的产业内贸易发展情况

	2001 年				2008 年				2011 年			
	TIIT	HIIT	HVIIT	LVIIT	TIIT	HIIT	HVIIT	LVIIT	TIIT	HIIT	HVIIT	LVIIT
初级资源产品	43.01	14.03	14.24	14.74	40.10	8.37	11.79	19.94	37.45	8.81	11.26	17.38
低技术产品	24.72	7.44	4.77	12.51	21.88	6.77	1.58	13.52	20.57	4.56	1.44	14.58

续表

	2001 年				2008 年				2011 年			
	TIIT	HIIT	HVIIT	LVIIT	TIIT	HIIT	HVIIT	LVIIT	TIIT	HIIT	HVIIT	LVIIT
中技术产品	39.31	7.57	2.05	29.69	50.27	4.33	3.15	42.80	50.26	1.55	4.14	44.57
高技术产品	58.71	1.75	0.54	56.42	45.29	1.15	4.49	39.65	45.07	4.26	4.43	36.38

资料来源：联合国商品贸易统计数据库（UN COMTRADE）。

3. 不同贸易伙伴分析

由表 2 - 13 可知，中国制造业与欧美之间的产业内贸易发展水平相对较低，指数仅略大于 20。入世后，中欧制造业之间产业内贸易有所发展，但指数增长非常乏力，十年期间指数仅增长了 0.57，2011 年为 23.12。中、美制造业之间产业内贸易发展水平更是处于不断下降的态势，指数由入世初的 23.08 降至 17.55。中、日制造业之间产业内贸易发展呈现"先升后降"的特点，总体上要高于中国与欧美的产业内贸易发展水平，2011 年指数为 30.87。中、韩制造业之间产业内贸易发展与中、日呈现出相同的特点，但发展水平要略高于后者。中国与新加坡之间制造业产业内贸易发展水平在五个贸易伙伴中一直居于首位，但入世后出现了较大幅度下降，2011 年指数由 41.49 降至 36.06。从产业内贸易类型来看，中国制造业与欧盟、日本之间的水平型产业内贸易（HIIT）和高质量垂直型产业内贸易（HVIIT）发展水平不仅没有增长反而出现了下降，尤其是中、日之间，HIIT 指数由入世前的 10.52 降至 4.15。中国制造业与美国之间的 HIIT 和 HVIIT 有了一定的发展，但仍处在较低的水平，2011 年二者之和只有 3.95。这就说明由于要素禀赋与欧、美、日还有很大的差距，中国制造业与以上诸地区的产业内分工合作层次并没有随着双边贸易额的增长而提高。

表 2 – 13　2001～2011 年中国制造业与主要贸易伙伴的
产业内贸易发展情况

	2001 年				2008 年				2011 年			
	TIIT	HIIT	HVIIT	LVIIT	TIIT	HIIT	HVIIT	LVIIT	TIIT	HIIT	HVIIT	LVIIT
欧盟	22.55	3.59	2.41	16.55	21.91	0.89	0.85	20.16	23.12	1.68	0.95	20.48
美国	23.08	1.82	1.44	19.82	17.95	4.03	2.41	11.50	17.55	2.17	1.78	13.60
日本	27.77	10.52	2.80	14.45	33.18	5.47	3.09	24.62	30.87	4.15	1.50	25.23
韩国	30.04	10.41	3.74	15.88	34.68	6.76	11.67	16.25	33.87	5.34	8.40	20.14
新加坡	41.49	11.98	2.08	27.43	37.56	4.47	18.11	14.99	36.06	2.73	3.97	29.36

注：欧盟为 EU – 27，且报告国为欧盟。

资料来源：联合国商品贸易统计数据库（UN COMTRADE）。

二　行业分析

为了更加全面地了解我国制造业竞争力的发展变化，我们还需要分析不同制造业行业竞争力的发展变化。

（一）　基于要素密集度的分析

由表 2 – 14 可以看出，中国制造业的三类要素密集型产业的国际竞争力存在很大的差异，并且变化趋势各不相同。就劳动密集型产业而言，该产业一直是中国制造业中竞争优势最为明显的产业，其贸易竞争力指数一直保持在 0.55 以上，而显示性竞争优势指数也一直在 1.2 以上，远远超过其他产业；但是这两种竞争力指数却表现出了不同的变化趋势，贸易竞争力指数由 1996 年的 0.55 上升到 2012 年的 0.67，显示性竞争优势指数由 1996 年的 1.83 下降至 2012 年的 1.24。

表 2 – 14　1996～2012 年中国不同要素密集型
产业的 TC 指数与 CA 指数

年份	贸易竞争力指数（TC 指数）			显示性竞争优势指数（CA 指数）		
	劳动密集型	资本密集型	资本和技术密集型	劳动密集型	资本密集型	资本和技术密集型
1996	0.55	– 0.01	– 0.15	1.83	– 0.04	– 0.36
1997	0.59	0.06	– 0.03	1.79	– 0.1	– 0.27
1998	0.61	0.1	– 0.01	1.74	– 0.03	– 0.26
1999	0.61	0.05	– 0.04	1.82	– 0.03	– 0.21
2000	0.61	0.05	– 0.03	1.9	0.01	– 0.16
2001	0.62	0.05	– 0.05	1.8	0.05	– 0.2
2002	0.63	0.1	– 0.05	1.66	0.15	– 0.22
2003	0.65	0.11	– 0.05	1.57	0.19	– 0.18
2004	0.65	0.12	– 0.02	1.49	0.18	– 0.13
2005	0.7	0.17	0.04	1.49	0.17	– 0.09
2006	0.72	0.17	0.07	1.54	0.12	– 0.09
2007	0.72	0.15	0.12	1.42	0.05	– 0.03
2008	0.7	0.18	0.16	1.36	0.07	0.07
2009	0.71	0.09	0.13	1.35	– 0.03	0.06
2010	0.7	0.09	0.13	1.36	0.03	0.13
2011	0.68	0.09	0.14	1.36	0.06	0.19
2012	0.67	0.14	0.16	1.24	0.1	0.19

资料来源：联合国商品贸易统计数据库（UN COMTRADE）。

就资本密集型产业而言，该产业自 1996 年以来竞争优势逐步上升，但是到目前为止这种竞争优势并不是很明显，具体来说，贸易竞争力指数由 1996 年的 – 0.01 上升到 2012 年的 0.14，显示性竞争优势指数由 1996 年的 – 0.04 上升到 2012 年的 0.1。就资本和技术密集型产业而言，该产业的比较优势迅速提升，已成功地由以前的竞争劣势转变成现在的竞争优势，具体来说，贸易竞争力指数由 1996 年的 - 0.15 上升到 2012 年的 0.16，显示性竞争优势指数由 1996 年的 - 0.36 上升到 2012 年的 0.19。总体而言，劳动密集型产业虽然显示性竞争优势指数（CA 指数）有所下降，但始终是中国最具竞争力的产业，资本密集型产业与资本技术密集型产业的国际竞争力正在逐步提升，但形成较强贸易竞争力还需要一定的积累。

（二） 基于细分行业的分析

由表 2 - 15 可以看出，中国制造业不同细分行业之间的国际竞争优势存在很大的差异。首先，服装及其他纤维品制造业、文教体育用品制造业、皮革皮毛羽绒及其制品业、纺织业、家具制造业是中国制造业中最具国际竞争力的五个行业，其 TC 指数与 CA 指数都远远高于其他行业。具体而言，2000 ~ 2012 年这五个行业的 TC 指数都在 0.8 以上，而 CA 指数也皆在 1.4 以上，说明这五个行业具有非常强的国际竞争优势。值得注意的是，近年来服装及其他纤维品制造业、文教体育用品制造业、皮革皮毛羽绒及其制品业这三个行业的 CA 指数有下降的趋势，而且下降的幅度较大，这与前文中我们提到的劳动密集型的 CA 指数变化趋势是一致的。

其次，以电气及通信设备制造业、电器机械及器材制造业、普通机械设备制造业、专用设备制造业、交通运输设备制造业为代表的机电行业的竞争优势并不明显，有的行业甚至具有非常大的竞争劣势。在这五个行业当中以电器机械及器材制造业和电气及通信设备制造业的国际竞争力相对较强，无论是 TC 指数还是 CA 指数都大于 0；而普通机械设备制造业、专用设备制造业、交通运输设备制造业这三个行业的竞争劣势比较突出，其 CA 指数都小于 0，但是近年来这种竞争劣势在逐步逆转，表现为 TC 指数与 CA 指数总体上呈现出一种上升的态势。

再次，以化学纤维制造业、医药制造业与化学原料及化学制品制造业为代表的化工行业有非常明显的国际竞争劣势，并且这三个行业的国际竞争劣势的变化趋势各异。具体而言，化学纤维制造业与化学原料及化学制品制造业的国际竞争劣势在减弱，比较优势逐渐上升，它们的 TC 指数由 2000 年的 -0.25、-0.46 上升到 2012 年的 0.55、-0.37，CA 指数由 2000 年的 -1.58、-1.03 上升到 2012 年的 1.69、-0.69；而医药制造业、化学原料及化学制品制造业的国际竞争劣势则更加突出，其 TC 指数与 CA 指数分别由 2000 年的 -0.09、-0.06 下降至 2012 年的 -0.38、-0.16。

最后，以黑色金属冶炼及延压加工业、有色金属冶炼及延压加工业为代表的金属加工业在国际上具有非常大的竞争劣势，而且这种竞争劣势正在逐步强化。具体而言，这两个行业的 TC 指数由 2000 年的 0.4 和 -0.42 下降至 2012 年的 -0.51 和 -0.58；而 CA 指数由 2000 年的 1.27 和 -1.27 下降至 2012 年的 -0.59 和 -1.52。

表 2 - 15　2000 ~ 2012 年中国制造业各细分行业的 TC 指数与 CA 指数

	贸易竞争力指数（TC 指数）				显示性竞争优势指数（CA 指数）			
	2000 年	2004 年	2008 年	2012 年	2000 年	2004 年	2008 年	2012 年
服装及其他纤维品制造业	0.93	0.95	0.96	0.92	4.58	3.20	3.18	2.80
文教体育用品制造业	0.93	0.92	0.92	0.91	4.37	3.71	3.34	3.06
皮革皮毛羽绒及其制品业	0.73	0.76	0.80	0.83	4.19	3.31	2.80	2.83
纺织业	0.52	0.66	0.80	0.81	2.25	2.25	2.82	2.77
家具制造业	0.90	0.87	0.92	0.91	1.44	1.69	2.18	2.66
金属制品业	0.54	0.52	0.65	0.69	1.11	1.04	1.28	1.31
非金属矿物制造业	0.43	0.51	0.67	0.63	0.84	0.94	1.22	1.49
有色金属冶炼及延压加工业	-0.42	-0.51	-0.49	-0.58	-1.27	-1.38	-1.46	-1.52

续表

	贸易竞争力指数（TC 指数）				显示性竞争优势指数（CA 指数）			
	2000 年	2004 年	2008 年	2012 年	2000 年	2004 年	2008 年	2012 年
木材加工及竹藤棕草制品业	0.09	0.43	0.62	0.38	0.10	0.60	0.84	0.54
橡胶制品业	0.43	0.34	0.45	0.42	0.46	0.38	0.55	0.61
烟草加工业	0.58	0.61	0.57	0.67	0.15	0.17	0.09	0.14
其他制造业	0.50	0.39	0.29	0.61	0.50	0.29	0.11	0.46
电器机械及器材制造业	0.19	0.16	0.29	0.37	0.43	0.41	0.56	0.86
饮料制造业	0.67	0.63	0.14	-0.13	0.42	0.23	0.00	-0.10
电气及通信设备制造业	-0.03	0.11	0.22	0.22	-0.16	0.40	0.63	0.88
印刷业记录媒介的复制业	0.15	0.43	0.51	0.39	0.06	0.23	0.31	0.30
食品加工制造业	0.31	0.16	0.08	0.02	0.36	0.12	-0.05	-0.07
黑色金属冶炼及延压加工业	0.40	0.03	0.10	-0.51	1.27	0.10	0.04	-0.59
交通运输设备制造业	0.18	0.04	0.28	0.09	0.05	-0.02	-0.10	-0.04
化学纤维制造业	-0.25	0.09	0.43	0.55	-1.58	0.26	1.17	1.69
医药制造业	-0.09	-0.18	-0.26	-0.38	-0.06	-0.04	-0.10	-0.16
石油加工及炼焦业	-0.08	-0.11	-0.21	-0.28	-0.17	-0.17	-0.34	-0.24
普通机械设备制造业	-0.32	-0.30	0.02	0.04	-0.56	-0.56	-0.20	-0.04
专用设备制造业	-0.64	-0.55	0.10	0.07	-1.25	-1.10	-0.09	-0.02
仪器仪表文化办公器械制造业	0.01	-0.39	-0.30	-0.20	-0.18	-1.63	-1.86	-1.14
化学原料及化学制品制造业	-0.46	-0.46	-0.34	-0.37	-1.03	-0.86	-0.76	-0.69
造纸及纸制品业	-0.69	-0.61	-0.41	-0.25	-1.25	-0.80	-0.71	-0.46
塑料制品业	-0.97	-0.98	-0.96	-0.92	-3.36	-2.55	-1.93	-1.76

资料来源：联合国商品贸易统计数据库（UN COMTRADE）。

　　为了更加清晰地探讨不同制造业行业之间国际竞争优势的差异，我们采用 K 均值的聚类方法进行分析。聚类分析依据数据本身而不是事先的定义，将目标分组降维。聚类的同一类中的目标将有较大的相似性，而不同类之间的目标则很不相同。聚类分析是对数据的概括归纳，而不是要找出所谓自然的或真实的类。

　　根据 1996～2012 年中国 28 个制造行业 TC 指数与 RCA 指数的平均值对其进行聚类分析，将这 28 个行业分成三组，第一组的国际竞争优势最强，第二组的国际竞争优势次之，第三组的国际竞争优势最弱。其中第一组包括的行业有：纺织业、服装及其他纤维品制造业、家具制造业、皮革皮毛羽绒及其制品业、文教体育用品制造业，该组的 TC 指数与 CA 指数的均值分别为 0.83 和 3（见表 2-16），表明这一组的产业有着非常强的国际竞争力；第二组包括的行业为电力蒸汽热水供应业、电气及通信设备制造业、电器机械及器材制造业、非金属矿采选业、非金属矿物制造业、黑色金属冶炼及延压加工业、化学纤维制造业、交通运输设备制造业、金属制品业、木材加工及竹藤棕草制品业、普通机械设备制造业、其他制造业、石油加工及炼焦业、食品加工制造业、橡胶制品业、烟草加工业、医药制造业、饮料制造业、印刷业记录媒介的复制业，该组的 TC 指数与 CA 指数的均值分别为 0.23 和 0.27，表明位于该组的行业具有国际竞争优势，但这种竞争优势并不明显；第三组包括的行业有化学原料及化学制品制造业、塑料制品业、仪器仪表文化办公器械制造业、有色金属矿采选业、有色金属冶炼及延压加工业、造纸及纸制品业、专用设备制造业，该组的 TC 指数与 CA 指数的均值分别为 -0.64 和 -1.92，说明位于这一组的制造业行业的国际竞争劣势极为明显。

表 2 - 16　各组 TC 指数与 CA 指数的描述性统计

	贸易竞争力指数（TC 指数）			显示性竞争优势指数（CA 指数）		
	最小值	平均值	最大值	最小值	平均值	最大值
第一组	0.65	0.83	0.93	1.76	3.00	3.73
第二组	- 0.23	0.23	0.68	- 0.45	0.27	1.06
第三组	- 1.00	- 0.64	- 0.17	- 5.91	- 1.92	- 0.71

三　重点产品分析

机电产品作为中国制造业贸易中具有代表性的产品，其在制造业出口总额中所占的比重不断上升，由 1996 年的 40.32% 上升到 2012 年的 72.75%，已经成为中国制造业的主要出口产品。下面我们将根据 2013 年机电产品进出口统计工作手册的分类，分别测算 1996～2012 年中国机电产品及其下属的 5 类商品类别的 TC 指数和 CA 指数。

（一）金属制品与机械设备产品的竞争优势较强

根据图 2 - 8 我们可以看出，中国机电产品的 TC 指数一直在上升，由 1996 年的 - 12.54% 上升至 2012 年的 19.63%；而就其下属

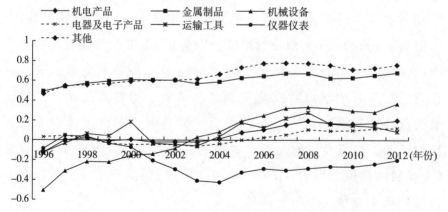

图 2 - 8　1996～2012 年中国机电产品的 TC 指数

资料来源：联合国商品贸易统计数据库（UN COMTRADE）。

的 5 类商品而言，除了仪器仪表产品外，其他商品的 TC 指数基本呈现出一种上升的趋势，其中金属制品的 TC 指数最高一直保持在 49% 以上，而机械设备的 TC 指数上升最为迅速，由 1996 年的 −50.52% 上升到 2012 年的 36.72%，自 2005 年以来，金属制品和机械设备一直是中国机电产品中最有国际竞争力的产品。

根据图 2 − 9 我们可以看出自 1996 年以来，中国机电产品的 CA 指数也一直在上升，并且金属制品和机械设备产品比其他产品具有更高的 CA 指数，电器及电子产品和运输工具的 CA 指数逐步上升，而仪器仪表产品的 CA 指数最低，这与图 2 − 7 所反映的趋势是一致的。

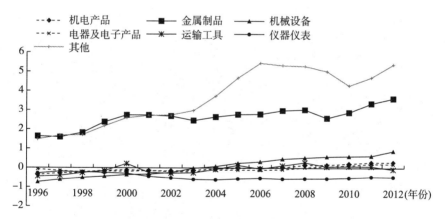

图 2 − 9　1996 ~ 2012 年中国机电产品的 CA 指数

资料来源：联合国商品贸易统计数据库（UN COMTRADE）。

（二）　高技术机电产品的国际竞争力不断上升

尽管机电产品以资本和技术密集型的生产方式为主，可能具有较高的技术复杂度，但是并不是所有的机电产品都会含有很高的技术含量，因此为了分析中国高精尖产品的国际竞争力，根据 2013 年机电产品进出口统计工作手册的分类，进一步测度了高技术产品中，高技术机电产品及其下属的 8 个商品的 TC 指数和 CA 指数。根据图 2 − 10 我们可以看出，中国高技术机电产品的 TC 指数一直在上升，由 1996 年的 -0.338 上升到 2012 年的 0.064，中国的高技术机电产品实现了由竞争劣势到竞争优势的逆转，但是 TC 指数较小，竞争优势并不明显；而就其下属的 8 类商品而言，尽管生命科学技术产品、光电技术产品、电子技术产品、计算机集成制造技术产品、材料技术产品、航天技术产品商品的 TC 指数基本呈现出一种上升的趋势，但是皆小于 0，并且计算机集成制造技术产品的 TC 指数最低，说明我国在这些商品领域并不具有竞争优势，与此同时，我们还可以发现计算机和通信技术产品是我国高技术机电产品中最具有国际竞争优势的产品，其 TC 指数也一直保持着上升的态势，由 1996 年的 0.167 上升到 2012 年的 0.674。

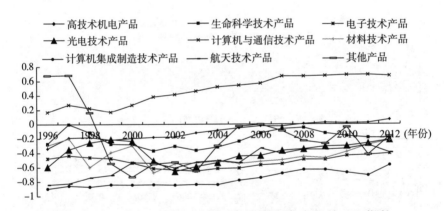

图 2-10　1996～2012 年中国高技术机电产品的 TC 指数

资料来源：联合国商品贸易统计数据库（UN COMTRADE）。

根据图 2-11 我们可以看出，自 1996 年以来，中国高技术机电产品的 CA 指数也一直在上升，并且计算机和通信技术产品的 CA 指数一直大于 0，并呈一种上升的趋势，而其他高技术机电产品的 CA 指数尽管也在上升，但是上升幅度较小，并且都小于 0，这与图 2-10 所反映的趋势是一致的。

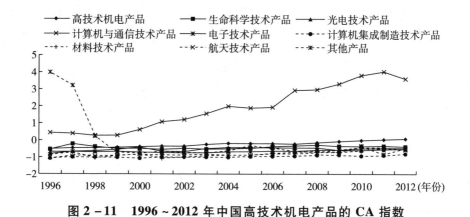

图 2 - 11　1996 ~ 2012 年中国高技术机电产品的 CA 指数

资料来源：联合国商品贸易统计数据库（UN COMTRADE）。

第三节　本章小结

本章分析表明，20 世纪 90 年代中期以来，特别是加入 WTO 以后，中国制造业的对外贸易发展迅速，呈现出以下几个特点：①进出口规模不断扩大；②贸易顺差稳步迅速；③进出口结构也日益优化，资本和技术密集型产品的出口比重上升较快；④进出口市场进一步多元化，特别是出口市场分布格局日趋合理；⑤出口主要是沿着集约边际方向增长，面临外部冲击时较为脆弱。

通过国际市场占有率（MS）、贸易竞争力指数（TC 指数）、显示性竞争优势指数（CA 指数）、出口技术复杂度指数（EXPY 指数）、产业内贸易指数（IIT 指数）等测算表明：①虽然在总体上中国制造业具有竞争优势，但是近年来，部分指数呈现了一定程度下降的态势；②劳动密集型产品一直是中国制造业中最具有国际竞争力的产品，资本密集型与资本和技术密集型产品的国际竞争力在缓慢提升，形成较强的贸易竞争力还需要一定的积累；③中国机电产品的贸易竞争力持续上升，其中金属制品与机械设备产品的竞争优势较强，与此同时，中国高技术机电产品的国际竞争力也在不断上升，但除了计算机和通信技术产品外，其他产品并不具有竞争优势。本章分析表明，中国虽然是制造业大国却不是强国，在低碳经济条件下还必须继续培育竞争优势，尤其是高技术产业。

第三章　非低碳经济条件下中国制造业对外贸易中隐含碳排放分析

中国制造业对外贸易的快速发展不仅推动了本国经济增长，也带动了世界经济发展，成为经济增长的"发动机"之一。由于商品在生产和流通过程中需要消耗一定的能源，这就意味着，中国制造业进出口的不仅是商品本身，还包括其中隐含的碳排放。随着中国碳排放量的大幅增加，中国面临的国际压力越来越大，多种类型的低碳经济政策已经箭在弦上。只有全面研究对外贸易中隐含的碳排放，才能科学评估低碳经济政策对中国制造业贸易竞争力的影响，并提出应对策略。基于此，本章将分析中国制造业对外贸易中隐含碳排放的失衡情况以及出口中隐含碳排放增长的驱动因素。

第一节　中国制造业对外贸易中隐含碳排放失衡度分析

改革开放以来，中国经济年均增速超过9%，创造了世界经济史上的奇迹。与此同时，中国的能源消费量及排放的二氧化碳量也急剧上升。国际能源署的数据显示，2011年中国化石能源燃烧排放的二氧化碳总量达到79.5亿吨，超过美的26.7亿吨，是欧盟27国的排放总量的2.2倍，占全球总量的25.4%，中国在总量上已经成为碳排放大国。①当然，造成中国碳排放量迅速增加的原因很多，包括工业化和城市化的推进、以煤炭为主的能源结构等。其中，尤其值得注意的是，对外贸易对中国碳排放产生的影响。一方面，对外贸易在中国经济中占有举足轻重的地位，外贸依存度（进出口占GDP 的比重）超过了 60%；另一方面，在对外贸易中，出口增加了本国的碳排放，而进口又起到节约碳排放的作用，不同于国内投资和消费的碳排放，对外贸易中隐含碳排放的失衡度（即净出口或净进口隐含碳的数量）还涉及中国碳排放责任的分担问题。因此，由于制造业是中国对外贸易的主体，其隐含碳排放的失衡问题需要深入研究。

一　研究回顾

由于失衡度既反映了中国对外贸易中隐含碳排放的发展情况，也反映了其他国家对中国的转移排放，为科学认定中国碳排放责任提供数据支持，因而成为该领域的研究重点。根据研究方法的不同，可以分为以下两类。

（一）基于单区域投入－产出模型 （SRIO）

该领域的早期研究对象主要集中在西方发达国家，针对中国的研究是随着中国经济和对外贸易高速增长，碳排放大量增加以后才出现的，相对较晚。齐晔等（2008）采用中国的碳耗水平所做的保守估计发现，中国隐含碳净出口占当年碳排放总量的比例在 2004 年之后迅速增加，2006 年该数字达 10% 左右，而如果按照日本的碳耗效率对进口产品进行调整后，这一比例更是高达 29.28%。②Yan 和Yang（2010）的估计表明，1997 ~ 2007 年中国的出口含碳量相当于

---

① IEA, CO_2 Emissions from Fuel Combustion Highlights, 2013, pp. 50 – 52.

② 齐晔等：《中国进出口贸易中的隐含碳估算》，《中国人口·资源与环境》2008 年第 3 期。

当年中国碳排放量的 10.03% ~ 26.54%，而进口含碳量与之相比则只有 4.04%（1997）和 9.05%（2007），发达国家的"碳泄漏"（carbon leakage）是我国碳排放快速增长的重要原因之一。[1]Lin 和 Sun 的估计也表明，2005 年中国的出口含碳量为 3357 百万吨碳（MTC），明显大于进口节碳量 2333MTC，按照生产核算原则计算的中国碳排放要大于按消费核算原则计算的碳排放量，同样表明在现有环境政策和国际贸易规则下存在碳泄漏问题。[2]张友国基于（进口）非竞争型投入 - 产出表对 1987 ~ 2007 年中国贸易含碳量及部门分布和国别（地区）流向进行了估算，结果表明，2005 年以后中国已经成为碳的净输出国，2007 年净出口隐含碳近 2 亿吨。[3]马述忠和陈颖通过直接计算中国 2002 年、2005 年和 2007 年 15 个产业部门的碳排放率，利用单区域投入 - 产出模型估算发现，中国在 2000 ~ 2009 年保持着贸易碳排放顺差，出口的高增长快速拉动了中国碳排放总量的增加。[4]虽然他们采用的数据和计算方法存在一定差别，但绝大多数的研究均表明，中国对外贸易在整体上已经成为一个碳净输出国。

鉴于中国对外贸易中隐含的碳排放在总体上存在着较大程度的失衡，为了分析失衡的具体表现，一些学者对中国与主要贸易伙伴的隐含碳排放进行了深入研究。Shui 和 Harriss 借助 EIO - LCA 估计表明，中国经由出口向美国输出的隐含碳排放量从 1997 年的 213MTC 升至 2003 年的 497MTC，占中国当期碳排放量的 7% ~

---

① Yan, Y. and Yang, L., "China's Foreign Trade and Climate Change: A Case Study of CO₂ Emissions", *Energy Policy*, 2010, 38 (1): 350 – 356.

② Lin, B. and Sun, C., "Evaluating Carbon Dioxide Emissions in International Trade of China", *Energy Policy*, 2010, 38 (3): 613 – 621.

③ 张友国：《我国贸易含碳量及其影响因素——基于（进口）非竞争型投入 - 产出表的分析》，《经济学季刊》2010 年第 9 期。

④ 马述忠、陈颖：《进出口贸易对我国隐含碳排放量的影响：2000 – 2009 年——基于国内消费视角的单区域投入 - 产出模型分析》，《财贸经济》2010 年第 12 期。

14%，而美国通过从中国进口节约了 3% ~ 6% 的碳排放。[1]不过，由于中美之间在技术和能源消费结构上的差别，中美贸易反而使得全球碳排放量增加了 720MTC。尹显萍和程茗研究也表明，2000 ~ 2008 年中国通过中美贸易对美国隐含碳排放的年净出口量高达 1.42 亿 ~ 6.73 亿公吨，占中国当年化石燃料排放总量的 4.7% ~ 10.9%，而美国则避免了 0.55 亿 ~ 2 亿公吨的年碳排放量，占美国当年碳排放总量的 1.0% ~ 3.6%。[2]Liu 等人考察了 1990 ~ 2000 年中日贸易之间的隐含碳排放，中国也处于隐含碳排放的净出口地位，但是年净出口量呈现先增后减态势，1990 年隐含碳排放的净出口量为 39.03MTC，1995 年升至 48.01MTC，2000 年又降到 27.71MTC。[3]Li 和 Hewitt 发现，2004 年中英贸易中，中国的出口含碳量为 186MTC，而英国的出口含碳量只有 2.3MTC，同样存在严重的失衡。[4]

（二）基于多区域投入－产出模型（MRIO）

虽然多区域投入－产出模型更为合理和科学，但鉴于数据原因，相关的文献并不是很多，涉及中国对外贸易中隐含碳排放的就更少了。Ahmed 和 Wyckoff 选择占全球经济和碳排放量 80% 以上的 24 个国家，采用这一方法研究显示，OECD 在总体上处于隐含碳净进口地位，国内消费碳排放量要大于生产碳排放量，数额大约为全球碳排放量的 2.5%，而发展中国家则处于净出口地位，其中中国失衡最为显著，1997 年出口和进口中隐含碳排放量分别为 463MTC 和

---

[1] Shui, B., Harriss R., "The Role of CO$_2$ Embodiment in US-China Trade", *Energy Policy*, 2006, 34 (18): 4063 – 4068.

[2] 尹显萍、程茗：《中美商品贸易中的内涵碳分析及其政策含义》，《中国工业经济》2010 年第 8 期。

[3] Liu, X., Ishikawa, M., Wang, C., Dong, Y. and Liu, W., "Analyses of CO$_2$ Emissions Embodied in Japan-China Trade", *Energy Policy*, 2010, 38 (1): 1510 – 1518.

[4] Li, Y., Hewitt, C., "The Effect of Trade between China and the UK on National and Global Carbon Dioxide Emissions", *Energy Policy*, 2008, 36 (6): 1907 – 1914.

102MTC，净出口碳排放量占国内生产碳排放总量的 11.7%。[1]Peters 和 Hertwich 在考虑贸易品为中间投入品的情况下，利用 GTAP 数据和多区域投入 – 产出模型（MRIO）系统研究了 2001 年 87 个国家和地区的贸易中的隐含碳排放，发现贸易中的隐含碳排放已经占到世界碳排放总量的 1/4，而中国出口碳排放占其国内实际碳排放的 24%，进口碳排放则占 7%，是世界上最大的隐含碳净出口国。[2]

综合来看，现有关于中国对外贸易中的隐含碳排放存在以下两方面的缺陷：一是侧重于对中国总体上的进出口中隐含碳排放的研究，产业层面的研究相对较少，与主要贸易伙伴的双边失衡研究也不够系统，例如欧盟已经成为中国第一大贸易伙伴，但目前还没有关于中欧贸易中隐含碳排放失衡的研究；二是在研究方法上，绝大多数学者没有考虑进口中间投入品对出口中隐含碳排放的影响，计算的结果可能存在一定偏差。本节将基于 2002 年、2005 年、2007 年和 2010 年中国可比价格的投入 – 产出表，利用中国的能源消费和对外贸易数据，从行业、贸易伙伴等方面深入分析 2000～2010 年中国制造业对外贸易中隐含碳排放的失衡度。

二 测度模型

（一） 对外贸易中隐含碳排放的测算方法

任何商品在生产、流通、消费等过程中都会消耗一定的能源，从而也会排放二氧化碳。那么，一国在进行对外贸易的时候，进出口的不仅是商品本身，还包括其中隐含的碳排放。随着全球贸易额的快速增长和各国环境保护意识的增强，对外贸易中隐含的碳排放

---

[1] Ahmed, N., Wyckoff, A., Carbon Dioxide Emissions Embodied in International Trade of Goods, OECD Science, Technology and Industry Working Papers No. 2003/15, 2003.

[2] Peters, G. P. and Hertwich, E. G., "CO$_2$ Embodied in International Trade with Implications for Global Climate Policy", *Environmental Science and Technology*, 2008, 42: 1401 – 1407.

成为学术界和政界关注的焦点。一国进行对外贸易是增加还是减少了碳排放，增加或减少的数量是多少，全球减排任务如何在各国家之间进行分配等问题越来越受到关注。这就需要准确测算对外贸易中的隐含碳排放。目前，计算生产产品的碳排放量主要有两种方法。一是利用投入－产出模型（Input-Output Model）的测算方法，二是利用生命周期评价（Life Cycle Assessment，LCA）的测算方法。由于贸易中的产品种类繁多，采用生命周期评价法对每一产品进行测算非常困难，一般只能对少部分产品进行研究，而投入－产出模型不仅能够全面地计算出生产产品时排放的二氧化碳，且可操作性较强，这一方法也成为测算产品碳排放量的主流方法。

Walter 首先利用投入－产出模型研究了美国对外贸易产品的环境污染问题。[1]在碳排放问题出现以后，Wyckoff 和 Roop 等人开始使用这一方法研究不同国家对外贸易中的隐含碳排放。[2]为了方便起见，很多研究都假定进口产品与国内产品生产技术相同，即进口产品与本国产品具有相同的隐含碳排放系数，这一处理方法被称为单区域投入－产出模型（Single Region Input-Output Model，SRIO）。显然，通过此方法测算进口中的隐含碳排放会存在一定程度的偏差，有可能会高估或低估进口商品中的隐含碳排放量。如果进口产品的排放系数采用进口来源国的技术，可以明显提高准确度，这一处理方法就是多区域投入－产出模型（Multi Region Input-Output Model）。虽然多区域投入－产出模型具有很多优点，但对数据的要求比较高。此外，由于投入－产出模型是在产业层面进行测算，同一个产业内包括各种商品，而不同产品的排放系数又会存在一定差别，因而产

---

① Walter, I., "The Pollution Content of American Trade", *Western Economic Journal*, 1973, 22: 61 – 70.

② Wyckoff, A. W., Roop, J. M., "The Embodiment of Carbon in Imports of Manufactured Products: Implications for International Agreements on Greenhouse Gas Emissions", *Energy Policy*, 1994, 22: 187 – 194.

业划分越详细，测算出来的结果也就越准确。

（二）　隐含碳排放失衡度测度的理论模型

鉴于投入－产出模型可操作性较强，我们利用这一方法来测算产品的碳排放强度。利用矩阵代数我们可以将 Leontief（1941）投入－产出模型表示为：

$$X = AX + Y \qquad (3-1)$$

求解 X，可以得出：

$$X = (I-A)^{-1}Y \qquad (3-2)$$

其中，X、Y 分别是国民经济中部门总产出向量和最终需求向量；A 为直接消耗系数矩阵，其第 i 行第 j 列的元素 aij 表示第 j 部门生产单位产品直接消耗第 i 部门的产品数量，直接消耗系数反映了部门之间的直接经济技术联系，I 是 A 的同阶单位阵，则 $(I-A)^{-1}-I$ 为完全需求系数（或完全消耗系数）矩阵，其第 i 行第 j 列的元素 b_{ij} 表示第 j 部门每提供 1 个单位最终产品时，对第 i 部门产品和服务的直接和全部间接需求量之和。

令碳排放总量为 C，第 j 部门的碳排放量为 C_j，则 $C = \sum C_j$。与投入－产出中直接消耗系数的定义相似，令 j 部门单位总产出的碳排放量即 j 部门的直接碳排放系数为 S_j：

$$S_j = C_j/X_j \qquad (3-3)$$

设各产业部门直接排放系数组成的向量为 S，则各产业部门碳完全排放强度为：

$$\hat{S} = S \cdot \left[(I-A)^{-1} - I \right] \qquad (3-4)$$

上述公式中的 A 我们假定所有中间投入品都是本国生产，但由于加工贸易出口在中国出口总额中占有半壁江山，而加工贸易的一个典型特点就是绝大部分中间投入品是从国外进口的。为此，本节采用通常方法对公式（3-4）进行修正，以扣除因使用进口中间投入品减少的出口中的隐含碳排放强度[①]：

$$\hat{S}_e = S \cdot \left[(I - rA)^{-1} - I \right] \qquad (3-5)$$

其中，r 是各部门中间投入品中的国内产品比重组成的对角矩阵，对角矩阵元素为：

$$r_j = 1 - \frac{M_j}{X_j + M_j - E_j}，M_j、X_j、E_j 分别表示 j 部门的进口额、产值$$

和出口额。

另外，在计算进口中隐含碳排放时，理论上应该采用进口来源国的直接消耗系数矩阵 A^* 和直接排放系数矩阵 S^* 来计算，即多区域的投入-产出模型，这样才能更为客观准确地反映出中国进口品中的隐含碳排放量。但由于本节目的是评估贸易对中国的碳排放所产生的影响，假定进口品也按本地区的技术生产（即单区域的投入-产出模型）更适合估算中国通过进口所节约的本地区的碳排放量（进口节碳量）。

用各产业部门的 $\hat{S}_e$ 和 $\hat{S}$ 分别乘以其出口贸易额和进口贸易额，就可以得到各部门产品出口增加和进口节约的碳排放量；再对之进行加总，就能够得到中国整个出口增加和进口节约的排放量：

$$Q_e = \hat{S}_e \times E \qquad\qquad Q_m = \hat{S} \times M \qquad (3-6)$$

公式（3-6）中，E 和 M 分别为各部门产品出口额和进口额向量。

在上述基础上，本节定义隐含碳排放失衡为出口含碳量和进口

[①] 具体推导和说明参见中国投入产业学会课题组《国民经济各部门水资源消耗及用水系数的投入产出分析》，《统计研究》2007 年第 3 期。

节碳量的差：

$$B = Q_e - Q_m \qquad\qquad (3-7)$$

（三）　数据来源与处理

能源消费数据、投入－产出数据和外贸进出口数据的详细程度和分类方法有所不同，首先要解决数据匹配问题。由于能源消费数据分部门的是 43 个产业部门加居民生活 1 个终端用户，与 42 部门投入－产出表比较接近，因而本节在这个基础上进行归并。经过处理后，共有 16 个制造业行业（见表 3-1）。2002 年和 2005 年可比价投入－产出表来源于刘起运、彭志龙主编的《我国 1992～2005 年可比价投入－产出序列表及分析》，2007 年和 2010 年可比价投入－产出表根据现价表，仿照刘起运、彭志龙的方法由作者编制。[①] 至于进出口数据，本节按照盛斌的方法，将 SITC 三位数层次的贸易数据归并到相应的制造业产业部门。[②]

目前，中国尚没有公布各产业的碳排放量。笔者利用相关的技术参数估算得到各产业部门完成单位增加值直接产生的碳排放量：①利用 IPCC（2006）提供的碳排放系数、碳化因子及方法，计算出各部门消费煤炭、焦炭、原油、汽油、煤油、柴油、燃料油以及天然气产生的碳排放量；②各部门的电能消费量按照火力发电占 75% 的比重，折算成标准煤的重量，并利用标准煤的碳排放系数，计算得到各部门的电能消费所产生的碳排放量。[③] 加总这两个排放量后就可以得到各部门直接产生的碳排放量，除以增加值后就可以得到各

---

①　刘起运、彭志龙：《中国 1992-2005 年可比价投入产出序列表及分析》，中国统计出版社，2010。

②　盛斌：《中国对外贸易政策的政治经济分析》，上海三联书店、上海人民出版社，2002。

③　由煤炭换算的标准煤碳排放系数可以由中国煤炭平均地位发热量、IPCC（2006）排放系数及碳氧化因子、中国各种能源折算标准煤参考系数计算出来。经笔者计算，它的排放系数为 2.7904 千克/千克标准煤。

部门完成单位增加值直接产生的碳排放量。

为了确保数据的可比性，外贸进出口数据以 2000 年为基期的价格进行调整。另外，由于海关统计出口时采用的价格是 FOB，而进口采用的价格是 CIF，缺乏可比性，因此我们按运保费 10% 进行折算。相对来说，连续时间序列分析更有意义，但投入－产出表每几年才更新一次。由于短期内技术变化不大，相近年份用投入－产出表计算出的排放强度并辅以中国能源消费强度进行修正，这样就可以得到 2000～2010 年连续时间序列数据。估计过程中所采用的能源数据来自各年的《中国能源统计年鉴》；碳排放系数来自 IPCC（2006）；进出口贸易数据来自联合国商品贸易统计数据库；价格指数来源于各年的《中国统计年鉴》。

三　结果分析

（一）　制造业各产业部门的碳排放系数

将相关数据代入上述公式，计算得到 2002 年、2005 年、2007年和 2010 年中国制造业各产业部门的排放系数（见表 3－1）。[①]数据显示，绝大多数行业的直接排放系数要比完全排放系数小，只有金属冶炼及压延加工业和非金属矿物制品业不仅直接排放系数远远大于其他行业，且大于完全排放系数。正如前文所述，剔除进口中间投入品后，中国制造业各产业部门出口的碳排放系数均小于国内完全排放系数，如果忽略进口中间投入品的影响必然会高估中国制造业出口中的隐含碳排放量，从而不能准确衡量中国对外贸易中隐含碳排放的失衡程度。

2002 年中国各产业部门的平均排放系数为 4.99 吨/万元。在这些部门中，碳排放系数很高的是金属冶炼及压延加工业、金属制品

---

① 　为了节省篇幅，2005 年数据在表 3－1 中没有给出。

业、通用专用设备中制造业、交通运输设备制造业，排放系数在6吨/万元以上，其中金属制品业最高，为8.85吨/万元；排放系数相对较高的是非金属矿物制品业、电气机械及器材制造业、仪器仪表及文化办公用机械制造业，超过4吨/万元；排放系数较低的部门有纺织业、食品制造及烟草加工业、通信设备计算机及其他电子设备制造业等行业，在3吨/万元左右。2002年各产业部门出口的平均排放系数为3.64吨/万元，低于国内的排放系数。分行业来看，加工贸易较为发达的纺织服装、通信设备计算机及其他电子设备制造业等行业，出口排放系数与国内排放系数的差异较大。

从动态变化来看，2007年中国各产业部门直接排放系数的平均值由2002年的2.42吨/万元降至1.7吨/万元。而且，直接排放系数与完全排放系数的比例有降低趋势，说明国内各行业的关联度增加，每个行业所生产产品中隐含的碳中，间接隐含的其他行业所产生的碳的比例越来越高。2007年完全碳排放系数的平均值比2002年上升0.46吨/万元，出口碳排放系数上升0.28吨/万元，分别为5.45吨/万元和3.92吨/万元。除纺织业、电气机械及器材制造业、仪器仪表及文化办公用机械制造业等几个行业略有下降外，其他行业的排放系数均有不同程度的上升，其中金属冶炼及压延加工业上升最为显著，完全排放系数由7.69吨/万元升值到11.35吨/万元，位于所有行业之首。2010年的碳排放系数则有所降低。这说明，近年来我国各行业的"节能减排"取得了一定的效果。国家加强了"节能"工作，并在"十一"规划中，将单位GDP能耗降低20%作为经济发展的约束性指标。为实现这一目标，各级政府机构采取了一系列强有力的措施，先后淘汰与关闭了一大批小火电、小钢铁、小水泥等高耗能企业，2010年每万元GDP能耗由2003年的1.36吨标准煤降至1.07吨。此外，"两高一资"（即高耗能、高污染与资源密集型）产品出口退税率的逐步降低和取消，也促进了中国制造业各产业部门能耗强度与碳排放系数的降低。

表 3 −1　2002 年、2007 年和 2010 年中国制造业
各产业部门的碳排放系数

单位：吨/万元

	2002 年			2007 年			2010 年	
	S	$\hat{S}$	$\hat{S}_e$	S	$\hat{S}$	$\hat{S}_e$	$\hat{S}$	$\hat{S}_e$
食品制造及烟草加工业	1.28	2.5	1.98	0.58	2.36	1.8	2.33	1.82
纺织业	1.74	3.71	2.61	1.22	3.77	2.78	3.27	2.49
纺织服装鞋帽皮革羽绒及其制品业	0.47	3.58	2.51	0.32	3.38	2.51	3.18	2.45
木材加工及家具制造业	0.61	3.71	2.8	0.72	3.81	2.86	3.85	2.97
造纸印刷及文教体育用品制造业	1.57	3.56	2.62	1.58	4.03	2.9	3.89	2.90
石油加工、炼焦及核燃料加工业	3.90	3.45	2.41	1.56	7.15	4.36	8.15	4.81
化学工业	4.15	4.92	3.6	2.82	5.7	4	4.78	3.49
非金属矿物制品业	10.06	4.59	3.63	6.76	4.92	3.86	5.38	4.34
金属冶炼及压延加工业	9.76	7.69	6.12	7.79	11.35	8.59	9.52	7.15
金属制品业	1.31	8.75	6.94	0.83	8.83	6.93	7.72	6.15
通用专用设备制造业	0.87	6.65	4.89	0.64	6.77	4.96	6.05	4.57
交通运输设备制造业	0.77	5.82	4.21	0.4	5.15	3.63	4.35	3.15
电气机械及器材制造业	0.49	7.38	5.5	0.22	8.28	6.15	6.75	5.13
通信设备计算机及其他电子设备	0.31	5.01	2.66	0.2	3.1	1.81	2.62	1.47
仪器仪表及文化办公用机械制造业	0.45	5.28	3.3	0.19	4.21	2.36	3.65	2.23
工艺品及其他制造业	0.93	3.4	2.59	1.32	3.94	2.98	3.56	2.75
算术平均值	2.42	4.99	3.64	1.70	5.45	3.92	4.94	3.62

注：为了节省篇幅，2005 年数据没有在表中给出。

（二）　总体隐含碳排放失衡度的测算

进入 21 世纪以后，尤其是加入 WTO 以后，中国制造业对外贸易获得了突飞猛进的发展，成为经济增长的重要引擎。虽然受到全球金融危机的冲击，中国进出口额有所下降，但是 2009 年货物贸易额仍然高达 22075.4 亿美元，成为世界第一出口国和第二大贸易国。2010 年进出口额高达 29728 亿美元，同比增长 34.7%，其中，出口 15779 亿美元，增长 31.3%，进口 13948 亿美元，增长 38.7%。这其中绝大部分是由制造业完成的。与此同时，中国制造业对外贸易中隐含的碳排放也快速上升（见表 3-2）。中国制造业出口中隐含的碳排放量随着出口额的上升逐步增加，2007 年达到 28.29 亿吨后，增速有所放缓，2010 年为 30.22 亿吨。出口中隐含的碳排放占中国化石燃烧碳排放总量的比重也呈现出先增后降的特征，2000~2007 年基本上处于不断上升的趋势，由 23.4% 升至 46.9%，然后下降，2010 年为 40.2%，与 2004 年基本持平。由此可见，制造业出口中隐含的碳排放是导致中国碳排放快速上升的重要因素，这也就决定了中国要实现"节能减排"目标离不开外贸增长方式的转变，降低制造业出口中隐含的碳排放。

从失衡度来看，2006 年是分界点，之前为净进口，即中国制造业出口中隐含的碳排放量要小于进口中隐含的碳排放量，之后为净出口。2000~2005 年中国制造业对外贸易中隐含的碳排放量的净进口额先增后减，2000 年净进口额为 0.18 亿吨，2003 年增至 1.65 亿吨，随后逐步下降。2006 年后中国制造业对外贸易中隐含的碳排放开始演变为净出口国，峰值出现在 2008 年，为 6.7 亿吨；2009 年由于受金融危机的冲击，出口有了较大幅度下降，隐含碳排放的净出口也降至 3.98 亿吨，2010 年出口复苏后隐含碳排放又上升至 4.17 亿吨。在其他条件不变的情况下，随着全球经济的复苏，中国制造业出口将进入新一轮上升通道，净出口隐含碳极有可能再次上升。这一点需要引起我们高度重视，因为净出口隐含碳大幅上升意味着按照生产核算碳排放的方法对中国极为不利，会夸大中国的碳排放水平。

我国制造业出口中不仅隐含碳排放量较大，而且总体失衡较为严重，这可能与中国进出口产品的行业分布有关，因为不同行业产品隐含的碳排放量存在着较大的差别，下面我们将进一步分析不同行业的失衡度。

（三） 不同行业隐含碳排放失衡度的测算

从表3-2可以看出，绝大多数行业失衡的方向不变，只是随着贸易额的扩大，进出口中隐含碳排放的失衡度也逐渐扩大。2000年失衡度最大的两个行业是服装皮革羽绒及其制品业和通用专用设备制造业，分别为净出口1.05亿吨和净进口0.75亿吨，而2010年失衡度最大的两个行业是通信设备计算机及其他电子设备制造业和电气机械及器材制造业两个行业，分别为净出口2.76亿吨和净进口1.24亿吨，失衡度比2000年有了明显扩大。加入WTO以后，市场准入度进一步提高，中国制造业参与国际分工也进一步深入，"比较优势"产品的出口和"比较劣势"产品的进口均快速增长，进而导致了不同行业隐含碳排放的失衡度逐步加深。

表3-2　2000~2010年中国制造业对外贸易中隐含碳排放失衡度

单位：百万吨

年份 行业	2000	2003	2004	2006	2007	2008	2009	2010
总体	-18.2	-165.4	-98.7	220.5	444.7	666.2	397.5	416.8
食品制造及烟草加工业	8.9	9.8	9.3	8.6	5.2	1.4	2.9	39.5
纺织业	0.5	22.4	33.6	54.9	62.1	68.3	61.8	41.6
纺织服装鞋帽皮革羽绒及其制品业	105.3	150.3	172.7	211.9	232.1	215.7	193.3	246.1

年份 行业	2000	2003	2004	2006	2007	2008	2009	2010
木材加工及家具制造业	12.3	26.0	37.0	51.8	59.4	57.9	52.7	59.5
造纸印刷及文教体育用品制造业	8.7	16.3	17.3	32.7	40.6	43.9	33.7	23.7
石油加工、炼焦及核燃料加工业	−0.9	−1.5	−3.2	−17.8	−15.3	−23.9	−13.7	−51.7
化学工业	−50.9	−82.3	−103.9	−92.5	−91.1	−63.6	−85.7	−79.4
非金属矿物制品业	7.2	12.3	16.7	28.7	30.4	33.8	30.5	20.0
金属冶炼及压延加工业	−47.4	−120.4	−72.7	27.1	53.2	102.6	−90.9	−77.0
金属制品业	31.3	51.2	73.0	100.7	127.6	134.3	92.9	153.2
通用、专用设备制造业	−75.5	−146.9	−175.4	−74.5	−23.1	22.6	−3.1	−70.1
交通运输设备制造业	9.8	−11.6	1.9	19.0	46.5	64.4	32.5	56.3
电气机械及器材制造业	−50.8	−178.2	−239.0	−271.0	−267.8	−168.9	−75.4	−124.3
通信设备计算机及其他电子设备制造业	20.2	109.3	178.4	207.5	243.9	234.6	211.2	275.5
仪器仪表及文化办公用机械制造业	−4.2	−33.4	−57.8	−83.6	−77.0	−71.5	−60.3	−82.7
工艺品及其他制造业	7.3	11.3	13.4	17.0	18.2	14.6	15.1	−13.4
制造业出口中隐含碳排放量（亿吨）	7.51 (23.4%)	13.43 (35.4%)	18.12 (39.4%)	23.22 (40.6%)	28.29 (46.9%)	28.21 (42.3%)	22.71 (32.1%)	30.22 (40.2%)

注：括号内为全部出口中隐含碳排放量占中国化石燃烧碳排放总额的比重。

数据来源：2000～2010 年中国化石燃烧碳排放总额来自国际能源署 CO$_2$ Emission From Fuel Combustion（2009、2010、2012）。其他数据由本节模型计算整理。

中国制造业对外贸易中隐含碳排放净出口的行业主要是服装皮革羽绒及其制品业、通信设备计算机及其他电子设备制造业、金属制品业三个行业，2007 年三个行业的净出口隐含碳高达 6.03 亿吨，占所有隐含碳净出口行业的 65.6%。2008 年和 2009 年三个行业净出口隐含碳总额虽有所下降，但占比反而上升，2009 年占比升至 68.5%，2010 年进一步上升至 73.7%。其中，服装皮革羽绒及其制品业净出口隐含碳比较高，2000 年已经超过 1 亿吨，2007 年以前基本上都是净出口最大的行业，之后被通信设备计算机及其他电子设备制造业超过，2010 年净出口隐含碳为 2.46 亿吨；通信设备计算机及其他电子设备制造业虽然基数较小，但增长非常迅速，2000 年为 0.2 亿吨，2007 年就达到 2.44 亿吨，成为净出口最大的行业，且一直没有被其他行业超过，2010 年净出口隐含碳高达 2.75 亿吨；金属制品业净出口隐含碳要少一些，基数比通信设备计算机及其他电子设备制造业小，但增长较慢，2009 年还不及后者的一半，为 0.93 亿吨，2010 年有所上升，为 1.53 亿吨。相对来说，其他行业净出口隐含碳比较少，增长也乏力。

中国制造业对外贸易中隐含碳排放净进口的行业主要是化学工业、电气机械及器材制造业、仪器仪表及文化办公用机械制造业三个行业，2007 年三个行业净进口隐含碳为 4.4 亿吨，占所有隐含碳净进口行业的 91.9%，随后净进口隐含碳总额和占比均有所下降。具体来看，电气机械及器材制造业净进口隐含碳呈现一定的波动性，且速度均比较快，2007 年达到峰值 2.7 亿吨，并成为净进口最多的行业，然后迅速下降，2009 年净进口仅为 0.75 亿吨，2010 年又上升至 1.24 亿吨，成为净进口隐含碳最多的行业；通用专用设备制造业，2004 年增长到 1.75 亿吨后便开始下降并逐步平衡，2010 年又出现了一定幅度的上升，为 0.07 亿吨；化学工业虽然一直处于净进口隐含碳的地位，但总额不是很大且波动比较小，基本上维持在 0.5 亿吨至 1 亿吨之间。

金属冶炼及压延加工业是一个出现反复变化的行业。2006 年之前为净进口隐含碳，其中 2003 年为净进口隐含碳 1.2 亿吨，而 2008 年为净出口隐含碳 1.02 亿吨，2009 年又变为净进口 0.91 亿吨，2007 年有所下降，为 0.67 亿吨。该行业包含钢、铁等，一方面，这些产品比较容易遭受国外反倾销、反补贴等贸易救济措施；另一方面，该行业是典型的"两高一资"行业，是国家"节能减排"规制的重点对象。这两个因素共同作用容易导致中国的出口出现较大波动，加上该行业的碳排放系数较大，从而使其隐含碳排放失衡度不同于其他行业。

（四）　与主要贸易伙伴之间隐含碳排放失衡度的测算

要全面了解中国制造业对外贸易中隐含碳排放的失衡问题，还需要分析与不同贸易伙伴之间的失衡度。基于此，本节选择欧盟、美国、日本、韩国、东盟五个主要贸易伙伴进行研究。2010 年，中国制造业与这五个贸易伙伴的贸易额占总体贸易额的 60% 以上，代表性较强，具体计算方法与前面相同。

由表 3 - 3 可知，中国制造业对外贸易中隐含碳排放的集中度比较高，出口上述五个贸易伙伴中的隐含碳排放占中国出口隐含碳排放总量的比重在 2000 年高达 74.4%，然后有所下降，2010 年又升至 71.6%，而进口中隐含碳排放所占的比重略低，2000 年为 70.9%，此后一直处于下降之中，但比较缓慢，2010 年所占比重为 64.6%。就出口而言，中国出口欧盟的隐含碳排放在五个贸易伙伴中一直居于首位，2000 年隐含碳排放量为 2.1 亿吨，随后快速增长，2007 年超过 7 亿吨，2010 年进一步上升至 8.4 亿吨，中国制造业出口隐含碳的比重也由 27.1% 升至 27.8%。中国出口美国的隐含碳排放总量要低于欧盟，但在动态变化方面与出口欧盟比较相似，2010 年出口隐含碳排放总量和占比分别为 6.7 亿吨和 22.1%。相对来说，中国出口日本的隐含碳排放增长较慢，2004 年以后上升较为有限，2010 年为 2.59 亿吨，导致占比下降速度较快，由 15.2% 降至

8.6%。与上述三个贸易伙伴不同，中国出口韩国和东盟的隐含碳排放总量增长较快，2010 年分别为 1.6 亿吨和 2.4 亿吨，而且占比也有所提高，2010 年占比分别比基期提高了 0.7 个百分点和 1.4 个百分点，在中国制造业出口隐含碳中的地位越来越重要。

表 3-3　2000~2010 年中国制造业与主要贸易伙伴进出口中隐含碳排放量

单位：百万吨

	出口					进口			
	2000 年	2004 年	2007 年	2010 年		2000 年	2004 年	2007 年	2010 年
欧盟	212.0	484.5	719.5	842.8	欧盟	106.3	278.4	330.4	479.9
	(27.1%)	(26.4%)	(25.2%)	(27.8%)		(12.7%)	(13.5%)	(12.8%)	(13.9%)
美国	164.1	375.2	507.3	669.2	美国	94.0	174.7	207.8	259.9
	(21.0%)	(20.5%)	(17.8%)	(22.1%)		(11.2%)	(8.5%)	(8.1%)	(7.5%)
日本	118.9	213.0	230.3	259.1	日本	207.7	455.1	475.8	607.1
	(15.2%)	(11.6%)	(8.1%)	(8.6%)		(24.8%)	(22.1%)	(18.5%)	(17.6%)
韩国	35.8	91.4	148.2	155.0	韩国	103.7	281.6	349.8	464.8
	(4.6%)	(5.0%)	(5.2%)	(5.3%)		(12.4%)	(13.7%)	(13.6%)	(13.5%)
东盟	51.1	126.3	199.5	239.4	东盟	82.3	251.0	331.9	419.5
	(6.5%)	(6.9%)	(7.0%)	(7.9%)		(9.8%)	(12.2%)	(12.9%)	(12.1%)
合计	581.9	1290.3	1804.8	2165.5	合计	594.0	1440.7	1695.8	2231.1
	(74.4%)	(70.4%)	(63.8%)	(71.6%)		(70.9%)	(70.1%)	(65.9%)	(64.6%)

注：①欧盟为 EU-27，且报告发布者为欧盟；东盟包括新加坡、马来西亚、泰国、菲律宾、印度尼西亚五国。②括号内为中国与各易伙伴出口含碳量（进口含碳量）占中国当年总出口（总进口）含碳量的份额。

在进口方面，中国制造业从日本进口的隐含碳排放总量最大，2000 年为 2 亿吨，2004 年升至 4.5 亿吨，2005~2009 年变化不是很大，2010 年升至 6.1 亿吨；从日本进口隐含碳占比也一直居于首位，但地位已经不断下降，2010 年比从欧盟进口高出不到 4 个百分点。中国制造业从欧盟和韩国进口中隐含碳排放在总量和占比上比较接近，且总量在快速增长的同时，占比也略有提高，2010 年占比分别为 13.9% 和 13.5%。中国从美国进口的隐含碳排放总量从不足 1 亿吨上升至 2 亿吨左右，近几年增长乏力，位于五个贸易伙伴的最后一位，与中国出口美国形成鲜明对比。中国从东盟进口的隐含碳排放增长相对较快，总量和占比均超过从美国进口，个别年份甚至超过从欧盟进口，2010 年进口隐含碳和占比分别为 4.2 亿吨和 12.1%。

通过上述分析可知，中国制造业与不同贸易伙伴之间也存在隐含碳排放的失衡情况（见图 3 - 1）。在与欧盟和美国的贸易中，中国制造业净出口隐含碳数量较大，2007 年分别为 3.7 亿吨和 2.8 亿吨，2009 年由于金融危机数量有所下降，但 2010 年又分别升至 3.6 亿吨和 4.2 亿吨。相反，与日本、韩国以及东盟贸易中，中国制造业净进口隐含碳。在数量上，从日本净进口的隐含碳最多，2004 ~ 2009 年有 2 亿多吨，2010 年更是升至 3.5 亿吨；韩国次之，2010 年净进口的隐含碳为 3.1 亿吨；东盟最少，2007 年达到峰值 1.6 亿吨后有所下降，2010 年又出现较大幅度上升，为 1.8 亿吨。细致分析发现，中国制造业与这些贸易伙伴之间隐含碳排放的失衡存在一个重要的特点，即中国向欧盟和美国净出口隐含碳增加时，从日本和

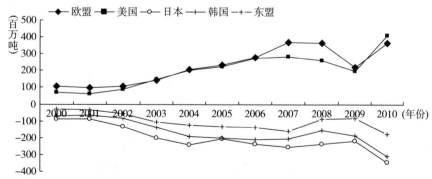

图 3 - 1　中国制造业与主要贸易伙伴进出口中隐含碳排放的失衡度

注：欧盟为 EU - 27，且报告发布者为欧盟；东盟包括新加坡、马来西亚、泰国、菲律宾、印度尼西亚五国。

韩国净进口隐含碳也同步增加。这反映出，中国制造业对外贸易中隐含碳排放失衡与新一轮国际产业转移息息相关。改革开放以后，大量日韩制造业企业到中国投资，但这些企业中的很大部分是利用中国优惠外资外贸政策和廉价劳动力的优势，从事加工贸易，从本国进口核心零部件，在中国组装加工后出口美国和欧盟，导致了这一同步性。

四 责任认定

（一） 碳排放责任认定的两个标准

如何界定碳排放责任，不仅关系到中国与世界各国在国际分工与合作中的重大经济利益，也关系到全球资源在被世界各国使用上的可持续发展能力，同时也会影响一国的经济体以及国民的长远利益。在核算一个国家的碳排放量上，目前存在两种相互对立的标准：生产核算原则（Production Accounting Principle）和消费核算原则（Consumption Accounting Principle）。

1. 生产碳排放的内涵

一般认为，生产责任原则的理论依据是经济合作与发展组织1974年提出的"污染者付费原则"，即要求污染者赔偿污染损失、支付治理费用，通过污染成本内部化的方式，达到减少污染的目的，这一原则的核心是要求所有污染者必须为其产生温室气体造成的环境污染直接或间接支付费用。目前，许多发达国家都将该原则作为制定环境政策的一个基本原则。这一原则的基本原理是：谁直接受益于产生排放的生产活动，谁就应该承担排放责任。因此，工业生产的环境影响、碳排放责任都归咎于生产者。该原则主张碳排放责任由其直接排放者承担，因而一个国家需对其国内所有碳排放负责。

2. 碳排放消费者责任的内涵

消费责任原则认为，产品和服务是为了满足消费者的需求，相应的碳排放应该由消费者承担。按照此原则，各国的碳排放责任应按其国内最终消费引起的碳排放估算，包括进口产品碳排放，而排除出口产品碳排放。具体说来，该原则计算的产品碳排放将不仅包括直接排放，还包括研发、上游投入、运输等所有的间接排放，其计算结果被称为"产品隐含碳"。消费责任原则的理念主要源于"生态足迹"的概念，即消费活动会消耗自然资源并对环境产生影响，消费者应该为这些影响负责，理论依据主要是最终消费者是造成环境污染最主要的驱动因素，解决环境问题需要形成对环境有利的消费偏好。

一直以来，国际社会以及 OECD 国家基本上都采用生产核算原则作为环境政策制定的基本依据。2005 年 2 月生效的《京都议定书》规定，2008～2012 年主要工业国家的碳排放量比 1990 年平均要低 5.2%，并根据"共同但有区别责任"原则，发展中国家无强制减排的目标。为了测定减排目标以及各国减排的实施进展，需要一个国家的温室气体清单。目前，国家温室气体清单是根据 IPCC 制定的指南编制的，指南中定义"国家清单包括在国家领土和该国拥有司法管辖权的近海海区发生的温室气体排放和清除"。因此国家温室气体清单的编制是按照"领土原则"或者"生产者责任原则"界定排放责任的，即计算的是"生产碳排放"。

然而，在开放经济下，一国生产的产品和服务不一定自己消费，可能用于出口，而消费的产品和服务又有可能是进口的，这一核算方法有利于净进口隐含碳的国家，但不利于净出口隐含碳的国家，有失公平。[①]如下两种方式最为典型：①A 国提供物质资本，B 国提供劳动力，C 国提供能源，D 国负责加工和生产，那么直接排放也是在 D 国，最终产品为各国所消费；②A 国生产技术密集型产品，

---

① Munksgaard, J., Pedersen, K. A., "CO$_2$ Accounts for Open Economies: Producer or Consumer Responsibility?", *Energy Policy*, 2001, 29: 327 – 334.

如机械、电子设备，B 国购进这些中间品或投资品，再投入大量劳动力和能源，生产最终消费品，并为各国所消费。因此，无论上述哪种生产方式，按照上述"领土原则"或者"生产者责任原则"计算一国的"生产碳排放"，从而直接将温室气体排放责任归结为高排放产业的生产国，如第①类的 D 国或第②类的 B 国都是不合理的。同时，这一核算方法很可能会对气候变化协议效力的执行产生消极影响。附件一国家可能从非附件一国家（主要为发展中国家）进口部分商品（最可能是能源和高碳排放商品）以代替国内生产，通过"碳泄漏"完成其减排任务，但全球碳排放的减少可能就是零，甚至不减反增，因为发展中国家能源利用效率较低和碳排放强度较高。①

（二）　中国制造业碳排放责任

实际上，上述两种核算标准的碳排放量差别就是净贸易含碳量。前面的研究表明，近年来中国制造业的净出口隐含碳不仅数额大，而且占国内碳排放总量的比重在 10% 以上，这意味着中国制造业的碳排放中有相当大一部分通过贸易而被其他国家消费了，按生产核算的碳排放明显高估了中国碳排放水平。另外，中国制造业与欧美贸易中处于净出口隐含碳地位，而与周边亚洲国家贸易中处于净进口隐含碳地位，且变化呈现同步性特征。这一特征是中国制造业承接新一轮国际产业转移和大力发展加工贸易形成的，欧美日等发达地区从中国快速增长的碳排放中获得了部分利益。因此，中国作为发展中的贸易大国，在碳排放问题上，既要强调发展排放，也要强调转移排放，积极参与国际规则制定，改变目前对中国极为不利的碳排放核算方法，从生产和消费的角度重新界定碳排放责任，避免高估中国的碳排放水平，为低碳经济条件下提升中国制造业贸易竞

---

① Shui, B., Harriss, R., "The Role of CO_2 Embodiment in US-China Trade", *Energy Policy*, 2006, 34 (18): 4063 – 4068.

争力创造良好的外部环境。

第二节　中国制造业出口中隐含碳排放增长的驱动因素分析

改革开放以来，制造业出口作为中国经济增长的重要引擎，保持了较快的增长速度，中国已经成为"世界工厂"。由于商品在生产和流通过程中需要消耗一定的能源，这就意味着，中国出口的不仅是商品本身，还包括其中隐含的碳排放。因而，制造业出口的高速增长也导致了出口贸易中的隐含碳排放总量及其在中国碳排放中的占比快速上升。在低碳经济条件下，研究中国制造业出口贸易的隐含碳排放已经成为焦点之一。

该领域的早期研究对象主要集中在西方发达国家，针对中国的研究相对较晚。Ahmed 和 Wyckoff 采用投入－产出表研究中国进出口贸易中的隐含碳排放发现，1997 年中国的出口含碳量要明显高于进口含碳量。[1] 齐晔等采用投入－产出表估计发现，1997～2006 年中国出口中的隐含碳在逐年增加，通过隐含碳的形式，中国实际上为国外排放了大量的碳。[2] 虽然采用的数据和计算方法存在一定差别，但 Lin 和 Sun、马述忠和陈颖等人的研究均表明，近年来中国出口中隐含碳排放要高于进口中隐含碳排放，中国在整体上已经成为一个碳净输出国。[3][4]

---

[1]　Ahmed, N., Wyckoff, A., Carbon Dioxide Emissions Embodied in International Trade of Goods, OECD Science, Technology and Industry Working Paper No. 2003/15, 2003.

[2]　齐晔等：《中国进出口贸易中的隐含碳估算》，《中国人口·资源与环境》2008 年第 3 期。

[3]　Lin, B., Sun, C., "Evaluating Carbon Dioxide Emissions in International Trade of China", Energy Policy, 2010, 38 (3): 613 – 621.

[4]　马述忠、陈颖：《进出口贸易对中国隐含碳排放量的影响：2000 – 2009 年——基于国内消费视角的单区域投入产出模型分析》，《财贸经济》2010 年第 12 期。

在测算中国出口贸易隐含碳排放的同时，一些学者开始分析驱动因素。Yan 和 Yang 利用结构分解分析法（Structural Decomposition Analysis，SDA）将隐含碳排放变化分解为：①技术效应，即产品碳排放强度的变化；②结构效应，即贸易结构的变化；③规模效应，即贸易量的变化。结果显示，中国出口中的隐含碳排放从 1997 年到 2007 年增长了 449%，其中规模效应为 450%，结构效应为 47%，技术效应为 -48%。[1]张友国、李艳梅和付加锋采用类似的方法，得出中国出口中隐含碳排放的变动主要是由贸易规模和中间生产技术引起。[2][3]Dong 等则利用指数分解分析法（Index Decomposition Analysis，IDA）考察中日贸易中隐含碳排放的驱动因素，发现贸易规模扩大是驱动中日贸易中隐含碳排放增长的主要因素，而中国经济碳排放强度的降低起到了抵消作用。[4]

综合来看，现在有关于中国出口中隐含碳排放研究存在以下三方面的缺陷：一是在计算碳排放强度时，大多使用现价投入－产出表而非可比价投入－产出表。在价格变化较大时，测算的碳排放强度不是很准确；二是在研究方法上，绝大多数学者没有考虑进口中间投入品对出口中隐含碳排放的影响，计算的结果可能存在一定偏差；三是研究不够全面，关于中国与不同贸易伙伴之间隐含碳排放增长的驱动因素研究很少，目前只有 Dong 等研究了中日贸易。

就驱动因素分解方法而言，SDA 对数据的要求相对较高，但

① Yan, Y., Yang, L., "China's Foreign Trade and Climate Change: A Case Study of CO_2 Emissions", *Energy Policy*, 2010, 38（1）: 350 - 356.

② 张友国:《中国贸易含碳量及其影响因素——基于（进口）非竞争型投入－产出表的分析》,《经济学季刊》2010 年第 9 期。

③ 李艳梅、付加锋:《中国出口贸易中隐含碳排放增长的结构分解分析》,《中国人口·资源与环境》2010 年第 8 期。

④ Dong et al., "An Analysis of the Driving Forces of CO_2 Emissions Embodied in Japan-China Trade", *Energy Policy*, 2010（38）: 6784 - 6792.

可以凭借投入－产出模型分析各种直接或间接的增长因素；而 IDA 可以使用部门加总数据，数据要求相对较低，且分解形式包括绝对值、强度、弹性等。为了更全面分析，本节将分别用 SDA 和 IDA 两种方法，利用中国的能源消费和对外贸易数据，从行业、贸易伙伴等方面深入分析中国制造业出口贸易中隐含碳排放的增长及驱动因素。

一　基于 SDA 的分析

（一）研究方法及数据处理

出口商品既会产生直接的碳排放，也会产生间接的碳排放，需要通过投入－产出表来核算出口商品中隐含的全部碳排放。利用矩阵代数我们可以将 Leontief（1941）投入－产出模型表示为：

$$X = AX + Y \tag{3-8}$$

求解 X，可以得出：

$$X = (I - A)^{-1}Y \tag{3-9}$$

其中，X、Y 分别是国民经济中部门总产出向量和最终需求向量；A 为直接消耗系数矩阵；I 是 A 的同阶单位阵，则 $(I-A)^{-1}-I$ 为完全需求系数（或完全消耗系数）矩阵。

假设各产业部门直接排放系数组成的向量为 C，则各产业部门 CO_2 完全排放系数为：

$$\hat{C} = C \cdot [(I-A)^{-1} - I] \tag{3-10}$$

值得注意的是，上述公式中的 A 中所有中间投入品都是本国生产的，但由于加工贸易出口在中国出口总额中占有半壁江山，而加工贸易的一个典型特点就是绝大部分中间投入品是从国外进口的。借鉴平新乔等（2006）的处理方法，对公式（3-10）进行修正，

以扣除因使用进口中间投入品减少的出口中隐含 CO_2 排放，即

$$\hat{C}_e = C \cdot [(I-UA)^{-1} - I] \qquad (3-11)$$

其中，U 是各部门中间投入品中的国内产品比重组成的对角矩阵，对角矩阵元素为：$U_i = 1 - \dfrac{M_i}{X_i + M_i - E_i}$，$X_i$、$M_i$、$E_i$ 分别表示 i 部门的产值、进口额和出口额。

将出口向量 E 进一步分解为出口总量（F）与出口结构矩阵（S）的乘积，其中 S 是 $n \times 1$ 的矩阵，元素 $S_i = E_i/F$，再设 $L = [(I-UA)^{-1} - I]$，则出口中隐含碳排放 Q 可以表示为：

$$Q = C \times L \times F \times S \qquad (3-12)$$

由此，两个时期出口中隐含碳排放的变化可以表示为：

$$\Delta Q = Q_1 - Q_0 = C_1 \times L_1 \times F_1 \times S_1 - C_0 \times L_0 \times F_0 \times S_0 \qquad (3-13)$$

其中，下标 1、0 分别表示变量在第 1 期（报告期）和第 0 期（基期）的取值；Δ 表示变量的变化。

利用结构分解分析法（SDA）可以考察直接排放系数（C）、中间生产技术（L）、出口总量（F）、出口结构（S）四个变量的变动对出口隐含碳排放增长的贡献。不过，结构分解的形式并不唯一，从不同的因素排列顺序进行分解，公式（3-13）有 4! 个分解形式。理论上，用这 4! 个分解方程中每个因素的变动对应变量影响的平均值来衡量该因素的变动对应变量的影响较为准确，但实际计算操作上会相当复杂。Dietzenbacher 和 Los 指出，如果变量较多，可采用两极分解方法作为替代，而所得的结果却非常接近。[1]基于此，本节采用两极分解法来进行结构分解。

---

① Dietzenbacher, E. and Los, B., "Structural Decomposition Techniques: Sense and Sensitivity", *Economic System Research*, 1998, 10 (4): 307–323.

首先，从基期开始分解，（3-12）式可写为：

$$\Delta Q = \Delta CL_0F_0S_0 + C_1\Delta LF_0S_0 + C_1L_1\Delta FS_0 + C_1L_1F_1\Delta S \qquad (3-14)$$

其次，从报告期开始分解，（3-12）式可写为：

$$\Delta Q = \Delta CL_1F_1S_1 + C_0\Delta LF_1S_1 + C_0L_0\Delta FS_1 + C_0L_0F_0\Delta S \qquad (3-15)$$

两极分解法就是取（3-14）式和（3-15）式的算术平均值：

$$
\begin{aligned}
\Delta Q = &\frac{1}{2}[\,\Delta CL_0F_0S_0 + \Delta CL_1F_1S_1\,]\cdots\cdots直接碳排放系数 \\
&+ \frac{1}{2}[\,C_1\Delta LF_0S_0 + C_0\Delta LF_1S_1\,]\cdots\cdots中间生产技术 \\
&+ \frac{1}{2}[\,C_1L_1\Delta FS_0 + C_0L_0\Delta FS_1\,]\cdots\cdots出口总量 \\
&+ \frac{1}{2}[\,C_1L_1F_1\Delta S + C_0L_0F_0\Delta S\,]\cdots\cdots出口结构
\end{aligned}
\qquad (3-16)
$$

数据处理方法以及来源与本章第一节相同，不再赘述。

（二）结果分析

1. 中国制造业出口贸易隐含碳排放强度的测算

将相关数据代入上述公式，计算得到1997~2010年中国制造业出口贸易的隐含碳排放强度（见表3-4）。数据显示，基于可比价投入-产出表计算的排放强度要高于现价投入-产出表计算的结果，尤其是2005年和2007年。这主要是因为2003年以后中国出现了一轮物价上涨，在两种计算方法采用相同能源数据的条件下，剔除价格变化后的各产业增加值相对较小，从而导致出口贸易隐含碳排放强度相对较高。正如前文所述，剔除进口中间投入品后，中国制造业各产业部门出口贸易隐含碳排放强度均小于忽略这一因素的计算结果。可见，如果不考虑进口中间投入品的影响必然会高估中国制造业出口贸易的隐含碳排放量。

中国制造业出口贸易的隐含碳排放强度呈现"先降后升再降"

的特点。2002 年出口平均隐含碳排放强度有了较大幅度的下降，从 1997 年的 6.86 吨/万元降至 3.65 吨/万元。但 2005 年平均排放强度又上升了 1.2 吨/万元，高达 4.85 吨/万元。具体来看，金属冶炼及压延加工业、金属制品业等上升幅度较大，部分行业甚至超过了 1997 年的排放强度。这可能和 2002～2005 年出现的重工业化趋势有关，这些重工业行业部门的投资增长过快，导致这些重工业行业的粗放式产能增加，导致单位产出的能耗和排放增加。2005 年以后，中央加强了"节能"工作，"两高一资"（即高耗能、高污染与资源密集型）产品出口退税率逐步降低和取消，并在"十一"规划中将单位 GDP 能耗降低 20% 作为经济发展的约束性指标。2007 年出口排放强度又有所下降，平均值为 3.91 吨/万元，但仍然略高于 2002 年的水平，2010 年进一步降至 3.91 吨/万元，已经略低于 2002 年水平。出口碳排放强度降低仍然面临着较为艰巨的任务，2007 年石油加工炼焦及核燃料加工业等行业的出口排放强度比 2005 年有不同程度的上升，金属冶炼及压延加工业、金属制品业、电气机械及器材制造业等排放强度还维持在 6 吨/万元以上，2010 年的出口排放强度仍然没有出现实质性下降，这也说明，要实现出口的可持续增长，中国出口政策还需要进一步调整。

从具体行业来看，纺织业、食品制造及烟草加工业、通信设备计算机及其他电子设备、仪器仪表及文化办公用机械制造业等行业出口隐含碳排放强度相对较低，2007 年均在 3 吨/万元以下。尤其值得注意的是通信设备、计算机及其他电子设备，该产业出口额在中国的出口总额中所占比重快速上升，而排放强度却从 1997 年的 6.12 吨/万元降至 2007 年的 1.81 吨/万元，2010 年更是进一步降至 1.47 吨/万元，出口额的增长并没有导致隐含碳排放的同步增加。

表 3 – 4　1997 ~ 2010 年中国出口贸易隐含碳排放强度

单位：吨/万元

	1997 年		2002 年		2005 年		2007 年		2010 年	
	$\hat{c}$	$\hat{c}_e$	$\hat{c}$	$\hat{c}_e$	$\hat{c}$	$\hat{c}_e$	$\hat{c}$	$\hat{c}_e$	$\hat{c}$	$\hat{c}_e$
食品制造及烟草加工业	4.40	3.47	2.50	1.98	3.18	2.34	2.36	1.80	2.33	1.82
纺织业	6.57	4.86	3.71	2.61	5.10	3.48	3.77	2.78	3.27	2.49
纺织服装鞋帽皮革羽绒及其制品业	5.80	4.23	3.58	2.51	4.37	2.95	3.38	2.51	3.18	2.45
木材加工及家具制造业	6.75	5.16	3.71	2.80	5.07	3.62	3.81	2.86	3.85	2.97
造纸印刷及文教体育用品制造业	6.73	4.97	3.56	2.62	5.01	3.44	4.03	2.90	3.89	2.90
石油加工、炼焦及核燃料加工业	5.53	3.99	3.45	2.41	5.28	3.13	7.15	4.36	8.15	4.81
化学工业	9.49	7.15	4.92	3.60	8.17	5.61	5.70	4.00	4.78	3.49
非金属矿物制品业	9.18	7.45	4.59	3.63	6.21	4.64	4.92	3.86	5.38	4.34
金属冶炼及压延加工业	13.73	11.14	7.69	6.12	12.04	9.05	11.4	8.59	9.52	7.15
金属制品业	14.68	11.95	8.75	6.94	12.10	9.24	8.83	6.93	7.72	6.15
通用专用设备制造业	11.01	8.43	6.65	4.89	9.45	6.73	6.77	4.96	6.05	4.57
交通运输设备制造业	11.33	8.64	5.82	4.21	7.49	5.22	5.15	3.63	4.35	3.15
电气机械及器材制造业	14.87	11.62	7.38	5.50	9.94	7.14	8.28	6.15	6.75	5.13
通信设备计算机及其他电子设备	9.74	6.12	5.01	2.66	6.62	3.23	3.10	1.81	2.62	1.47
仪器仪表及文化办公用机械制造业	8.62	6.03	5.28	3.30	6.78	4.01	4.21	2.36	3.65	2.23
工艺品及其他制造业	5.83	4.52	3.40	2.59	5.21	3.77	3.94	2.98	3.56	2.75
算术平均值	9.02	6.86	5.00	3.65	7.00	4.85	5.42	3.91	4.94	3.62

2. 中国制造业出口贸易隐含碳排放的测算

将表 3 – 4 中的出口碳排放强度和出口额代入公式就可以得到出口贸易隐含碳排放的数量及变化。为了全面分析，我们不仅要测算并分析总体出口，还要从产业部门和贸易伙伴两个方面进行研究。

（1）总体出口中的隐含碳排放及其变化。进入 21 世纪以后，尤其是加入 WTO 以后，中国制造业出口获得了突飞猛进的发展。伴随着出口的快速增长，1997～2007 年中国出口中隐含碳排放总量呈现出持续增长的态势（见图 3 – 2）。从不同阶段来看，1997～2002 年出口中隐含碳总量增长较为缓慢，从 7.76 亿吨增加至 8.1 亿吨。而 2002～2005 年不仅出口额增长较快，而且出口的碳排放强度也有一定幅度的上升，在这两个因素共同作用下，出口中隐含碳排放量增长了 15.37 亿吨，达到 23.48 亿吨。不过，2005～2007 年出口中的隐含碳排放量增速趋于放缓，增加了 4.79 亿吨，2010 年比 2007 年增加了 1.95 亿吨。与此同时，出口中隐含碳排放量在全国碳排放总量中所占的比重也不断上升，由 1997 年的 27.3% 上升到 2005 年的 46.9%，2007 年占比变化不大，2010 年则略有下降，为 40.2%。由

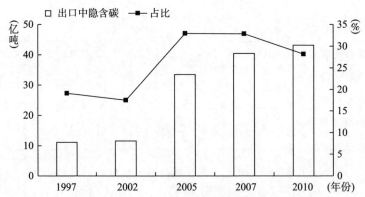

图 3 – 2　1997～2010 年中国制造业出口中隐含碳及其占比

注：占比为中国制造业出口中隐含碳排放占中国化石燃烧排放总额的比例。

数据来源：中国化石燃烧碳排放总额来自国际能源署 CO_2 Emission From Fuel Combustion（2009、2012）。其他数据由本节模型整理得到。

此可见，出口对中国碳排放的影响在不断增强，目前出口已经成为影响中国碳排放的一个非常重要的因素，决定了要实现"节能减排"的目标离不开外贸增长方式的转变，降低出口贸易隐含碳排放。

（2）不同行业出口中的隐含碳排放及其变化。由于出口产品的碳排放强度在行业间存在着较大差别，再加上出口额的高低不一，导致不同行业出口中隐含碳排放数量不同，变化趋势呈现出各自的特征（见表 3 - 5）。

表 3 - 5　1997～2010 年中国制造业出口分行业隐含碳排放量

单位：百万吨

	1997	2002	2005	2007	2010
食品制造及烟草加工业	20.36	17.68	32.46	32.73	38.1
纺织业	75.48	73.13	170.41	222.35	215.9
纺织服装鞋帽皮革羽绒及其制品业	67.94	70.13	127.68	140.71	142.7
木材加工及家具制造业	14.75	18.77	53.71	66.44	78.4
造纸印刷及文教体育用品制造业	35.15	26.47	67.87	65.27	67.0
石油加工、炼焦及核燃料加工业	7.62	6.59	14.81	18.11	17.6
化学工业	108.32	80.13	218.67	250.48	308.4
非金属矿物制品业	18.42	15.61	40.35	55.46	77.8
金属冶炼及压延加工业	44.98	29.77	133.85	292.20	177.1
金属制品业	76.90	74.82	232.03	221.87	194.8
通用专用设备制造业	39.97	64.39	198.56	275.94	324.4
交通运输设备制造业	26.90	28.88	94.51	133.46	189.2
电气机械及器材制造业	98.56	111.10	276.48	382.88	470.2
通信设备计算机及其他电子设备	95.61	130.90	493.88	550.66	584.1
仪器仪表及文化办公用机械制造业	27.13	51.88	170.53	85.04	97.7
工艺品及其他制造业	18.23	10.65	22.75	33.99	39.3

中国出口中的隐含碳排放主要集中在通信设备计算机及其他电子设备、金属冶炼及压延加工业、金属制品业、通用专用设备制造业、电气机械及器材制造业、化学工业、纺织业、纺织服装鞋帽皮革羽绒及其制品业八个行业上，且集中化日趋明显。1997年这八个行业出口中的隐含碳排放总额为6.07亿吨，占比为74.04%，2007年分别上升至23.37亿吨和81.97%，集中程度要高于这些行业出口在全部出口中的占比，2010年隐含碳和占比略有下降，但仍然较高，分别为22.74亿吨和80%。具体来看，通信设备计算机及其他电子设备行业出口中的隐含碳排放增长最快，1997年为0.96亿吨，低于化学工业和电气机械及器材制造业，此后随着出口的上升隐含碳排放量迅猛上升，2007年高达5.5亿吨，占比在20%左右，此后变化不大，2010年隐含碳为5.84亿吨。金属冶炼及压延加工业和通用专用设备制造业也呈现出相似的特征，1997年两个行业出口中隐含碳排放总量均在0.4亿吨左右，占比均在5%左右，而2007年分别增长至2.8亿吨和10%左右，成为中国出口隐含碳排放的重要行业，2010年隐含碳分别为1.7亿吨和3.2亿吨。化学工业、纺织业、纺织服装鞋帽皮革羽绒及其制品业三个行业虽然排放总量在增加，但所占比重均呈不断下降的态势，尤其是化学工业，从1997年占比最高时的13.2%降至10.2%，在中国出口隐含碳排放中的地位有所下降。而电气机械及器材制造业的变化趋势与其他产业不尽相同，在出口隐含碳排放中的地位基本没有变化，1997年以0.99亿吨排在化学工业之后，2007年以3.83亿吨排在通信设备计算机及其他电子设备行业之后，占比一直维持在12%~14%，变化幅度在2个百分点左右，2010年上升至4.7亿吨，占比也上升至15.6%。

除了上述八个行业，其他行业出口中的隐含碳排放数量相对较少，基本上都在1亿吨以下，只有仪器仪表及文化办公用机械制造业、交通运输设备制造业分别在2005年和2007年达到1.71亿吨和

1.33 亿吨，前者处于不断下降之中，2010 年出口中的隐含碳含量只有 0.9 亿吨；而后者有了一定幅度的上升，2010 年为 1.89 亿吨。从发展趋势来看，除了交通运输设备制造业，其他行业的隐含碳排放增长比较乏力，近期很难提升到中国出口中隐含碳排放的地位。

此外，金属制品业出口额在 2005～2010 年从 2511.68 亿元上升至 3201.54 亿元，但隐含碳排放的数量不仅没有增加，反而由于排放强度的降低，隐含碳排放下降了 1.28 亿吨。由此反映出，采取积极措施降低出口贸易碳排放强度完全可以在不增加出口中隐含碳排放的前提下，实现某些行业出口的可持续发展。

（3）不同贸易伙伴出口中的隐含碳排放及其变化。为了考察中国出口中隐含碳排放的国别流向，我们选择欧盟、美国、日本、韩国、东盟五个主要贸易伙伴进行研究。2010 年，中国制造业对这五个贸易伙伴的出口额占全部制造业出口总额的比重超过 60%，代表性较强。

从表 3-6 可以看出，与行业分布较为相似，我国制造业出口中的隐含碳排放国别流向的集中度也比较高，出口上述五个贸易伙伴中的隐含碳排放占中国制造业出口隐含碳排放总量的比重在 2002 年高达 70.66%，然后有所下降，2007 年为 63.3%，2010 年又升至 71.6%。具体来看，出口欧盟中隐含碳排放数额最大，2007 年上升至 7.19 亿吨，相当于出口美国和日本中的隐含碳排放之和，而且基本上与中国制造业出口的隐含碳排放总量保持同步增长，所占份额维持在 25% 左右，2010 年进一步升至 8.43 亿吨，占比提高至 27.1%，在中国制造业的出口隐含碳中占有举足轻重的地位。出口美国中的隐含碳排放由 1997 年的 1.3 亿吨上升至 2007 年的 5.07 亿吨，但所占份额已经从 2002 年的 20.45% 降至 17.79%。2010 年出口美国的隐含碳数量和比重有所上升，但与出口欧盟的差距依然很大。不同于出口欧盟和美国，1997～2007 年出口日本中的隐含碳排放数量呈现出先升后降的特点，从 1997 年的 1.13 亿吨上升至 2005 年的 2.43 亿吨后，2007 年又下降至 2.3 亿吨，而所占比重一直处于下降之中，在这十年间占比下降了 5.71 个百分点。同样，2010 年出口日本的隐含碳以及占比略有上升。这一现象的出现主要是因为通信设备计算机及其他电子设备行业在中国出口日本的商品中占有较高比重，而这一行业出口的碳排放强度下降较快，使该行业的隐含碳排放下降了 0.12 亿吨。中国制造业出口韩国和东盟中隐含碳排放虽然总量较小，但增长较快，而且占比也有所提高，2007 年占比分别比基期提高 0.16 个百分点和 0.45 个百分点。2010 年出口这两个贸易伙伴的隐含碳总量以及占比进一步上升。可见，随着双边自由贸易区建设的不断推进，中国制造业出口这两个贸易伙伴的隐含碳还有较大的上升空间。

表 3 - 6　1997～2010 年中国制造业出口主要贸易伙伴的隐含碳排放

单位：百万吨

	1997 年	2002 年	2005 年	2007 年	2010 年
欧盟	-	208.94 (25.27%)	588.89 (24.73%)	719.48 (25.23%)	842.8 (27.1%)
美国	129.86 (15.82%)	169.06 (20.45%)	481.92 (20.24%)	507.32 (17.79%)	669.2 (22.1%)
日本	113.14 (13.78%)	112.13 (13.56%)	243.92 (10.24%)	230.29 (8.08%)	259.1 (8.1%)
韩国	41.38 (5.04%)	38.88 (4.70%)	115.93 (4.87%)	148.15 (5.20%)	155.0 (5.3%)
东盟	53.73 (6.55%)	55.21 (6.68%)	158.99 (6.68%)	199.48 (7.00%)	239.4 (7.9%)

注：①括号内数字为中国出口五个贸易伙伴中隐含碳排放占中国全部出口中隐含碳排放的比例。②欧盟为 EU - 27，且报告发布者为欧盟。③东盟包括新加坡、马来西亚、泰国、菲律宾、印度尼西亚五国。

3. 中国制造业出口中隐含碳排放增长的结构分解结果

中国制造业出口中的隐含碳排放不仅总量较大，在国家碳排放总量中所占比重较大，而且呈现出逐年增加的趋势，需要我们深入研究其中的驱动因素。鉴于此，本节采用 SDA 分析法，将导致中国制造业出口中隐含碳排放增长的驱动因素分为直接碳排放系数、中间生产技术、出口总量、出口结构四个，考察这些驱动因素对中国总体出口以及不同贸易伙伴出口中隐含碳排放的影响程度。

（1）总体出口的分解结果。表 3 - 7 显示了 1997 ~ 2010 年分阶段各因素对中国出口中隐含碳排放增长的贡献，结果表明：

1997 ~ 2010 年中国制造业出口中隐含碳排放增长 22.46 亿吨，其中，出口总量导致碳排放增加 43.06 亿吨，而直接排放系数、中间生产技术、出口结构分别减少碳排放 18.43 亿吨、2.03 亿吨和 0.14 亿吨。在四个驱动因素中，出口总量的影响最大，贡献率为 191.7%，可见，中国制造业出口中隐含碳排放增加的主要原因在于出口总量的扩大。这就意味着，随着出口在未来一段时间里的持续增长，降低出口中隐含碳排放的总量面临着较大的困难。直接排放系数贡献率为 - 82.03%，说明各产业部门直接排放系数的下降，使在出口总量大幅增长的情况下，出口中的隐含碳排放不至于增幅太大。中间生产技术也起到降低作用，但影响程度要低于直接排放系数，贡献率为 - 9.04%。相对来说，出口结构影响最小，只有 - 0.63%，降低效应明显低于直接排放系数和中间生产技术，这说明，在这期间出口结构改善比较有限，采取措施优化制造业出口结构是未来中国降低出口中隐含碳排放的重要努力方向。

表 3 – 7　1997～2010 年中国制造业出口中隐含碳排放增长结构分解

	隐含碳增长（百万吨）				贡献率（%）			
	1997～2002	2002～2005	2005～2007	1997～2010	1997～2002	2002～2005	2005～2007	1997～2010
直接排放系数	– 3246. 37	347. 12	– 787. 43	– 1842. 70	– 9380. 85	22. 57	– 164. 37	– 82. 03
中间生产技术	– 208. 25	60. 15	– 351. 46	– 203. 10	– 601. 74	3. 91	– 73. 37	– 9. 04
出口总量	3163. 21	1115. 52	1619. 67	4306. 38	9140. 62	72. 55	338. 11	191. 70
出口结构	325. 99	14. 86	– 1. 75	– 14. 20	941. 96	0. 97	– 0. 36	– 0. 63
合计	34. 58	1537. 65	479. 04	2246. 38	100	100	100	100

从不同阶段来看，四个驱动因素的影响存在一定的区别。1997～2002 年出口总量和直接排放系数的影响程度基本相当，但方向正好相反，导致这段时间出口中的隐含碳排放增加很少，仅有 0.05 亿吨。2002～2005 年四个驱动因素的影响都是正值，其中，出口总量和直接排放系数增加的隐含碳排放分别是 11.16 亿吨和 3.47 亿吨，导致这一期间隐含碳排放增加超过 15.38 亿吨。从低碳化角度来看，这一时期的技术水平和出口结构出现了明显倒退，出口的粗放型增长方式显著。2005～2007 年的出口总量为主导因素，增加了 16.2 亿吨，但由于直接排放系数和中间生产技术分别降低了 7.87 亿吨和 3.51 亿吨，导致这一时期出口中的隐含碳排放增长较为缓和，为 4.79 亿吨。

（2）出口不同贸易伙伴的分解结果。从表 3 – 8 可以看出，2002～2010 年驱动中国制造业出口不同贸易伙伴中的隐含碳排放的增长的因素各不相同。出口欧盟中的隐含碳排放主要是由于出口总量扩张，增加了 6.94 亿吨，其他三个因素都起到了阻碍隐含碳排放增加的作用，但影响较小，三个因素的贡献均在 3% 左右。在出口美国中，四个驱动因素的影响方向与出口欧盟相同，但程度大小不同，其中，出口总量增加 6 亿吨，而其他三个因素的降低作用有所提高，出口结构减低 0.63 亿吨，贡献率超过 10%。出口日本中，出口总量贡献率为 93.3%（1.47 亿吨），直接排放系数和中间生产技术所起的降低作用比较有限。值得注意的是，不同于出口欧美，出口日本的贸易结构增加了隐含碳而不是减少，且数额可观，增加额为 0.14 亿吨，贡献了 9.5%。类似的还有出口韩国的情形，出口结构也对隐含碳排放增加起到了一定的促进作用，贡献值和贡献率分别为 0.11 亿吨和 9.4%。与出口其他国家不同，出口东盟的隐含碳排放基本上都是由出口总量扩张引起的，贡献率为 100.3%，其他三个驱动因素的影响程度均在 0.5% 以下。上述分析表明，不同驱动因素在贸易伙伴之间存在差别，这就意味着，降低出口不同贸易伙伴中的隐含碳排放需要采取有针对性的措施。

表 3 - 8　2002 ~ 2010 年中国制造业出口不同贸易伙伴
隐含碳排放增长的结构分解

单位：百万吨

	欧盟	美国	日本	韩国	东盟
直接排放系数	- 17.8 （ - 2.8%）	- 19.3 （ - 3.2%）	- 4.1 （ - 2.6%）	1.0 （0.8%）	- 0.4 （ - 0.2%）
中间生产技术	- 21.9 （ - 3.4%）	- 41.1 （ - 6.8%）	- 0.5 （ - 0.2%）	6.3 （5.4%）	- 0.3 （ - 0.2%）
出口总量	693.9 （109.3%）	599.9 （120.3%）	147.0 （93.3%）	116.1 （84.3%）	184.3 （100.3%）
出口结构	- 20.2 （ - 3.2%）	- 62.6 （ - 10.4%）	13.9 （9.5%）	10.9 （9.4%）	0.01 （0.0%）
合计	633.9 （100%）	599.9 （100%）	147.0 （100%）	116.1 （100%）	184.3 （100%）

二 基于 IDA 的分析

(一) 研究方法

1. 环境投入－产出模型（I－O）

由于出口商品既会产生直接的碳排放，也会产生间接的碳排放，需要通过投入－产出表来核算出口商品中隐含的全部碳排放。利用矩阵代数我们可以将 Leontief（1941）投入－产出模型表示为：

$$X = AX + Y \qquad\qquad (3-17)$$

求解 X，可以得出：

$$X = (I - A)^{-1} Y \qquad\qquad (3-18)$$

其中，X、Y 分别是国民经济中部门总产出向量和最终需求向量；A 为直接消耗系数矩阵；I 是 A 的同阶单位阵，则 $(I-A)^{-1} - I$ 为完全需求系数（或完全消耗系数）矩阵。

假设各产业部门直接排放系数组成的向量为 C，则各产业部门碳完全排放系数为：

$$\hat{C} = C \cdot [(I-A)^{-1} - I] \qquad\qquad (3-19)$$

值得注意的是，上述公式中 A 中的所有中间投入品都是本国生产的，但由于加工贸易出口在我国出口总额中占有半壁江山，而加工贸易的一个典型特点就是绝大部分中间投入品是从国外进口的。借鉴平新乔等的处理方法，对公式（3－19）进行修正，以扣除因使用进口中间投入品减少的出口中隐含碳排放[1]，即

$$f = C \cdot [(I - UA)^{-1} - I] \qquad\qquad (3-20)$$

---

① 平新乔等：《中国出口贸易中的垂直专门化与中美贸易》，《世界经济》2006 年第 5 期。

其中，U 是各部门中间投入品中的国内产品比重组成的对角矩阵，对角矩阵元素为：$U_i = 1 - \dfrac{M_i}{X_i + M_i - E_i}$，$X_i$、$M_i$、$E_i$ 分别表示 i 产业的产值、进口额和出口额。

2. 指数分解技术（IDA）

出口贸易中的隐含碳排放主要由三个方面决定：出口总量（activity effect）、出口构成（structure effect）以及出口碳排放强度（intensity effect）。鉴于此，本节采用下述恒等式对我国出口贸易中的碳排放进行分析：

$$Q = \sum_i Q_i = \sum_i E\,\frac{e_i}{E}f_i = \sum_i ESf_i \qquad (3-21)$$

其中：Q 表示出口中的隐含碳排放总量；Q_i 表示 i 产业出口的碳排放量；E 表示出口总量；e_i 表示 i 产业的出口额；f_i 表示 i 产业的出口碳排放强度。

根据 IDA，在基期和报告期的出口贸易中隐含碳排放的差异可表示为乘法模式和加法模式：

$$D_{tot} = Q^t / Q^0 = D_{act}D_{str}D_{int} \qquad (3-22)$$

$$\Delta Q_{tot} = Q^t - Q^0 = \Delta Q_{act} + \Delta Q_{str} + \Delta Q_{int} \qquad (3-23)$$

上述分项分别代表出口总量、出口结构和出口碳排放强度的变动所产生的影响。

利用 IDA 考察不同因素对某一变量影响的具体方法包括拉氏指数法、算术平均迪氏指数（AMDI）、对数平均迪氏指数（LMDI）等。LMDI 方法具有完全分解、无残差、数据要求相对较低等优点。基于此，本节采取 LMDI 方法进行研究。[①]

[①]　Ang（2005）提供了 LMDI 的具体推导和操作方法。

根据 LMDI 分解方法，在乘法分解模式下，有：

$$D_{act} = \exp\left(\sum_i \frac{(Q_i^t - Q_i^o)/(\ln Q_i^t - \ln Q_i^o)}{(Q^t - Q^o)/(\ln Q^t - \ln Q^o)} \ln\left(\frac{E^t}{E^0}\right) \right)$$

$$D_{str} = \exp\left(\sum_i \frac{(Q_i^t - Q_i^o)/(\ln Q_i^t - \ln Q_i^o)}{(Q^t - Q^o)/(\ln Q^t - \ln Q^o)} \ln\left(\frac{S_i^t}{S_i^0}\right) \right)$$

$$D_{ins} = \exp\left(\sum_i \frac{(Q_i^t - Q_i^o)/(\ln Q_i^t - \ln Q_i^o)}{(Q^t - Q^o)/(\ln Q^t - \ln Q^o)} \ln\left(\frac{f_i^t}{f_i^0}\right) \right)$$

在加法模式下，有：

$$\Delta Q_{act} = \sum_i \frac{Q_i^t - Q_i^0}{\ln Q_i^t - \ln Q_i^0} \ln\left(\frac{E^t}{E^0}\right)$$

$$\Delta Q_{str} = \sum_i \frac{Q_i^t - Q_i^0}{\ln Q_i^t - \ln Q_i^0} \ln\left(\frac{S_i^t}{S_i^0}\right)$$

$$\Delta Q_{ins} = \sum_i \frac{Q_i^t - Q_i^0}{\ln Q_i^t - \ln Q_i^0} \ln\left(\frac{f_i^t}{f_i^0}\right)$$

数据处理和数据来源与用 SDA 方法研究相同。

（二） 结果分析

1. 中国制造业出口贸易隐含碳排放的结构分解

利用 LMDI 乘法和加法分解方法，对中国制造业出口贸易中的隐含碳排放进行分解，结果如表 3 – 9 所示。

根据乘法分解，1997～2010 年中国制造业出口贸易中的隐含碳排放增长了 2.36 倍，其中，出口总量的增长导致碳排放增加 5.13 倍，出口结构的变化导致碳排放增长 0.07 倍，排放强度的降低使碳排放保持在原来的 0.51 倍的水平上。从三个因素变化的影响数额（加法分解）来看，中国制造业出口中的隐含碳排放在这段期间增加了 22.46 亿吨，其中，出口总量导致碳排放增加了 33.59 亿吨，出口结构的变化导致碳排放增加了 1.18 亿吨，排放强度降低导致碳排放减少了 12.3 亿吨。可见，出口总量的增长是导致出口中的隐含碳排放增长的主要因素。这就意味着，随着出口在未来一段时间里的持续增长，出口中隐含碳排放还将继续增长。相反，在排放强度降低使得出口总量大幅增长的情况下，出口中的隐含碳排放不至于增幅过大。尤其值得注意的是，出口结构在 1997～2007 年不仅没有减少出口中的隐含碳排放，反而略微增加了碳排放。从碳排放角度看，这段时间中国制造业出口结构的改善比较有限，如何采取措施优化出口结构减少出口中隐含碳排放有待进一步深入研究。

表 3－9　1997～2010 年中国制造业出口贸易隐含碳排放增长

指标	乘法				加法（百万吨）			
	1997～2010 年	1997～2002 年	2002～2005 年	2005～2007 年	1997～2010 年	1997～2002 年	2002～2005 年	2005～2007 年
隐含碳增长	3.36	1.01	2.88	1.16	2246.38	34.58	1537.65	479.04
出口总量	6.13	1.80	2.16	1.62	3358.78	2858.95	1120.51	1560.30
出口结构	1.07	1.07	1.02	1.00	118.44	321.17	23.37	1.06
排放强度	0.51	0.52	1.31	0.72	－1230.35	－3145.42	393.33	－1080.00

从不同阶段来看，三个因素的影响存在一定的区别。出口总量始终是主要影响因素，1997～2002 年、2002～2005 年和 2005～2007 年分别导致制造业出口中的隐含碳排放增长了 0.80 倍、1.16 倍和 0.62 倍，增加的数额分别为 28.59 亿吨、11.20 亿吨、15.6 亿吨。排放强度降低的减排效应在 1997～2002 年和 2005～2007 年大大抵消了由于出口总量增加导致的排放增加，减排额分别为 31.45 亿吨和 10.8 亿吨，导致在这两个时间段出口中的隐含碳排放没有与出口总量保持同步增长。不过，2002～2005 年排放强度出现了明显的倒退，出口的粗放型增长方式显著，分别使碳排放增长了 0.31 倍和 3.98 亿吨。虽然影响程度较小，但出口结构在三个时间段都是导致

出口中隐含碳排放增长的因素之一，增加的碳排放额分别为3.21亿吨、0.23亿吨和0.01亿吨。从动态趋势来看，由于出口结构增加的碳排放在不断减少，说明中国的出口结构调整战略取得了一定的成效，但要使出口结构在隐含碳排放方面成为减排因素并发挥重要作用还需加大出口转型升级的力度。

分行业来看，大多数行业表现为：出口总量增加是导致碳排放增长最主要的因素，而排放强度的降低是促使碳排放减少的主要因素（见表3-10）。在七个最主要的碳排放产业中，出口总量导致碳排放增加最多的行业是通信设备、计算机及其他电子设备业，高达5.76亿吨，增加最少的为通用、专用设备制造业，达2.73亿吨。碳排放强度降低一般会使该产业的碳排放减少，但石油加工炼焦及核燃料加工业属于例外情况，减少最多的为通信设备、计算机及其他电子设备业，达4.36亿吨。出口结构对各个行业的影响不一，在七大行业中，金属冶炼及压延加工业、通用专用设备制造业、电气机械及器材制造业、通信设备计算机及其他电子设备业由于在出口中的份额增加而使其碳排放进一步增加，纺织业、化学工业、金属制品业由于在出口中的份额减少而使其碳排放减少。

表3-10　1997~2010年不同出口产业的排放强度、排放总量和排放因素分解

单位：百万吨

产业类型	排放总量			因素分解		
	1997 年	2010 年	增长	出口总量	出口结构	排放强度
食品制造及烟草加工业	20.36	38.1	17.74	69.18	-27.05	-24.52
纺织业	75.48	215.9	140.42	240.61	-27.54	-72.60
纺织服装鞋帽皮革羽绒及其制品业	67.94	142.7	74.76	190.09	-61.56	-53.60
木材加工及家具制造业	14.75	78.4	63.65	78.29	10.27	-24.96

产业类型	排放总量			因素分解		
	1997 年	2010 年	增长	出口总量	出口结构	排放强度
造纸印刷及文教体育用品制造业	35.15	67	31.85	95.26	-35.77	-27.73
石油加工、炼焦及核燃料加工业	7.62	17.6	9.98	21.35	-12.40	1.02
化学工业	108.32	308.4	200.08	441.85	-103.57	-138.63
非金属矿物制品业	18.42	77.8	59.38	99.73	-4.97	-35.43
金属冶炼及压延加工业	44.98	177.1	132.12	130.71	19.75	-18.35
金属制品业	76.90	194.8	117.9	205.99	-27.43	-60.63
通用专用设备制造业	39.97	324.4	284.43	272.53	89.97	-78.08
交通运输设备制造业	26.90	189.2	162.3	187.60	62.58	-87.87
电气机械及器材制造业	98.56	470.2	371.64	506.98	39.07	-174.41
通信设备计算机及其他电子设备	95.61	584.1	488.49	576.25	348.62	-435.63
仪器仪表及文化办公用机械制造业	27.13	97.7	70.57	114.35	14.26	-57.95
工艺品及其他制造业	18.23	39.3	21.07	62.61	-27.49	-14.09

2. 出口不同贸易伙伴的隐含碳排放的结构分解

根据 LMDI 分解方法，对中国制造业出口不同贸易伙伴的隐含碳排放进行分解，结果如表 3 – 11 所示。由此可知，2002 ~ 2010 年导致中国制造业出口不同贸易伙伴中的隐含碳排放增长的因素各不相同。出口总量的扩张导致中国出口欧盟、美国、韩国和东盟的碳排放增长了 2 倍以上，增加的数额分别为 6.65 亿吨、6.81 亿吨、0.96 亿吨、1.80 亿吨，贡献率均在 90% 以上。相对来说，出口总量的扩张导致中国制造业出口日本的碳排放增长的绝对数量较少，仅略高于出口韩国的碳排放增长的绝对数量，低于出口东盟的碳排放增长的绝对数量，为 1.33 亿吨，但贡献率差别不大，依然在 90% 以上。在此期间，排放强度的变化对出口不同贸易伙伴的隐含碳排放的影响不是很大，主要是因为排放强度先升后降，前后变化不是很大。具体来看，排放强度变化导致出口欧盟、美国和日本的碳排放分别减少了5%、7%和1%，但在出口韩国和东盟的碳排放中不仅没有起到减排效应，反而分别增加了9%和1%。在数量上，无论是减排额还是增排额均在0.4亿吨以下。与排放强度相似，出口结构变化的影响在贸易伙伴之间存在着较大差别。其中，出口结构变化导致出口欧盟和美国的碳排放分别降低了1%和7%，而导致出口日本、韩国和东盟的碳排放分别增加了8%、16%和2%，绝对数额也不是很大。上述分析表明，虽然出口总量是导致中国制造业出口不同贸易伙伴的隐含碳排放增长的主要因素，但排放强度和出口结构产生的影响存在着一定的差别，这就意味着，降低出口不同贸易伙伴中的隐含碳排放还需要采取有针对性的措施。

表3-11　2002~2010年中国制造业出口不同贸易伙伴隐含碳排放增长

指标	乘法					加法（百万吨）				
	欧盟	美国	日本	韩国	东盟	欧盟	美国	日本	韩国	东盟
隐含碳增长	3.44	3.00	2.05	3.81	3.61	633.91	599.87	146.81	116.10	184.24
出口总量	3.66	3.48	1.92	3.01	3.50	664.63	681.48	133.22	95.68	179.64
出口结构	0.99	0.93	1.08	1.16	1.02	-5.08	-41.98	16.47	13.04	3.19
排放强度	0.95	0.93	0.99	1.09	1.01	-25.68	-39.65	-2.94	7.38	1.38

注：①欧盟为EU-27，且报告发布者为欧盟。②东盟包括新加坡、马来西亚、泰国、菲律宾、印度尼西亚五国。

第三节　本章小结

本章对中国制造业对外贸易中的隐含碳排放进行了分析，可以得出以下两个结论。

（1）中国制造业对外贸易中的隐含碳排放总体上存在着不平衡

的状况，但出口和进口贸易中的隐含碳排放特征不尽相同。随着中国制造业出口的快速增长，出口中的隐含碳排放量呈现迅速增长的态势，超过 20 亿吨，占我国当年碳排放量的 1/3，个别年份甚至达到了 45%。而进口中的隐含碳排放增长相对较慢，导致中国从 2006 年起处于净出口隐含碳的地位，目前数量已经相当可观。这就意味着，在基于生产核算原则下，中国实际上承担了消费国的碳排放责任。因此，在开放经济条件下，这一核算原则有失公平。此外，中国制造业对外贸易中的隐含碳排放失衡还呈现出较高的行业集中度和国别集中度。

（2）出口总量是促进中国制造业出口贸易中隐含碳排放增加的主要因素，直接排放系数是碳减排的主要因素。虽然在此期间，中间生产技术和出口结构起到了减排作用，但影响较小，尤其是出口结构，贡献率在 −1% 以下。降低排放强度是近期中国制造业减缓出口贸易中隐含碳排放增长的最佳选择。从长远看，出口结构调整升级是降低中国制造业出口中的隐含碳排放的一个可行的选择。

第四章　碳关税影响中国制造业贸易竞争力分析

在哥本哈根世界气候大会没有达成国际气候变化协议的背景下，发达国家单方面采取减排措施的现象将日益增多。由于碳排放的国际性以及经济的全球化，采取单边减排措施的国家普遍担心碳泄漏和本国竞争力受损，尤其是后者。这些国家试图对来自没有实施减排义务国家的进口产品加征碳关税，降低对本国产业竞争力的负面影响，同时减少碳泄漏。作为世界第一大碳排放国和第一大出口国，碳关税的征收势必会对中国制造业的贸易竞争力产生一定的影响。基于此，本章利用动态可计算一般均衡模型（CGE），模拟碳关税对中国制造业贸易竞争力产生的影响。

第一节　碳关税概述

一　碳关税的内涵

碳关税（Carbon Tariff），是指一国（承担碳减排责任国）对其进口商品（来自非承担碳减排责任国）按照二氧化碳的排放量所征收的税。主要表现为两种形式：一是要求进口商为进口能源密集型产品交纳与同类国内产品承担的碳税或能源税相对应的费用；二是要求进口商为进口能源密集型产品购买排放配额或排放许可。同时，允许实施减排措施的出口国对国内生产的出口产品进行相应的税收返回，以保证该产品在国际市场上的竞争力。

虽然碳关税是当前国际气候制度安排的特有税种，但基本上类似于边境调节税，又被称为碳边境调节税（Carbon - motivated Border Tax Adjustments，CBTAs）。这一做法实际上在国际贸易中早就出现了，可以追溯到18世纪，与20世纪60年代欧盟实施增值税时征收的边境调节税并无本质区别，区别仅体现在碳关税征收的基础是产品生产过程中的二氧化碳排放量，而不是产品的价值。因此，正如Lockwood和Whalley所述，碳关税不过是"绿瓶装旧酒"（Old Wine in Green Bottles）。[①]

二 碳关税的背景

最早提议征收碳关税的是法国前总统希拉克，其用意是希望欧盟国家针对未遵守《京都议定书》的国家征收商品进口税，以避免在欧盟碳排放交易机制（Emissions Trading System，ETS）运行后，欧盟国家所生产的商品遭受不公平之竞争，特别是境内的钢铁业及高耗能产业。曾一度拒绝签署《京都议定书》，不愿意承担减少排放额度义务的美国，很热衷于征收"碳关税"。2009年3月中旬，美国能源部长朱棣文在美国众议院科学小组会议上表示，为了避免美国制造业处于不公平的竞争状态，美国计划征收进口商品的碳关税；2009年6月22日，《美国清洁能源安全法案》获得众议院通过，该法案规定，美国有权对包括中国在内的不实施碳减排限额国家的进口产品征收碳关税，包括钢铁、水泥、造纸、玻璃等产品，从2020年起开始实施。

发达国家提出征收碳关税主要基于以下两个理由。

（1）碳关税可以降低非均衡碳减排对本国产业竞争力的负面影

---

① Lockwood, B. and Whalley, J., Carbon Motivated Border Tax Adjustments: Old Wine in Green Bottles? NBER Working Paper No. 14025, 2008.

响。考虑到经济发展水平的差异,《京都议定书》和《联合国气候变化框架公约》(UNFCCC)确定了发达国家和发展中国家在气候变化领域"共同但有区别责任"的原则。这就决定了发达国家将采取更多的单方面减排措施,而发展中国家可以根据自身经济发展状况采取不同于发达国家的减排措施。毫无疑问,严格的减排措施必将导致发达国家碳排放强度高的企业生产成本上升,导致其国际竞争力下降。若这些企业将生产转移到减排措施相对宽松的国家,还会导致这些国家相关产业就业和产出水平下降。Rivers、Dissou 和 Eyland 用可计算一般均衡(CGE)对加拿大研究显示,单方面的碳排放控制政策将会对能源密集型产业的竞争力产生较大冲击,需要采取碳关税、补贴等措施减轻影响。[1][2]Demailly 和 Quirion 考察欧盟碳排放交易机制对其钢铁产业竞争力的影响时也得出了相似的结论。[3]尽管采用的方法和选择的样本国家不同,可几乎所有的实证研究都显示:在短期内,非均衡减排措施将导致本国产业竞争力受损。目前,产业竞争力受损已经成为发达国家采取单方面减排措施面临的最大的国内阻力。

然而,在非均衡减排措施下,进口国通过征收碳关税能否改善本国竞争力还存在一定的争议。Dissou 和 Eyland 通过建立加拿大的多部门静态可计算一般均衡模型研究发现,加拿大单方面的碳减排措施会损害本国的产业竞争力,但通过对进口的能源密集型产品征收碳关税,并设计合理的利用方法,能够减少甚至完全消除由于单边措施对本国产业竞争力的影响,但是会产生较高的福利成本,也

---

① Rivers, N., "Impacts of Climate Policy on the Competitiveness of Canadian Industry: How Big and How to Mitigate?", *Energy Policy*, 2010, 32: 1092 – 1104.

② Dissou, Y., Eyland, T., "Carbon Control Policies, Competitiveness, and Border Tax Adjustments", *Energy Economics*, 2011.

③ Demailly, D. and Quirion, P., "European Emission Trading Scheme and Competitiveness: A Case Study on the Iron and Steel Industry", *Energy Economics*, 2008 (30): 2009 – 2027.

会使主要面向国内市场的产业受到过度保护。Weber 和 Peters 基于投入－产出表分析认为，碳关税不仅不能保护本国产业的国际竞争力，还有可能起反作用。[①]McKibbin 和 Wilcoxen（2009）通过建立多部门多国家全球经济的可计算一般均衡模型（G-Cubed Model）检验发现，相对于其管理的复杂性和对国际贸易的负面影响，征收碳关税对竞争力的影响是很小的。[②]借助多区域多部门可计算一般均衡模型，Ghosh et al. 的研究也发现，碳关税在产生不利的分配效应情况下，改善竞争力的作用是有限的。

（2）碳关税可以减少非均衡碳减排导致的碳泄漏。所谓碳泄漏（Carbon Leakage）是指承担碳减排责任的国家采取严格措施以后，该国的碳排放虽减少了，但未承担减排责任的国家碳排放增加了，导致了全球二氧化碳减排的预期目标难以实现。实际上，碳泄漏是一种国际性的外部性，主要有两种途径：一是竞争力途径。采取严格减排措施国家的企业的生产成本将会提高，相对于没采取减排措施国家的企业的竞争力将会下降，在短期内将会减少生产并增加进口；长远看，采取减排措施国家的碳密集行业将向没有采取措施的国家转移。这个竞争力变化导致的需求和生产的转移，将导致碳排放由约束减排国家向没有约束减排国家转移，产生碳泄漏。另一种途径是通过国际化石燃料。承担碳减排责任的国家采取措施后，本国化石燃料的需求减少，在其他条件不变的情况下，石化燃料的国际价格下降，导致未承担减排责任的国家石化燃料的使用增加，从而导致更多的碳排放。基于可计算一般均衡模型的很多研究表明，通过国际化石燃料价格变化导致的碳泄漏要多于通过竞争力途径。

① Weber, C. L. and Peters, G. P., "Climate Change Policy and International Trade: Policy Considerations in the US", *Energy Policy*, 2009, 37: 2930 – 2940.

② McKibbin, W. J. and Wilcoxen, P. J., "The economic and Environmental Effects of Border Tax Adjustments for Climate Policy", *Brookings Trade Forum*, 2009: 1 – 23.

例如 Fischer 和 Fox 模拟美国单方面征收每吨 50 美元碳税发现，能源密集型行业的碳泄漏的 18% ~38% 由生产转移产生，而 62% ~82% 的碳泄漏是通过国际石化燃料产生的。[1]碳泄漏也成为承担碳减排责任的国家向未承担减排责任的国家的进口产品征收碳关税的重要依据。

同样，碳关税在减少碳泄漏方面的作用也存在一定的争议。Dong 和 Whalley 基于多区域可计算一般均衡模型研究得出，碳关税能够有效减少碳泄漏。[2]然而，Kuik 和 Hofkes 通过建立多部门多区域的欧盟可计算一般均衡模型（CGE）研究发现，碳关税在减少碳泄漏方面不是很有效，更主要是为了保护发达国家能源密集型产业的竞争力。[3]Li 和 Zhang 的研究表明，碳关税将导致生产在国家和地区之间转移，改变世界的经济结构，但就减少碳排放而言，这一措施不是很有效，而且成本很高。[4]Jakob et al. 甚至得出碳关税会增加碳泄漏率的结论。[5]

围绕碳关税是否能改善产业竞争力和降低碳泄漏，Branger 和 Quirion 全面总结了 2004 ~2012 年这方面的研究文献，共 25 篇。就研究方法而言，大部分是基于可计算一般均衡模型，也有少部分是基于多部门局部均衡模型。他们应用 Meta-Regression 方法分析发现，

① Fischer, C. and Fox, A., Comparing Policies to Combat Emissions Leakage: Border Tax Adjustment versus Rebates, Discussion Paper 09 - 02, Resources for the Future, 2009.

② Dong, Y. and Whalley, J., How Large are the Impacts of Carbon Motivated Border Tax Adjustments, NBER Working Paper No. 15613, 2009.

③ Kuik, O. and Hofkes, M., "Border Adjustment for European Emissions Trading: Competitiveness and Carbon Leakage", *Energy Policy*, 2010, 38 (4): 1741 – 1748.

④ Li, A. and Zhang, A., "Will Carbon Motivated Border Tax Adjustments Function as a Threat?", *Energy Policy*, 2012, 47 (8): 81 – 90.

⑤ Jakob, M., Marschinski, R., Hubleer, M., "Between a Rock and a Hark Place: a Trade-theory Analysis of Leakage under Production-and Consumption-based Policies", *Environ. Resour. Econ*, 2013, 56 (1): 47 – 72.

碳关税平均只能减少6%的碳泄漏。[①]

三　碳关税的争议

从碳关税被提出开始，其合法性就备受争议。中国、印度等发展中国家强烈反对，认为这一做法不仅违反了WTO基本规则，也违背了《联合国气候变化框架公约》以及《京都议定书》确定的发达国家和发展中国家在气候变化领域"共同但有区别责任"原则，其实质是"以环境保护为名，行贸易保护之实"，是贸易保护主义的新借口。

欧美的碳关税主要援引GATT1994第20条一般例外条款：任何WTO成员都可以采取"为保护人类、动物或植物的生命或健康所必需的措施"（b）和采取"与国内限制生产与消费的措施相配合，为保护可用竭的自然资源有关措施"（g）两款进行豁免辩护。为了应对温室气体排放，芬兰、丹麦、德国、英国、日本等发达国家开征了碳税，这已经被证明是推动低碳经济和应对气候变化的最具市场效率的措施之一。由于碳税政策会削弱本国企业的国际竞争力，并可能导致国内生产的进口替代结果使其他地区的排放量增加，因此，部分国家试图引用上述条款通过征收边境调节税——碳关税，达到既不降低税收环保功效，又能维持本国产业的国际竞争力的目标。由于边境调节应用于制造进出口冰箱的氟立昂（CFCs）和其他损耗臭氧层物质的征税没有引起冲突，Biermann和Brohm通过对"臭氧消耗化学品判例"的分析，认为WTO法律中对征收碳边境调节税的规定很含糊，这为操作碳关税留下了空间，如果精心设计，碳边境调节措施在一定条件下可与WTO法律相兼容，欧盟因此可利用其作

---

① Branger, F. and Quirion, P., "Would Border Carbon Adjustments Prevent Carbon Leakage and Heavy Industry Competitiveness Losses? Insights from a Meta-analysis of Recent Economic Studies", *Ecological Economics*, 2014, 99: 29–39.

为避免产业竞争力受损的一项政策工具。①Ismer 和 Neuhoff 认为在碳排放交易制度下也可以征收碳调节税，不过是形式不同而已。他们还通过一个局部均衡的分析模型来说明，只要调节税的水平等于使用最优可行技术处理原料的生产条件下获得碳排放许可额所产生的额外成本，就可与 WTO 法律相兼容。②宋俊荣也有类似结论，经过科学合理的设计和实施，碳关税是可以符合 GATT 第 20 条（b）（g）款规定，与 WTO 规则相兼容的。③

依据 WTO 规则，碳关税的合法性还存在很大的争议。由于WTO 相关法律区别产品税和过程税，即对最终产品的税和针对包含在产品生产中投入而征收的关税，产品税的征收是合法的，而过程税则需进一步区别。过程税包含在最终产品中仍保留物理成分的投入的征税和对未被融入最终产品的投入的征税。前者是符合 WTO 规则的，而由于碳关税是针对未被融入最终产品的投入征收的，属于后者，碳关税是被禁止的。然而，至今尚无争端专家组裁决过针对诸如未被融入最终产品的能源的投入征税的合法性问题。如果引用GATT 第 20 条的例外条款，必须证明碳关税是实现环境目标所"必需"的。如果争端专家组认为碳关税的目的不是减少温室气体排放，而是弥补国内碳税的损失，那么碳关税就不是必需的。但如果专家组的认定正好相反，认定碳关税是必需的，则中国等国家就无法通过 WTO 争端解决机制反对美国碳关税的征收。

此外，在 WTO 规则中，还存在诸多限制边境碳调整措施实施的原则性条款，主要包括最惠国待遇原则、国民待遇原则等法律条款。其中，最惠国待遇原则要求成员方对来自不同国家和地区的同类产

---

① Biermann, F. and Brohm, R., "Implementing the Kyoto Protocol without the USA: the Strategic Role of Energy Tax Adjustments at the Border", *Climate Policy*, 2005, 4 (3): 289 - 302.

② Ismer, R. and Neuhoff, K., Border Tax Adjustment: A Feasible Way to Support Stringer Emission Trading, CMI Working Paper, 2007, No. 36.

③ 宋俊荣：《环境税边境调整与 WTO》，《世界贸易组织动态与研究》2010 年第 1 期。

品应无条件地给予平等待遇而非差别待遇,而依据美国《美国清洁能源安全法案》实施政策,就很可能违背最惠国待遇原则。该法案规定美国有权对不实施碳减排限额的国家征收碳关税,如中国、印度等,而对实施减排限额的国家则不征收碳关税,如欧盟、日本等国家和地区。这就形成了成员国之间的差别,不符合最惠国待遇原则。国民待遇原则要求成员国在国内税费与管理政策上平等对待本国生产的产品和从外国进口的相同产品。这条规定的目的是防止通过国内政策和措施歧视进口产品。碳关税可以看作"对进口产品本身"或者对"生产过程中排放的二氧化碳"征收的税费,而作为对"生产过程中排放的二氧化碳"征收的税费很可能不符合当前的规则,那么,作为对进口产品本身征收的碳关税是否违反国民待遇原则呢?GATT 第三条中与碳关税相关的是第二款,该款对成员国施加了两种义务,其一是禁止对进口产品征收超过同类国内产品的税;其二是以为国内产品提供保护的方式对进口产品征税。这就要求排放量高的同类产品不应受到不同的待遇。然而,开征碳关税的理论逻辑正是依据温室气体排放量的不同,对不同原产地的同类产品实施差别待遇,有违反 WTO 的国民待遇原则之嫌。

目前世界上尚没有征收碳关税的实例,但美国、欧盟等发达国家和地区竭力兜售碳关税,制造征收碳关税的全球舆论环境,推动碳关税的立法和政策进程。所以,随着低碳经济的不断推进,经过科学合理的设计和实施,只要不构成武断的或不合理的差别待遇,也不构成对国际贸易的变相限制,碳关税很有可能在不久之后变成现实。①

---

① Zhang, Z. X., Competitiveness and Leakage Concerns and Border Carbon Adjustments, NOTA DI LAVORO 80, 2012.

四　碳关税实施障碍

碳关税至今尚未实施，除了上述合法性问题外，还因为其具体实施面临诸多困难，政策制定者必须巧妙设计各项政策，以确保成本最小化、收益最大化。但经过大量的讨论和研究后发现，无论哪一种碳关税机制执行起来都困难重重。Monjon 和 Quirion 从欧盟角度出发，认为设计切实可行的边境碳调整措施需同时考虑好形式、目标产品、调节基础、适用国家、实施问题、行政成本六要素，其中行政成本是制约碳关税操作的重要因素。由于发展中国家的出口商能源管理水平较低，监测技术落后，很难确定进口商品的实际能耗水平以及温室气体的排放水平，也就很难准确计算进口商品的碳含量，从而难以实施相应的碳关税措施。①下面我们具体讨论碳关税实施面临的主要问题。

（一）　与碳关税相关的规则制度很难建立

如果要公平、合理地执行碳关税，至少要设立以下几个方面的规则制度。一是行业的确定。碳关税是只针对少数行业，还是所有行业。如果是后者，与其实施的出发点不相符，有贸易保护嫌疑。如果是前者，就需要考虑到行业特点，包括成本结构、国际竞争、技术现状等复杂因素。二是为了确保碳关税的实施，必须设立相应的实施程序和标准。三是必须要规定调查过程。当对进出口的某一产品的碳含量存在异议时，要根据相应规定，启动调查程序，决定是否对该产品加征碳关税。四是，要设立一个运行碳关税的组织，其工作人员既要了解企业，又能秉公办事，对结果做出客观的判断。这些规则制度不是短时间可以建立的，需要很长的时间。

---

① Monjon, S. and Quirion, P., "Adressing Leakage in the EU TES: Border Adjustment or Output-based Allocation?", *Ecological Economics*, 2011, 70 (11): 1957–1971.

（二）　进口产品中隐含碳量的计算问题非常难

不同的生产过程存在大量的影响碳排放的因素，而且这些因素并不是一成不变的，准确测算进口产品中的碳含量成为大问题。一种方法是用进口国类似产品的平均碳含量作为替代。这种方法的优点是成本低，而且一般情况下，由于发达国家的生产技术相对较为先进，能源使用效率较高，这样可以确保征收的碳关税不会太高，来自发展中国家的压力会小一点。另一个方法是通过最佳适用技术（Best Available Technology，BAT）作为参考技术进行测算某一产业的碳含量。[1]即使采取上述方法，执行起来也不容易，很多问题需要确定，包括因计算碳含量而进行的行业分类。此外，不论是以国内生产碳含量还是最佳适用技术（BAT）为基础的碳关税，都可能涉及对生产过程中消费的非物化投入计算与否的问题。如果纳入计算，那么这就可能为对其他非物化的投入征收相似调节税打开方便之门，并进而可能扩展到其他国内税的征收和管理。

（三）　碳关税税率的确定存在一定困难

碳关税税率也是碳关税实施过程中的关键因素，一般以美元/吨碳的单位来衡量，主要取决于征收国（进口国）国内的碳排放价格（碳价）。碳价是指为避免一个额外的二氧化碳当量排放单位所付出的减排成本，碳价越高，说明减排的成本越大，国内生产厂商的成本也会增大，此时碳关税税率也会越大。2009年6月美国众议院通过的《美国清洁能源安全法案》规定，美国政府在2020年之后，可以对出口美国的产品征收每吨二氧化碳10～70美元的碳关税。2009年法国总统萨科齐提出对那些在环保立法方面不及欧盟严格的国家的进口产品征收35美元/吨碳的关税，并会逐年增加。世界银行报

---

[1] Ismer, R. and Neuhoff, K., Border Tax Adjustment: A Feasible Way to Support Stringer Emission Trading, CMI Working Paper, 2007, No. 36.

告《贸易与气候》分析指出，由于欧盟 2008 年碳排放价格达到 35 欧元/吨碳，因此可能对进口商品和服务中的内含碳征收 50 美元/吨碳的碳关税。实际上，由于实施国家国内碳排放的价格也会经常变化，作为边境调节税的碳关税税率确定还存在很多困难。

（四） 执行过程存在大量政治经济的不确定性

在执行碳关税过程中，由于存在大量的主观判断，因而会形成一些不确定性。不仅在方法论上有正确和错误的选择，而且在不同数据的使用上也有正确和错误之分。由于政策结果存在较高的商业利益，因此在数据提供和方法论选择过程中易出现寻租行为。比如在确定敏感产业过程中，不确定性因素就成为一个关键问题。即使最初的贸易措施是仅限于能源密集型产品的，仍会引起进一步扩展适用范围的需求：非能源密集型行业会问，为什么他们被排除在进口税收免除之外？尤其是当各国间非能源密集型行业的总碳含量密度存在巨大差异的情况下，更会有如此发问。因此，将贸易规则局限于选定的行业，这种做法存在风险（比如，未来将进一步扩展），这已经在欧盟委员会的最近的一份关于边境调节税的决议中提到。

（五） 面临发展中国家的强烈反对

先不说碳关税的合法性以及实施困难，广大发展中国家的坚决反对更是一股不容小觑的力量。对于仍以高碳生产为特点的发展中国家而言，发达国家征收碳关税就意味对这些发展中国家设置贸易壁垒——绿色壁垒，引起广大发展中国家对发达国家有可能打着"环保"旗号推行贸易保护主义的严重担忧。碳关税一经提出，中国商务部就明确表态：在当前形势下提出实施碳关税只会扰乱国际贸易秩序，中方对此坚决反对。①此后，印度、巴西等发展中国家均公开表示反对碳关税的征收。2008 年金融危机以后，发展中国家所表

---

① http://www.mofcom.gov.cn/aarticle/ae/ag/200907/20090706375686.html.

现出来的抗跌性和强劲复苏态势，使其在世界舞台的话语权明显增强，在当今国际经济、贸易和其他领域，欧美发达国家绝对主导一切的时代已经远去了。如果发达国家一意孤行，很有可能导致贸易战发生，使其得不偿失。

总而言之，碳关税实施的最大困难可能来自实施上的高度复杂、高昂的行政成本以及发展中国家的强烈反对。

第二节　碳关税影响中国制造业出口的研究回顾

欧美等发达国家在非均衡实施减排措施后面临国内产品竞争力下降以及碳泄漏问题，提议征收碳关税以保证本国产品相对于进口产品的竞争优势，这将对中国的制造业出口产生显著影响，国内外学者对此进行了深入的研究。本节将从定性研究和定量研究两个方面进行综述，为后面的分析做一些理论准备。

一　定性研究

从现有文献来看，定性研究大多认为既存在不利影响，也存在一定程度的积极影响。

因为中国出口的产品中相当大一部分都属于高能耗、高含碳、低附加值的产品，碳关税将导致成本增加，出口产品的市场份额会降低。《中国低碳经济发展报告（2011）》分析预测，美、法、英、日等提出的碳关税方案一旦全部实施，中国四大能源密集型产业（报告选取的是近年来中国出口增幅最快的四大能源密集型产品生产部门：黑色金属冶炼及压延加工业、非金属矿物制品业、造纸及纸制品业、有色金属冶炼及压延加工业），在中等碳关税的情形下，行业总碳税成本可以达到总出口额的 10% 。[1]因此，碳关税对中国的出口企业来说将是一个沉重的负担。

潘辉系统地分析中国出口商品结构和地理方向后认为，在短期内中国尚不具备"波特假说"成立的前提条件，碳关税产生的价格效应将促使中国的出口商品成本上升，出口产品竞争力下降，碳关税的推出会对中国当前的出口贸易形成严峻的挑战。不过，从长远看，碳关税的环境规制效应会促使出口企业实施创新，改进效率，增强企业竞争力，这将有利于中国市场结构、产业结构和出口结构的改善。[2]邱嘉锋和梁宵也认为，碳关税对中国出口贸易的影响是有双重性的，它既导致中国面临出口下降的威胁，也促使中国的出口产业加快结构调整的步伐。不管碳关税最终能否被征收，中国都应该坚定不移地执行可持续发展战略，制定相应的政策和规划，引导企业节能减排，走低碳、绿色经济发展之路。[3]

陈松洲认为，近年来西方国家在碳关税问题上动作频频，国际上征收碳关税的可能性加大。碳关税对中国外贸出口的影响具有双重性，它既存在导致中国相关产品出口下降、战略性新兴产业竞争压力增大、贸易环境恶化和高碳产业离岸发展的消极影响，也存在促进产业结构升级、推进外贸体制改革和促进绿色环保新兴产业发展的积极效应。面对双重影响，中国应该坚持可持续发展和低碳经济发展战略，从国家和企业两个层面探索外贸出口应对碳关税的策略与措施。[4]

---

① 薛进军等：《中国低碳经济发展报告（2011）》，社会科学文献出版社，2011。
② 潘辉：《碳关税对中国出口贸易的影响及应对策略》，《中国人口·资源与环境》2012 年第 2 期。
③ 邱嘉锋、梁宵：《"碳关税"对我国外贸出口的影响及对策建议》，《经济学动态》2012 年第 8 期。
④ 陈松洲：《碳关税对我国外贸出口的双重影响与应对策略》，《河北经贸大学学报》2013 年第 4 期。

鉴于碳关税对中国出口可能产生的影响，众多学者提出了中国应对碳关税的对策。归纳起来，他们提出的对策主要有：①主动参与相关环境贸易条款的制定，争取国际上的话语权。积极开展环境外交，加强同国际社会就碳关税问题的沟通，主动成为规则的参与者、制定者。例如，与发展中国家应联合起来呼吁以历史累计排放量为标准确认温室气体损害责任、以人均 GDP 或人均可支配收入为标准确定减排成本的分担，建立发达国家的减排成本补偿机制等，还可以参与制定国际碳排放量参考标准。[①]②继续扩大内需，减少出口依赖度，特别是高耗能产品的出口依赖度。要增加国内有效需求，提高本国经济抵御外部经济风险的承受力和消化力，充分发挥内需拉动经济增长的主导作用。[②]③加快产业结构和出口产品调整。减少高耗能、高污染产品和缺乏比较优势的产品出口，鼓励高新技术产品和机电产品出口，继续限制资源性、高耗能、高污染产品出口，促进国内产业升级；利用清洁发展机制（CDM）争取节能减排资金和技术。④在国内开征碳税。根据 WTO 规则，双重征税是违反 WTO 协议的。所以，中国先开始征碳税，应该是较好的应对方式。虽然征收碳关税会增加国内企业的生产成本，降低我们出口产品的竞争力，但是在目前情况下，如果别的国家先征收，对我国的企业更加不利。[③]⑤综合运用法律、经济手段发展低碳经济。许多学者提出的政府具体手段包括：鼓励低碳技术与产品研发；完善相关的法律法规，为低碳经济的发展营造良好的内部环境；政府还可通过市场手段，如建立碳交易市场，鼓励企业实施自愿减排，并为中小企业在促进能源效率方

---

① 常昕等：《碳关税对中国经济的影响及对策》，《山东农业大学学报（社会科学版）》2010 年第 2 期。

② 李平等：《碳关税问题研究：背景、征收标准及应对措施》，《国际金融研究》2010 年第 9 期。

③ 樊纲：《不如我们自己先征碳关税》，《资源再生》2009 年第 9 期。

面提供贷款。[1]

二 定量研究

近年来，部分学者就碳关税对中国出口的影响展开了定量研究。从方法上看，大多采用可计算一般均衡模型（CGE）。

（一） 基于单国 （中国） 可计算一般均衡模型

沈可挺和李钢基于可计算一般均衡模型估计表明，每吨碳 30 美元或 60 美元的碳关税税率可能使中国工业部门的总产量下降 0.62% ~ 1.22%，使工业品出口量分别下降 3.53% 和 6.95%，同时使工业部门的就业岗位减少 1.22% 和 2.39%，而且以上冲击可能在 5 ~ 7 年甚至更长的时期内产生持续影响。[2]

鲍勤等基于 2007 年数据，使用包含 37 个生产部门和 4 个国外账户的可计算一般均衡模型，测算了美国征收碳关税对中国对外贸易、经济、环境等方面的影响。结果显示：碳关税将对中国出口产生很大的负面影响。其中影响最大的 10 个行业包括：电力生产蒸汽热水生产供应业、其他非金属矿物制品制造业、玻璃及玻璃制品制造业、水泥石灰和石膏制造业、煤炭开采和洗选业、天然气开采业、化学原料及制品制造业、黑色金属冶炼及压延加工业、炼焦业、造纸及纸制品业。[3]

朱永彬和王铮利用可计算一般均衡模型，对其他国家可能针对中国实行的碳关税政策进行了模拟。研究发现，该政策将对中国能源、钢铁冶炼以及水泥石灰和石膏、耐火材料等非金属矿物制造业部门的出口产生很大的负面影响；而金融保险、信息传输服务业、

---

① 李威：《碳关税的国际法与国际机制研究》，《国际政治研究（季刊）》2009 年第 4 期。

② 沈可挺、李钢：《碳关税对中国工业品出口的影响——基于 CGE 模型的估计》，《财贸经济》2010 年第 1 期。

③ 鲍勤等：《美国征收碳关税对中国的影响：基于可计算一般均衡模型的分析》，《管理评论》2010 年第 6 期。

印刷媒介复制业、玩具娱乐用品制造业、水的生产供应业和塑料制品业以及油气开采和管道运输业等部门的出口反而会增加。[①]

Lin 和 Li 将中国分为东中西部和高低开放地区，利用可计算一般均衡模型考察碳关税对不同地区出口竞争力的影响差异得出：碳关税将影响不同生产者的竞争力、相对市场份额、产值和碳排放；东部地区或开放度较高的地区受到的影响较大，生产将由东部向中部转移，由开放度高的地区向开放度低的地区转移。[②]

（二）　基于多国可计算一般均衡模型

由于单国模型无法充分体现征收碳关税所导致的贸易转移，多国 CGE 模型开始被用于该领域的研究。杨立强和马曼以 GTAP 模型为主要工具评估测算了碳关税对中国出口贸易的可能影响。评估结果表明：美国对从中国进口的产品征收碳关税对中国出口数量的冲击明显，假定每吨碳分别征收 10 美元、20 美元、30 美元的话，中国出口下降的幅度分别为 0.99%、2.36%、3.73%。如果是日本、欧盟同时跟进，与美国一起对中国产品征收碳关税的话（按中档每吨碳征收 30 美元计算），中国出口下降的幅度甚至会达到 5.9%，接近 6%。征税税率越高，参与的征税国越多，中国的出口贸易受到的冲击就越大。[③]

黄凌云和李星同样基于 GTAP 模型分析了美国拟征收碳关税对中国出口的影响。模拟结果表明：美国对从中国进口的能源密集型产品征收碳关税后，中国造纸业、石化工业、矿物制品业（主要为铁石制品）、金属矿业、其他制造业的对美出口都受到了较大的负面冲击，并且随着关税的增加，负面冲击也加大；在每吨 30 美元和 60

---

①　朱永彬、王铮：《碳关税对我国经济影响评价》，《中国软科学》2010 年第 12 期。

②　Lin, Boqiang and Li, Aijun, "Impacts of Carbon motivated Border Tax Adjustments on Competitiveness across Regions in China", *Energy*, 2011, 36: 5111－5118.

③　杨立强、马曼：《碳关税对我国出口贸易影响 GTAP 模拟分析》，《上海财经大学学报》2011 年第 5 期。

美元的方案中，矿物制品业的出口受到了最大的负面冲击，分别为－35.86% 和－63.32%，金属矿业次之，分别减少了 22.51% 和 41.99%，而造纸业对美出口分别下降了 10.4% 和 20.22%；相对于上述三个行业来说，其他制造业受到的冲击较小，负面影响分别为－1.49% 和－3.13%，而农业、食品加工业、矿产及资源、建筑业、交通业、服务业等部门对美出口受到的影响均为较小的正值。[①]

（三） 基于动态可计算一般均衡模型

上述研究均为静态或比较静态模型，无法观测到碳关税对中国出口影响的动态变化。鲍勤等通过构建一个包括美国在内的 4 个国外账户和 37 个生产部门的动态可计算一般均衡模型，以 2007 年为基年，模拟研究了从 2020 年起美国对中国出口产品征收碳关税，到 2030 年止对中国经济的动态影响。基于 7 种碳关税税率情景的模拟结果表明：美国征收碳关税将直接缩减中国企业对美出口利润，减少中国对美出口，且美国碳关税政策对于中国不同行业出口的影响程度不同，对碳排放密度较高以及对美出口占总产出比重较大的行业如水泥石灰和石膏制造业等有着较强的负面影响。[②]

栾昊和杨军基于全球贸易分析－能源模型（GTAP－E），采用递归动态方法，全面分析美国在 2020 年针对中国和印度等未实施减排限额的发展中国家实施的碳关税对中国的影响。研究结果表明：美国征收碳关税对中国的宏观经济将造成较显著的冲击，将导致中国产品贸易流向、贸易结构和生产结构出现显著调整。其中，化学橡胶及塑料制品、机器设备制造、金属冶炼加工产品等隐含碳含量高且对美国市场依赖程度高的部门出口将有较大幅度的下降，生产将遭受较严重的

---

① 黄凌云、李星：《美国拟征收碳关税对我国经济的影响——基于 GTAP 模型的实证分析》，《国际贸易问题》2010 年第 11 期。

② 鲍勤等：《美国碳关税对我国经济的影响程度到底如何？——基于 DCGE 模型的分析》，《系统工程理论与实践》2013 年第 2 期。

负面影响；但是，其他产业部门则由于生产要素价格下降，生产成本降低，出口和产出将有所增长。[1]

针对定量研究的结论存在较大差别，栾昊等利用 Meta 方法对导致评估结论差异的各种因素进行分析。研究结果表明：研究模型选择和行业分类（总体经济、高碳行业、低碳行业）是导致评估差异的主要影响因素。其中，模型选择是造成研究结论差异的最主要原因，可以解释结论产生差异的 49.9%；行业分类的解释效力达到 34.4%。如果进一步考虑模型选择与行业分类的交叉影响，两种因素的解释效力可提高到 89.4%。然而，碳关税征收方式、碳关税税率对研究结论的差异没有显著影响。基于以上研究结果，他们提出在今后开展碳关税的评估研究时，需要特别注重模型选择与行业分类的影响。[2]

三 简要评述

国内外已有研究为我们理解碳关税对中国制造业出口的影响提供了一些重要的参考。但还存在以下几个方面的不足：①大多数研究基于静态可计算一般均衡模型，基于动态可计算一般均衡模型的研究还很少；②从现有的文献来看，还没有将技术进步纳入模型中，显然，在存在技术进步的情况下，碳关税对中国制造业出口及其竞争力的影响会有所不同；③现有研究大多侧重于碳关税对中国出口的总体影响，而从细分行业深入研究碳关税对中国制造业贸易竞争影响的研究较少。

---

[1] 栾昊、杨军：《美国征收碳关税对中国碳减排和经济的影响》，《中国人口·资源与环境》2014 年第 1 期。

[2] 栾昊等：《碳关税对中国出口变化评估差异的影响因素》，《中国人口·资源与环境》2013 年第 3 期。

第三节 碳关税可计算一般均衡模型建立

目前，可计算一般均衡模型在研究碳关税方面被广泛使用。相对于其他政策模拟方法，如计量经济模型、投入－产出分析等，可计算一般均衡模型具有两个方面的优势：一是可以在无历史数据的条件下进行模拟。计量经济模型需要有相关变量的历史数据，由于碳关税还没有实施，计量经济模型的使用受到了很大的限制，而可计算一般均衡模型的参数利用现有数据校准得到以后，可以模拟尚未实施的某一政策对经济的影响。二是相对于局部均衡模型和投入－产出模型，可计算一般均衡模型可以把真实的经济数据和理论模型联系起来，提供一个一般均衡的见解。标准 CGE 模型通过 3E 拓展来体现经济、能演、环境三者之间的联系和互动，特别是从能源结构本身来体现能源投入的特殊性，即各种能源之间的替代关系。基于此，本节将建立一个用于分析碳关税对中国制造业贸易竞争力的影响的可计算一般均衡模型。

一 生产模块

在厂商最小化生产成本的假定下，多层的嵌套生产函数被用来描述生产者的生产行为。该模块包括三个基本假设：①生产者通过投入各种中间投入品、能源、资本、劳动等基本生产要素，生产出产品，即任何部门的产出均是由这四种基本生产要素合成的；②每一部门的生产者产出一种且仅产出一种商品，此商品与其他商品有着显著的不同之处；③采用生产者成本最小化假设，即所有生产者的生产行为是理性的，通过合理的选择各种投入品，以达到最小化生产成本的目的。

我们采用 GTAP－E 模型中的嵌套结构形式，即中间投入的组合只包括非能源投入，而将能源投入与资本进行不变替代弹性（Constant Elasticity of Substitution，CES）嵌套。资本—能源 CES 合成的嵌套结构中依照各种能源投入的替代程度自下而上依次组合，即替代程度高的先组合，替代程度低的后组合，然后再将最后得到的综合能源合成品与资本进行组合（见图 4-1）。首先，采用 CES 生产函数将石油和天然气加成油气合成品，同样，利用 CES 生产函数，将油气合成品与煤炭加成化石能源合成品，又将化石能源合成品与电力进行加成，得到能源合成品，再将能源合成品与资本加成得到资本—能源合成品，最后将其与劳动加成得到资本—能源—劳动合成品，即为总产出的增加值部分。扩展之后，原增加值变量的含义也发生了变化，其价值来源不仅包括了要素投入的成本，还包括了能源投入的成本。

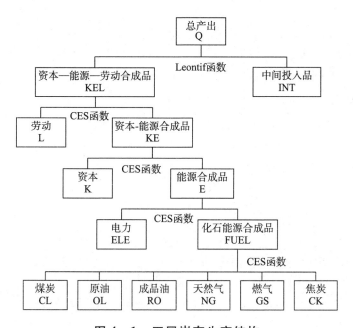

图 4-1　五层嵌套生产结构

资本—能源合成品（$QFCE$）和劳动（QFL）合成的增加值 CES

函数[①]:

$$QVA_i = a_i^{va} \cdot [\delta_i^{va} \cdot QFCE_i^{\rho_i^{va}} + (1 - \delta_i^{va}) \cdot QFL_i^{\rho_i^{va}}]^{\frac{1}{\rho_i^{va}}} \qquad (4-1)$$

利用利润最大化的一阶条件为单位商品价格等于单位成本,有资本—能源合成品和劳动的需求函数分别为:

$$QFCE_i = (a_i^{va})^{\sigma_i^{va}-1} \cdot QVA_i \cdot \left(\frac{\delta_i^{va} \cdot PVA_i}{PFCE_i}\right)^{\sigma_i^{va}} \qquad (4-2)$$

$$QFL_i = (a_i^{va})^{\varepsilon_i^{va}-1} \cdot QVA_i \cdot \left(\frac{(1 - \delta_i^{va}) \cdot PVA_i}{PFL_i}\right)^{\varepsilon_i^{va}} \qquad (4-3)$$

其中,a 为规模参数,δ 为份额,$\rho = (\sigma - 1)/\sigma$,$\sigma$ 为弹性,首字母 Q 表示数量,首字母 P 表示价格,i 表示行业。

生产要素嵌套中的第二层为资本—能源合成的 CES 函数:

$$QFCE_i = a_i^{ce} \cdot [\delta_i^{ce} \cdot QFC_i^{\rho_i^{ce}} + (1 - \delta_i^{ce}) \cdot (\mu_i \cdot QFE_i^{\rho_i^{ce}})]^{\frac{1}{\rho_i^{ce}}} \qquad (4-4)$$

μ_i 表示能源节约技术,用于表示能源效率提升(Autonomous Energy Efficiency Improvement,AEEI)。

相应的,资本和能源合成品的需求函数分别为:

$$QFC_i = (a_i^{ce})^{\sigma_i^{ce}-1} \cdot QFCE_i \cdot \left(\frac{\delta_i^{ce} \cdot PFCE_i}{PFC_i}\right)^{\sigma_i^{ce}} \qquad (4-5)$$

$$QFE_i = (a_i^{ce})^{\varepsilon_i^{ce}-1} \cdot QFCE_i \cdot \left(\frac{(1 - \delta_i^{ce}) \cdot (PFCE_i)}{PFE_i}\right)^{\varepsilon_i^{ce}} \qquad (4-6)$$

化石能源与电力的 CES 函数为:

$$QFE_i = a_i^e \cdot [\delta_i^e \cdot QELE_i^{\rho_i^e} + (1 - \delta_i^e) \cdot QFUEL_i^{\rho_i^e}]^{\frac{1}{\rho_i^e}} \qquad (4-7)$$

相应的,电力和合成化石能源的需求分别为:

[①] 为了表示上简洁,时间的下标没有标出。

$$QELE_i = (a_i^e)^{\sigma_i^e - 1} \cdot QFE_i \cdot \left(\frac{\delta_i^e \cdot PFE_i}{PELE_i} \right)^{\sigma_i^e} \qquad (4-8)$$

$$QFUEL_i = (a_i^e)^{\varepsilon_i^e - 1} \cdot QFE_i \cdot \left(\frac{(1 - \delta_i^e) \cdot PFE_i}{PFUEL_i} \right)^{\varepsilon_i^e} \qquad (4-9)$$

化石能源的 CES 函数为：

$$QFUEL_i = a_i^{ef} \cdot \left[\begin{array}{l} \delta_i^{cl} \cdot QCL_i^{\rho_i^{ef}} + \delta_i^{ol} \cdot QOL_i^{\rho_i^{ef}} + \delta_i^{ro} \cdot QRO_i^{\rho_i^{ef}} \\ + \delta_i^{ng} \cdot QNG_i^{\rho_i^{ef}} + \delta_i^{gs} \cdot QGS_i^{\rho_i^{ef}} + \delta_i^{ck} \cdot QCK_i^{\rho_i^{ef}} \end{array} \right]^{\frac{1}{\rho_i^{ef}}} \qquad (4-10)$$

六种化石能源的需求分别为：

$$QCL_i = (a_i^{ef})^{\sigma_i^{ef} - 1} \cdot QFUEL_i \cdot \left(\frac{\delta_i^{ef} \cdot PFUEL_i}{PCL_i} \right)^{\sigma_i^{ef}} \qquad (4-11)$$

$$QOL_i = (a_i^{ef})^{\sigma_i^{ef} - 1} \cdot QFUEL_i \cdot \left(\frac{\delta_i^{ol} \cdot PFUEL_i}{POL_i} \right)^{\sigma_i^{ef}} \qquad (4-12)$$

$$QRO_i = (a_i^{ef})^{\sigma_i^{ef} - 1} \cdot QFUEL_i \cdot \left(\frac{\delta_i^{ro} \cdot PFUEL_i}{PRO_i} \right)^{\sigma_i^{ef}} \qquad (4-13)$$

$$QNG_i = (a_i^{ef})^{\sigma_i^{ef} - 1} \cdot QFUEL_i \cdot \left(\frac{\delta_i^{ng} \cdot PFUEL_i}{PNG_i} \right)^{\sigma_i^{ef}} \qquad (4-14)$$

$$QGS_i = (a_i^{ef})^{\sigma_i^{ef} - 1} \cdot QFUEL_i \cdot \left(\frac{\delta_i^{gs} \cdot PFUEL_i}{PGS_i} \right)^{\sigma_i^{ef}} \qquad (4-15)$$

$$QCK_i = (a_i^{ef})^{\sigma_i^{ef} - 1} \cdot QFUEL_i \cdot \left(\frac{\delta_i^{ck} \cdot PFUEL_i}{PCK_i} \right)^{\sigma_i^{ef}} \qquad (4-16)$$

此外，增加值（KEL）与中间投入品（INT）以及中间投入品之间采用 Leontief 函数。CES 函数和 Leontief 函数之间的区别在于：前者允许投入要素之间存在着一定的替代弹性，后者则认为投入要素之间的替代弹性为零。

二　对外贸易模块

为了模拟美国和欧盟征收碳关税对中国制造业贸易竞争力的影

响，对外贸易的海外账户被分为四个地区，分别为美国、欧盟、日本和其他地区（ROW）。对外贸易采用阿明顿假设（Armington Assumption），即认为国内商品与国外商品之间存在着不完全替代性，同时认为各国或地区产品之间也存在着不完全替代性。[①]在这个假定下，中国与四个国外地区之间的贸易活动可以通过双层嵌套结构进行描述。

如图 4-2 所示，基于销售收入最大化和消费成本最小化假设，模型采用不变转换弹性（Constant Elasticity of Transformation，CET）函数与 CES 函数分别描述中国出口贸易与进口贸易活动。具体来说，在出口嵌套的上层，全部国内产出通过 CET 函数分为出口和国内销售。在进口嵌套的上层，全部国内销售通过 CES 函数由进口和国内生产两部分组成。同时，在嵌套的第二层，出口和进口基于 CET 和 CES 函数进一步被分为四个地区。

国内市场销售 QQ_i 由国内生产 QD_i 和进口 QM_i 组成，国内产出 QA_i 分为国内生产国内销售 QD_i 和出口 QE_i：

$$QQ_i = a_i^q (\delta_i^q QD_i^{\rho_i^q} + (1 - \delta_i^q) \cdot QM_i^{\rho_i^q})^{1/\rho_i^q} \qquad (4-17)$$

$$QA_i = a_i^t (\delta_i^t QD_i^{\rho_i^t} + (1 - \delta_i^t) \cdot QE_i^{\rho_i^t})^{1/\rho_i^t} \qquad (4-18)$$

其中，δ_i^q 和 δ_i^t 分别表示国内产出的份额。$\rho_i^q = (\sigma_i^\rho - 1)/\sigma_i^\rho$，$\sigma_i^\rho$ 为国内生产国内销售与进口的阿明顿弹性，$\rho_i^t = (\sigma_i^t - 1)/\sigma_i^t$，$\sigma_i^t$ 为国内生产国内销售与出口的弹性。进口在（4-17）约束条件下，最小化成本 $PM_i QM_i + PD_i QD_i$。同样，出口在（4-17）约束条件下，最大化销售 $PE_i QE_i + PD_i QD_i$。PE_i、PM_i、PD_i 分别表示出口、进口和国内销售的价格。

随着中国出口的快速增长，中国在国际市场的定价能力有所上

① Armington, P. A., "A Theory of Demand for Products Distinguished by Place of Production", *IMF Staffpaper*, 1969, 16 (1): 159 - 178.

升，小国假设已经不适用于中国。鉴于此，我们采用大国假设，不同地区的出口和进口价格受中国需求量和供给量影响，而不再假定价格是固定的。

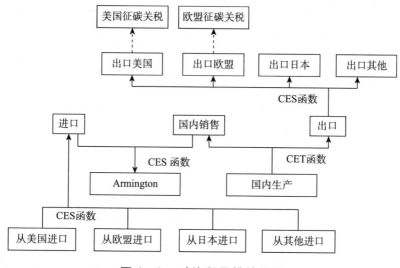

图 4 - 2 对外贸易模块结构

当某个地区征收碳关税时，中国出口该地区将基于碳排放量被征税，其出口价格将如（4 - 19）所示，不同于出口其他地区的价格（4 - 18）。

$$(1 - sub_i) \times PE_{i,c} = PWE_i \times \overline{ER} \qquad (4 - 19)$$

$$(1 - sub_i) \times PE_{i,s} = PWE_i \times \overline{ER} - BTA_{i,s} \times Ce_e \times \overline{ER} \qquad (4 - 20)$$

$$EE_i = econ_i \left(\frac{\overline{PWSE_i}}{PWE_i} \right)^{\sigma_{ex}} \qquad (4 - 21)$$

其中，集合 $s \in \{USA，EU\}$ 表示征收碳关税的地区，集合 $c \in \{JAP，ROW\}$ 表示日本和其他地区，sub_i 为中国对出口产品 i 的出口退税补贴，PWE_i 为商品 i 的世界出口价格，$\overline{ER}$ 为汇率水平，$BTA_{i,s}$ 为碳关税的税率。$EE_{i,m}$ 为出口产品 i 的金额，$\overline{PWSE_i}$ 为产品 i 固定的世界价格，$econ_{i,m}$ 为转换系数（Transforming Parameter），σ_{ex} 为出口需

求弹性。

从上述公式可以看出，碳关税的征收将会降低中国出口到该地区的价格，那么单位出口收益就会下降，进而影响到中国制造业的贸易竞争力及其出口。

三 收支模块

收支模块包括居民、企业、政府等经济主体的收入来源和支出分配情况。不同行业中劳动与资本要素的回报由其相对价格以及投入量决定。资本要素所得首先向政府缴纳要素所得税，然后分配给企业和居民。居民需向政府缴纳个人所得税，剩余的收入部分用于购买商品，其余部分用于储蓄。居民的收入分为劳动要素收入、资本利得和政府转移收入。政府的收入包括关税、居民所得税、企业所得税以及国外账户对政府的转移支付，其中各种税收均根据税率计算。政府支出包括政府购买、对居民的转移支付、对企业的转移支付以及出口退税，结余部分作为政府储蓄。政府购买商品的支出按照柯布－道格拉斯效应（C－D）函数来分配，而居民的消费支出采用扩展线性支出系统（Extended Linear Expenditure System, ELES）：

$$p_j q_j = p_j \lambda_j + \beta_j (Y - \sum_i p_i \lambda_i) \qquad (4-22)$$

其中，β_j 为花费在商品 j 的边际预算份额（边际消费额），λ_j 为商品 j 的基本生存消费量，$\sum_i p_i \lambda_i$ 为在必需品上的消费，$Y - \sum_i p_i \lambda_i$ 为随意支配收入（Discretionary Income 或 Supernumerary Income）。这个实际上是一个恩格尔曲线，截距为 $p_j \lambda_j - \beta_j \sum_i p_i \lambda_i$，斜率为边际预算份额 β_j。

四　碳关税模块

碳关税是基于中国出口产品的碳排放量进行征收的，即征收碳关税金额等于税率乘以出口产品生产过程中所产生的碳排放量。因此，首先要计算各种产品的单位碳排放系数 Ce_i。根据 IPCC，可以通过下列公式计算[①]：

$$Ce_i = \frac{\sum_{f=1}^{7} a_f b_f c_f energy_{f,i}}{X_i} \qquad (4-23)$$

其中，$energy_{f,i}$ 表示生产产品 i 所需要投入能源 f 的数量，a_f、b_f 和 c_f 分别表示能源 f 的转换因子、碳排放因子和氧化因子，X_i 表示产值。为了更加全面地反映生产产品的全部碳排放，我们计算的碳排放不仅包括一次能源使用，还包括二次能源使用，即由于生产产品所消耗的电力。

五　宏观闭合与动态模块

为了使经济达到均衡状态，在 CGE 模型中需要根据宏观经济理论设定宏观闭合。对于商品市场而言，国内市场的商品供给等于需求；对于要素市场而言，我们采用劳动、资本充分调整的假设。为了实现模型的宏观闭合，在政府收支闭合中，我们选择各类税率外生、政府储蓄内生的闭合法则；在国际收支平衡中，选择国外储蓄内生、汇率外生的闭合法则；在投资模块中，采用了新古典的闭合法则，认为总投资由总储蓄决定，即总投资等于来自于所有经济主体的总储蓄。

---

① International Panel on Climate Change, IPCC Guidelines for National Greenhouse Gas Inventories, 2006, available at: http://www.ipcc-nggip.iges.or.jp/public/2006gl/index.html.

模型的动态通过三个途径实现：劳动增长、资本积累以及技术进步。劳动增长由下列公式决定：

$$L_{i,t+1} = L_{i,t}(1 + g_{i,t}^l) \qquad (4-24)$$

其中，$L_{i,t}$为i行业t期的劳动需求，$g_{i,t}^l$为劳动增长率。我们假定劳动以同样的速率增长，$g_{i,t}^l$设定为 0.05。

同样，资本的积累通过内生的储蓄和投资实现：

$$I_t = S_t \qquad (4-25)$$

$$K_t = (1-\kappa)K_{t-1} + I_t \qquad (4-26)$$

其中，I_t表示t期的总投资，S_t表示t期的总储蓄。从公式（4-25）可以看出，t期资本存量K_t等于当期总投资I_t加上上期资本存量K_{t-1}再减去折旧κK_{t-1}。参考现有研究，我们将折旧率设为 0.05。

技术进步是通过公式（4-4）中的转移参数μ实现的，即能源利用率的提高。我们将基期 2010 年该变量的值设为 1，此后每年提高一个百分点，同时在碳关税影响部分考察不同技术进步水平的差别。

六 社会核算矩阵与参数确定

（一） 构建社会核算矩阵 （SAM）

社会核算矩阵 （Social Accounting Matrix，SAM） 是可计算一般均衡模型的数据基础，以矩阵形式详细地描述了一个经济体的生产、收入分配、消费、储蓄和投资等各项经济活动。通常开放经济体 SAM 表的账户包括以下几类：生产活动账户、商品账户、生产要素账户、机构账户、资本积累 （投资储蓄） 账户和国外账户。根据中国现有的统计数据条件，基于 2010 年数据，我们首先构建了碳关税对中国制造业贸易竞争力影响的社会核算矩阵。编制宏观 SAM 的数据来源包括：2010 年中国投入－产出表延长表、《2011 年中国统计年鉴》、《2011 年中国财政年鉴》、《2011 年中国税务年鉴》、《2011 年中国海关年鉴》等。

为了更加全面地分析碳关税对中国制造业贸易竞争力的影响，我们将中国宏观社会核算矩阵中的生产活动和商品活动拆分为 7 个能源行业、2 个采矿业、15 个制造行业、农业以及服务业，共 26 个行业（见表 4 - 1）。

表 4 - 1 模型中行业代码及名称

CL	煤炭开采与洗选业	WO	木材加工及家具制造业
OL	石油开采业	MB	造纸印刷及文教体育用品制造业
NG	天然气开采业	MC	化学工业
RO	石油及核燃料加工业	MN	非金属矿物制品业
CK	炼焦业	MS	金属冶炼及压延加工业
EL	电力、热力的生产和供应业	MM	金属制品业
GS	燃气生产和供应业	MG	通用专用设备制造业
AG	农业	MT	交通运输设备制造业
FM	金属矿采选业	ME	电气、机械及器材制造业
NM	非金属矿及其他矿采选业	MP	通信设备、计算机及其他电子设备制造业
FD	食品制造及烟草加工业	MO	仪器仪表及文化办公用机械制造业
MA	纺织业	OT	工艺品及其他制造业
MF	纺织服装鞋帽皮革羽绒及其制品业	SE	服务业

（二）参数确定

在 CGE 模型中，参数分为内生参数与外生参数，其中，各种规模参数与份额参数为内生参数，由校准法（Calibration）基于社会核算矩阵计算得出，如生产模块中的 a 和 δ；各种弹性参数与碳排放系数为外生参数，通过外生给定，主要参考 Wang 等[①]、郭正权[②]、Li 和 Zhang[③]等人的研究成果。

七　模型与程序检验

由于上述的动态模型涉及多部门和多主体，构成了一个复杂的非线性方程组，这就需要利用专门的计算机软件，通过编程实现。考虑到模型以及软件的特点，我们采用 GAMS 软件，求出这些方程的均衡解。首先，我们编制静态 CGE 模型的 GAMS 程序，并检验其均衡是否成立。经检验发现，静态 GAMS 程序的内生变量数与方程数相等；设基准价格为 1，求解程序，模型程序中所有内生变量与初始变量相一致，所有价格内生变量都为 1；变动基准价格，价格变量比例变化，实物内生变量不变，价值变量等比例变化，同时瓦尔拉斯变量为 0。然后，根据上述关于动态模块的设定，对程序进行动态化，并按相同的方法检验。模型以及编制的程序通过了检验后，模拟分析美国和欧盟从 2020 年开始征收不同水平的碳关税对中国制造业贸易竞争力的影响，即对照模拟解与基准解，计算出征收碳关税后相关变量的变动率。

第四节　实证模拟结果与分析

利用上述模型，本节将模拟分析美国和欧盟征收三个不同档次的碳关税对中国制造业贸易竞争力及其出口的影响，分别为 20 美

---

① Wang, Ke, Wang, Can and Chen, Jining, "Analysis of the Economic impact of different Chinese Climate Policy Options Based on a CGE Modeling Incorporating Endogenous Technological Change", *Energy*, 2009, 37: 2930 – 2940.

② 郭正权：《基于 CGE 模型的我国低碳经济发展政策模拟分析》，中国矿业大学博士论文，2011。

③ Li, Aijun and Zhang, Aizhen, "Will Carbon Motivated Border Tax Adjustments Function as a Threat?", *Energy Policy*, 2012, 47 (8): 81 – 90.

元/吨碳（低档）、50 美元/吨碳（中档）、100 美元/吨碳（高档）。

一 总体影响

碳关税影响中国制造业进出口的模拟结果见表 4 - 2。从中可以看出，美国和欧盟征收碳关税对中国制造业出口的负面影响具有三个特点：①碳关税税率越高，对中国制造业出口的冲击越大。2020年美国和欧盟征收每吨 20 美元、50 美元和 100 美元的碳关税，将分别导致中国制造业出口下降 0.348%、0.858% 和 1.411%，碳关税税率与中国制造业出口之间存在非常显著的负相关关系。②随着时间推移，碳关税对中国制造业出口的冲击会逐渐减弱。以 20 美元/吨碳的碳关税税率为例，2020 年、2025 年和 2030 年将分别导致中国制造业出口下降 0.348 个百分点、0.187 个百分点和 0.090 个百分点。也就是说，征收 20 美元/吨碳碳关税对中国制造业出口的影响在 2030 年已经非常接近于 0。这其中的主要原因是出口产品被征收碳关税以后，中国制造业生产及其出口将会出现结构调整，下面我们会对行业结构做具体分析。③税率越高，负面冲击的持续时间越长。从模拟结果来看，征收每吨 50 美元和 100 美元碳关税对中国制造业出口的负面冲击明显高于 20 美元/吨碳，在 2030 年仍然分别有 0.222% 和 0.9%。尤其是征收 100 美元/吨碳碳关税时，不仅负面冲击较大，而且没有明显的下降趋势，从 2025 年到 2030 年下降得非常有限，只有 0.016 个百分点。这说明，在被征收较高税率的碳关税时，中国制造业贸易竞争力受到较大影响，且通过结构调整改善竞争力水平需要相对较长的时间。

美国和欧盟征收碳关税，不仅会对中国制造业出口产生冲击，同时对中国制造业进口也会产生一定的冲击，而且在特点上与出口不尽相同。第一，在征收碳关税初期，其对中国制造业进口的影响要小于出口。2020 年美、欧征收每吨 20 美元、50 美元和 100 美元的碳关税，将分别导致中国制造业进口下降 0.306%、0.751% 和 1.228%，均略低于对出口的影响。第二，征收碳关税对中国制造业进口的最大影响并没有出现在初期，而是存在一定的滞后。从三个不同水平的碳关税税率来看，征收碳关税对中国制造业进口的影响在 2025 年均大于 2020 年，以每吨 20 美元为例，2025 年为 −0.339%，比 2020 年高 0.033 个百分点。导致这一现象可能主要有两个原因：一是加工贸易在中国制造业对外贸易中占比较高。虽然 2008 年金融危机以后，加工贸易在中国制造业对外贸易中的地位有所下降，但占比仍然在 40% 左右。实际上，碳关税首先影响的是中国制造业出口，通过加工贸易间接影响原材料和零部件的进口往往存在一定的时滞。二是消费结构调整存在一定的时滞。征收碳关税在降低中国制造业出口的同时，也降低了中国 GDP 以及居民收入水平，进而降低进口需求。根据需求理论，由于消费者对原进口产品已经产生了一定程度的依赖，通过调整消费结构减少进口需求也会存在一定的时滞。第三，从长期来看，征收碳关税对进口的影响要大于出口。征收每吨 20 美元、50 美元和 100 美元的碳关税，2030年将分别导致进口下降 0.334%、0.822% 和 1.583%，远高于对出口的影响。因此，在全球经济一体化背景下，美、欧征收碳关税不仅会影响中国制造业出口，同时也会影响这些国家对我国的出口，进而对这些国家的经济增长和产业竞争力产生一定的负面影响。

表 4−2　碳关税对中国制造业进出口的总体影响

单位:%

| | 20 美元/吨碳 | | | 50 美元/吨碳 | | | 100 美元/吨碳 | | |
	2020 年	2025 年	2030 年	2020 年	2025 年	2030 年	2020 年	2025 年	2030 年
出口	− 0.348	− 0.187	− 0.090	− 0.858	− 0.514	− 0.222	− 1.411	− 0.916	− 0.900
进口	− 0.306	− 0.339	− 0.334	− 0.751	− 0.832	− 0.822	− 1.228	− 1.622	− 1.583

　　美、欧征收碳关税通过对外贸易途径进而会影响中国制造业的产值。由图4-3可知，碳关税对中国制造业产值的影响在2020年最大，美、欧征收每吨20美元、50美元和100美元的碳关税，将导致中国制造业产值分别下降0.12%、0.295%和0.482%。从影响程度来看，碳关税对中国制造业产值的影响要低于对进出口的影响。而且，碳关税对我国制造业产值的影响随着时间的推移，程度在逐步降低，征收每吨20美元和50美元的碳关税在2030年对中国制造业产值的影响已经微乎其微，分别只有-0.005%和-0.01%，与对出口的影响比较相似。同样，较高水平的碳关税税率对中国制造业产值的影响在相当长时间内仍然比较显著。如果美、欧征收每吨100美元的碳关税，即使到2030年中国制造业产值仍将降低0.337个百分点。

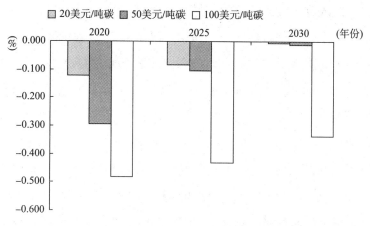

图4-3　碳关税对中国制造业产值的影响

二　碳关税征收对中国不同行业的影响

　　由于中国制造业各个行业的竞争力和碳排放强度存在较大差别，因此我们还需要从行业层面进一步分析美、欧征收碳关税对中国的影响。

（一）征收碳关税对不同行业出口的影响分析

　　表4-3是美、欧征收碳关税影响中国制造业不同行业出口的模

拟结果。从中可以看出以下几个特征。

一是征收碳关税将导致中国制造业绝大多数行业出口下降。如果 2020 年美、欧征收碳关税，中国 11 个制造业行业的出口将出现不同程度的下降，占全部制造业行业的 73.3%，表明碳关税对中国制造业贸易竞争力的影响较大。具体来看，受影响较大的有化学工业（MC）、非金属矿物制品业（MN）、金属冶炼及压延加工业（MS）三个行业。在 2020 年征收每吨 20 美元的碳关税时，将导致这三个行业的出口分别下降 1.37%、2.772% 和 2.074%。这三个行业是典型的高能耗高排放行业，碳排放强度明显高于其他行业，因为碳关税是根据行业的排放强度征税，所以这三个行业一旦被征收碳关税，其出口将面临较大的冲击。木材加工及家具制造业（WO）、造纸印刷及文教体育用品制造业（MB）、金属制品业（MM）、通用专用设备制造业（MG）四个行业受到的影响要小于上述三个行业。同样是 2020 年征收每吨 20 美元的碳关税，除了金属制品业（MM）的出口下降 0.567 个百分点以外，其他几个行业出口基本都下降了 0.3% 左右。相对来说，食品制造及烟草加工业（FD）、纺织业（MA）、纺织服装鞋帽皮革羽绒及其制品业（MF）、工艺品及其他制造业（OT）四个行业所受影响较小，2020 年征收每吨 20 美元的碳关税将导致出口下降幅度基本上都在 0.1% 以下。

二是随着时间推移，碳关税对中国制造业出口的负面影响在逐步减弱。从模拟结果来看，无论是哪一个碳关税水平，受到负面影响的制造业行业在 2025 年和 2030 年的出口下降幅度都要低于 2020 年，但这一降低现象在不同行业之间存在较大差别。一方面，影响较小的食品制造及烟草加工业（FD）、纺织业（MA）、纺织服装鞋帽皮革羽绒及其制品业（MF）、工艺品及其他制造业（OT）四个行业甚至由负转正；另一方面受影响较大的化学工业（MC）、非金属矿物制品业（MN）、金属冶炼及压延加工业（MS）三个行业的降低幅度较为有限，尤其是在征收每吨100美元的碳关税的情形下，在2030年下降幅度仍然分别高达3.259%、8.238%和5.755%。由于上述三个行业在我国国民经济和对外贸易中占有重要地位，高碳关税税率对这些行业影响较大且持续时间较长的这一特点值得我们注意，需要国家制定一些针对性较强的措施，尽量降低这些行业所受到的冲击。

另外，有部分制造业行业被征收碳关税后不仅没有导致出口下降，反而有一定幅度的增长，包括交通运输设备制造业（MT）、电气机械及器材制造业（ME）、通信设备计算机及其他电子设备制造业（MP）、仪器仪表及文化办公用机械制造业（MO）四个行业。这几个行业的共同特点是附加值相对较高，碳排放强度相对较低。征收碳关税后，社会资源将向这些低碳行业转移，导致这些行业的出口有了一定幅度的扩张。低碳行业的扩张和高碳行业的下降，两者共同作用将会促使中国制造业出口结构的改善，这是征收碳关税的积极方面。

表4-3　碳关税对中国制造业不同行业出口的影响

单位:%

	20 美元/吨碳			50 美元/吨碳			100 美元/吨碳		
	2020 年	2025 年	2030 年	2020 年	2025 年	2030 年	2020 年	2025 年	2030 年
FD	-0.063	0.041	0.099	-0.160	0.100	0.243	-0.268	-0.120	0.355
MA	-0.142	0.113	0.100	-0.356	0.278	0.243	-0.597	0.678	0.740
MF	-0.075	0.183	0.117	-0.191	0.449	0.287	-0.323	0.918	0.609
WO	-0.331	-0.088	-0.059	-0.822	-0.220	-0.150	-1.361	-0.460	-0.249
MB	-0.313	-0.060	-0.047	-0.778	-0.152	-0.119	-1.286	-0.216	-0.118
MC	-1.370	-0.860	-0.858	-3.366	-2.121	-2.117	-5.507	-3.265	-3.259
MN	-2.772	-2.058	-2.012	-6.727	-5.017	-4.910	-10.858	-9.745	-8.239
MS	-2.074	-1.474	-1.444	-5.063	-3.610	-3.540	-8.220	-5.827	-5.755
MM	-0.567	-0.253	-0.247	-1.402	-0.628	-0.614	-2.313	-1.104	-1.100
MG	-0.257	-0.004	0.004	-0.638	-0.012	0.007	-1.055	-0.029	-0.012

	20 美元/吨碳			50 美元/吨碳			100 美元/吨碳		
	2020 年	2025 年	2030 年	2020 年	2025 年	2030 年	2020 年	2025 年	2030 年
MT	0.073	0.207	0.207	0.176	0.509	0.509	0.283	0.771	0.765
ME	0.052	0.220	0.218	0.124	0.542	0.537	0.198	0.497	0.486
MP	0.084	0.261	0.255	0.203	0.642	0.628	0.327	0.537	0.516
MO	0.035	0.245	0.241	0.083	0.603	0.593	0.128	0.213	0.205
OT	−0.050	0.180	0.197	−0.130	0.440	0.485	−0.224	0.873	0.994

进一步分析发现，碳关税对中国制造业不同行业出口的影响是通过价格变化实现的，因为在市场经济条件下，企业追求利润最大化势必会减少低价商品的生产，增加高价商品的生产。虽然征收碳关税后，所有行业的出口价格都会出现下降，但由于不同行业的碳排放强度不同，出口价格的下降幅度也不尽相同。企业将会增加生产并出口下降幅度较低的产品，而减少出口价格下降幅度较大的产品。由图 4－4 可知，如果美、欧 2020 年征收每吨 50 美元的碳关

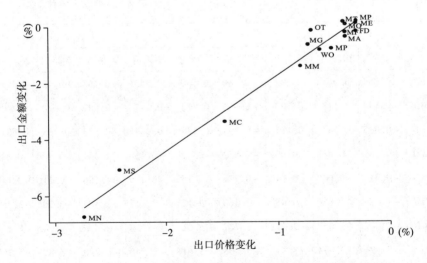

图 4－4　2020 年出口价格变化与出口金额变化之间的
相关关系（50 美元/吨碳）

税，出口金额变化与出口价格变化之间存在很强的相关关系，征收碳关税后价格下降越大，出口下降也越大，如非金属矿物制品业（MN）。交通运输设备制造业（MT）、电气机械及器材制造业（ME）、通信设备计算机及其他电子设备制造业（MP）、仪器仪表及文化办公用机械制造业（MO）四个行业由于出口价格下降幅度较小，出口反而有了小幅增长。

（二）　不同行业进口的影响分析

由表4－4可知，碳关税在影响中国制造业出口的同时，也对制造业进口产生一定的负面影响，且具有一些特点：①碳关税对制造业进口的影响在行业差距上明显小于对出口的影响。一方面对进口的影响全部为负面，而对出口的影响在部分行业是正向的；另一方面，影响程度在行业间差别较小。以2020年美、欧征收每吨20美元碳关税为例，中国制造业进口下降幅度最大的是食品制造及烟草加工业（FD），最小的是仪器仪表及文化办公用机械制造业（MO），前者为－0.605%，后者为－0.135%，两者相差不到0.5个百分点，而且这一特点在征收每吨50美元和每吨100美元的碳关税时同样存在。②碳关税税率越高，负面影响越大，但程度也较小。碳关税税率从每吨20美元上升至每吨100美元，对制造业各行业进口的负面影响确实在上升，但程度比较有限。以2020年美、欧征收每吨100美元碳关税为例，受影响最大的仍然是食品制造及烟草加工业（FD），但也导致其进口下降2.397个百分点。③从趋势上看，碳关税对中国制造业进口的负面影响会随着时间推移下降趋势不太显著。以征收每吨50美元碳关税为例，大部分行业在2030年的影响程度要高于征税之初的2020年，只有极少数行业小于征税之初。导致这一现象主要是由于碳关税在通过加工贸易出口影响进口的同时，还通过影响我国居民收入水平影响进口，存在时滞效应。

表 4 - 4　碳关税对中国制造业不同行业进口的影响

单位:%

	20 美元/吨碳			50 美元/吨碳			100 美元/吨碳		
	2020 年	2025 年	2030 年	2020 年	2025 年	2030 年	2020 年	2025 年	2030 年
FD	- 0. 605	- 0. 616	- 0. 691	- 1. 476	- 1. 507	- 1. 691	- 2. 397	- 3. 416	- 3. 950
MA	- 0. 477	- 0. 407	- 0. 527	- 1. 166	- 0. 998	- 1. 291	- 1. 897	- 2. 247	- 3. 096
MF	- 0. 603	- 0. 505	- 0. 713	- 1. 470	- 1. 235	- 1. 743	- 2. 386	- 2. 715	- 4. 197
WO	- 0. 378	- 0. 443	- 0. 473	- 0. 922	- 1. 085	- 1. 161	- 1. 498	- 2. 191	- 2. 397
MB	- 0. 413	- 0. 470	- 0. 482	- 1. 010	- 1. 149	- 1. 181	- 1. 641	- 2. 651	- 2. 730
MC	- 0. 316	- 0. 385	- 0. 385	- 0. 772	- 0. 943	- 0. 944	- 1. 255	- 2. 346	- 2. 333
MN	- 0. 265	- 0. 362	- 0. 366	- 0. 648	- 0. 889	- 0. 897	- 1. 060	- 1. 788	- 1. 523
MS	- 0. 365	- 0. 421	- 0. 408	- 0. 894	- 1. 031	- 1. 000	- 1. 458	- 2. 042	- 1. 929
MM	- 0. 354	- 0. 439	- 0. 429	- 0. 867	- 1. 074	- 1. 049	- 1. 409	- 2. 254	- 2. 157
MG	- 0. 274	- 0. 363	- 0. 358	- 0. 672	- 0. 888	- 0. 878	- 1. 094	- 1. 646	- 1. 604
MT	- 0. 325	- 0. 422	- 0. 413	- 0. 795	- 1. 033	- 1. 013	- 1. 295	- 1. 913	- 1. 850
ME	- 0. 334	- 0. 425	- 0. 415	- 0. 817	- 1. 041	- 1. 018	- 1. 330	- 1. 655	- 1. 586
MP	- 0. 140	- 0. 120	- 0. 120	- 0. 343	- 0. 295	- 0. 295	- 0. 559	- 0. 659	- 0. 638
MO	- 0. 136	- 0. 119	- 0. 117	- 0. 334	- 0. 290	- 0. 287	- 0. 545	- 0. 551	- 0. 526
OT	- 0. 463	- 0. 487	- 0. 496	- 1. 130	- 1. 191	- 1. 215	- 1. 836	- 2. 737	- 2. 789

（三）不同行业产值的影响分析

美、欧征收碳关税后，通过对外贸易进而对中国制造业各行业的产值产生影响，同样，这一影响在行业间存在一定的差异（见图4-5）。以 2020 年征收每吨 50 美元的碳关税为例，全部制造业行业中，只有通信设备计算机及其他电子设备制造（MP）和仪器仪表及文化办公用机械制造业（MO）两个行业的产值有小幅度上升，分别为 0. 228% 和 0. 174%，其他行业均出现了不同程度的下降。其中，下降幅度较大的是食品制造及烟草加工业（FD）、非金属矿物制品业（MN）、化学工业（MC）、纺织服装鞋帽皮革羽绒及其制品业（MF）四个行业，在 0.5% 至 0.65% 之间。交通运输设备制造业（MT）、电气机械及器材制造业（ME）、电气机械及器材制造业（ME）三个行业的下降幅度较小，不到 0.05%。纺织业（MA）、木材加工及家具制造业（WO）、造纸印刷及文教体育用品制造业（MB）、金属冶炼及压延加工业（MS）、金属制品业（MM）五个行业在 0.3% ~ 0.4%。从此可以看出，受影响较大的行业依然主要是碳排放强度较高的行业，这些行业在征收碳关税后将会面临较大的调整压力。

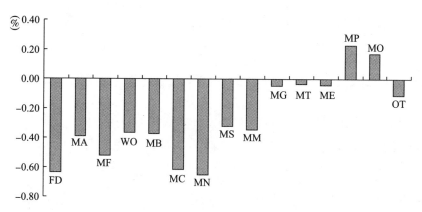

图 4 - 5　2020 年制造业分行业的产值变化（50 美元/吨碳）

三　碳关税征收对中国出口不同地区的影响

图 4 - 6 是美、欧征收碳关税对中国制造业出口不同地区的影响。从中可以看出，碳关税将导致中国制造业出口美、欧下降，而对日本和其他地区的出口则会上升。以征收每吨 50 美元的碳关税为例，2020 年将导致出口欧盟下降 1.33 个百分点，出口美国下降的幅度要略小于出口欧盟，为 1.18 个百分点，而出口日本和其他地区将会有一定幅度的上升，分别为 0.88% 和 0.83%。从趋势上来看，无论是对出口美、欧的负面影响，还是对出口日本和其他地

区的正向影响，都呈现减弱趋势，到 2030 年，出口欧、美的降幅在 0.8% 左右，出口日本和其他地区的增幅在 0.3 左右。从程度上来看，碳关税的负面影响要大于其正面影响，再加上出口美、欧市场的比重相对较高，碳关税一旦实施，势必会对中国制造业贸易竞争力及出口产生一定的冲击。

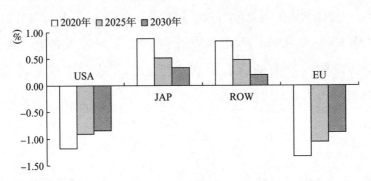

图 4 - 6　碳关税对中国制造业出口不同地区的金额变化（50 美元/吨碳）

　　同样，碳关税的征收导致中国制造业出口不同地区的变化，仍然是由出口价格变化引起的。从图 4 - 7 可以看出，美、欧征收碳关税后，中国制造业出口这两个地区的价格将出现下降，而出口日本和其他地区的价格将会出现一定幅度的上升。企业为了追求利润最大化，一方面减少对欧美的出口，另一方面增加对日本和其他地区的出口。当然，中国制造业出口日本和其他地区的价格出现上升是因为在大国假定下，美、欧征收碳关税导致中国制造业出口下降，在其他条件不变的情况，供给下降势必会促使世界出口价格上升，进而导致中国制造业出口日本和其他地区的价格上升。

　　值得注意的是，美、欧通过征收碳关税减少碳泄漏和保护本国相关产业在目前单边采取措施下是无法实现的。以金属冶炼及压延加工业（MS）为例，美、欧征收碳关税，确实减少了中国钢铁企业对这两个地区的出口，但由于日本符合减排约束要求，日本的钢铁企业出口美、欧不会被征收碳关税。此时，美、欧钢铁需求的满足会从中国钢铁企业转向日本钢铁企业，但在大国假定下，中国钢铁企业将会增加对日本的出口。由此可见，这一政策的主要结果是国家之间的贸易流向出现了变化，原本由中国制造业企业供应的产品，被日本等符合减排约束的国家替代，而日本等国的很大一部分需求由中国制造业企业提供。因此，即使不考虑实施碳关税的阻力和操作上的困难，无论是减少碳泄漏还是保护产业竞争力，碳关税能够起到的作用都是非常有限的。

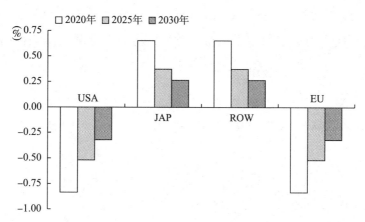

图 4 - 7　中国制造业出口不同地区的价格变化（50 美元/吨碳）

四　不同缓解措施的比较分析

上述分析表明，美、欧征收碳关税对中国制造业贸易竞争力及其出口将会产生一定程度的冲击，尤其是碳排放强度较高的行业。接下来，我们模拟分析提供出口补贴和提升能源使用效率在缓解碳关税的影响效果上的差异。

图 4 - 8 是能源效率使用效率提高 0.5 个百分点以及从 2020 年开始中国对制造业出口提供 1% 的出口补贴在缓解碳关税影响上的差别。毫无疑问，这两种缓解措施都能部分抵消碳关税对中国制造业出口及其竞争力的负面影响。就短期而言，提供出口补贴在 2020 年

的效果要优于能源使用效率的提高，制造业出口仅下降了0.45%，而在后者的影响下仍然下降了0.53%。然而，随着时间的推移，能源使用效率提高的效果逐渐显现出来，在2025年将使碳关税对制造业出口的影响已经降到 -0.2%，好于出口补贴的效果，在2030年更是基本上可以抵消碳关税对制造业贸易竞争力及其出口的影响。如果再考虑补贴对经济的扭曲效应，提高能源使用效率则更加优于出口补贴。因此，中国需要未雨绸缪，加大鼓励和推广节能技术创新的力度，促进能源使用效率的提升，从根本上降低碳关税对制造业的影响，而不能寄希望于通过提供出口补贴来应对美、欧的碳关税措施。

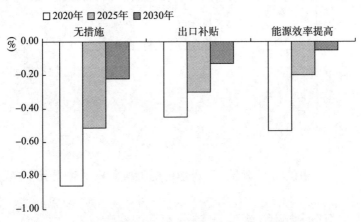

图4-8　不同缓解措施的效果差别（50美元/吨碳）

第五节　本章小结

本章在回顾碳关税产生的背景、合法性争议以及面临障碍的基础上，通过建立动态可计算一般均衡模型，较为全面地分析了美、欧征收碳关税对中国制造业贸易竞争力及出口的影响。结果显示：①碳关税将会对中国制造业贸易竞争力及出口产生冲击，税率越高，影响越大，且持续时间越长；②碳关税对中国制造业贸易竞争力及出口的影响在行业间存在着较大差别，碳排放强度高的行业影响较大，而少数低碳行业的出口不仅没有下降还有小幅上升；③碳关税对中国制造业出口流向也会产生一定的影响，对美、欧的出口将会下降，而对日本和其他地区的出口将会上升；④缓解碳关税措施的模拟结果表明，短期内，出口补贴对碳关税的抵消效果较好，但从长期来看，提升能源使用效率的方法则更优。

第五章 碳税影响中国制造业
贸易竞争力分析

随着全球气候变化对人类生存环境的威胁越来越大，减少二氧化碳排放、发展低碳经济成为世界各国的共识和必然选择。征收碳税被普遍认为是减少碳排放最具市场效率的经济手段之一，已经在很多发达国家实施，并取得了较好的效果。由于具有政治上可行、经济上有效的特点，中国正在研究近期开征碳税的可行性，发挥其在减少温室气体排放中的重要作用。然而，征收碳税在减少碳排放的同时，也将对中国制造业的贸易竞争力带来一定的负面影响。本章将分析不同水平的碳税对中国制造业贸易竞争力的影响，为碳税政策的制定以及低碳经济下提高贸易竞争力提供一些参考。

第一节 碳税概述

一 碳税的内涵

碳税是指针对二氧化碳排放所征收的税，以环境保护为目的，希望通过消减二氧化碳的排放来减缓全球变暖，属于环境税。碳税主要对化石燃料（煤炭、石油、天然气等）按其二氧化碳的排放量征收，是一种从量税。但现实中，由于对二氧化碳排放的监测技术成本过高，一般根据化石燃料中的含碳量测算出二氧化碳的排放量。这一概念的提出和实践最早出现在欧洲，具有两个鲜明的特点。

（一）　碳税是基于激励的价格型减排工具

总体上，应对气候变化的政策工具可以分为两种类型：一是命令—控制型（Command-and-Control），二是激励型（Incentive-based）。命令—控制型政策是运用法律和制度，直接或间接地要求企业使用减排技术，通过检查、监控和罚款等标准化程序确保企业达到减排要求。激励型政策是政府制定总体目标和原则，然后给企业留下足够的追求利润的余地来激励企业采取有效的减排技术。大部分经济学家一直主张采用基于市场的激励手段来应对气候变化，比传统的命令—控制型手段更为有效。

激励型政策工具又分为基于总量控制的排放权交易（Cap-and-Trade）和基于价格控制的碳税（Emission Taxes）。排放权交易和碳税是实现减排责任有效分配和控制的重要手段，两者都能有效地实现污染物减排，但两者各有利弊。碳税是事先确定单位排放的价格，排放总量不确定，因此它被称为基于激励的价格型政策工具；而排放权交易恰恰相反，是事先确定排放总量，单位排放价格则随着供求关系变动，因此它被称为基于激励的数量型政策工具。只要制度设计合理，排放权交易和碳税两种手段在很多方面都可以取得相同的效果。[①]对市场机制不健全的发展中大国如中国而言，建立一个有效的碳排放交易市场需要一个较长的学习和适应过程，就目前而言，碳税的制定与实施可操作性更强。[②]一方面，碳税对政府而言更为透明易懂，容易获得公众支持；另一方面，碳税是由政府制定的，其监管容易随情况变化而随时调整，而碳排放交易则往往由垄断企业把持，排污权价格波动方面难以控制，另外许可证的分配上也可能

[①] Goulder, L. H. and Schein, A. R., "Carbon Tax versus Cap and Trade: A Critical Review", *Climate Change Economics*, 2013, 4（3）: 1 - 28.

[②] 曹静：《走低碳发展之路：中国碳税政策设计及 CGE 模型分析》，《金融研究》2009 年第 12 期。

存在行业分配上的不均衡，利益集团的存在也可能导致经济效率的损失。

图5-1是碳税的激励机制，曲线 MAC 为边际治理成本（Marginal Abatement Cost）曲线。无碳税时，企业的初始排放量为 E，当碳税为 T 时，MAC < T，所以企业有减少排放的激励，直到 MAC = T，排放量减为 E*。征收碳税时如企业排放量仍为 E，则其应交的碳税为图中面积 a + b + c；而当排放量减为 E* 时，企业虽增加了治理成本 b，但此时碳税仅为 a，故总成本为 a + b。与不减排相比节约了成本 c，这就是追求利润最大化的企业所获得的激励。可见，碳税是一种基于激励的价格型碳减排政策工具。

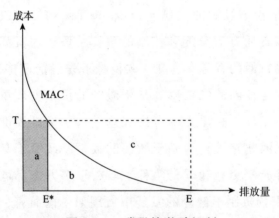

图5-1　碳税的激励机制

（二）　碳税是使外部性内在化的庇古税

当某一活动影响他人福利而对此影响行为又没有任何奖惩时，就产生了外部性（Externality）。如果这种影响是不利的，则为负外部性，反之为正外部性。外部性既可能出现在生产领域，也可能出现在消费过程中。生产的负外部性导致社会成本大于生产者的私人成本，生产的正外部性则相反；消费的负外部性导致社会价值小于消费者的私人价值，消费的正外部性则反之。生产和消费的负外部性使市场的产销量大于社会希望的量，即边际私人纯产值大于边际社会纯产值；反之则形成生产和消费的正外部性。新古典经济学家庞古（A. C. Pigou）认为，应通过对有负外部性的物品征税和给有正外部性的物品以补贴来把外部性内在化（Internalizing the Externality），即对边际私人纯产值大于边际社会纯产值的部门和投资，通过课税的办法加以抑制，使其产品价格提高，从而减少它们的产销量，使资源转向更有益于社会的用途，增进社会福利；对边际私人纯产值小于边际社会纯产值的部门和投资，政府应通过补贴的办法加以鼓励和促进。这种税被称为"庞古税"（Pigovian Tax）。

人类的生产活动和消费活动所排放的大量二氧化碳会对大气层产生破坏，形成了环境的外部性，如果不加以控制，将造成灾难性的后果，出现"公地的悲剧"（Tragedy of the Commons）。那么，政府可以通过征收碳税的办法消除生产者和消费者在追求自身利益最大化时，由于无须承担碳排放环境成本所导致的负外部性问题，这是碳税的理论基础。因此，碳税就是一种庞古税，征收碳税实质上是对人类行为产生的二氧化碳所造成的环境外部成本内部化的过程。

二　碳税政策的比较分析

开征碳税以实现降低碳排放为目的，最初是1990年在一些北欧国家首先出现，到目前为止已有十多个国家引入了碳税，包括丹麦、爱沙尼亚、芬兰、捷克、奥地利、德国、意大利、荷兰、挪威、瑞典、瑞士、英国、日本等。此外，加拿大的魁北克省和不列颠哥伦比亚省也先后于2007年和2008年开征碳税。碳税是环境税的一种，碳排放与能源消耗也有相当大的关系，目前在实施碳税的部分国家中，其碳税往往与能源税和环境税相混杂。

（一）国外开征碳税的过程与现状

1. 芬兰

芬兰于1990年引入碳税，是第一个实行碳税的国家，征收范围

是矿物燃料，计税基础是含碳量。初始税率较低，对化石燃料征收
1.2 欧元/吨碳的税。1995 年初，芬兰对能源税结构进行调整，推出
一种碳/能源混合税，对一次性能源征收能源税，同时对化石燃料征
收碳税，但对木柴、风能和非燃料不征能源税。自 1997 年以来，芬
兰的能源税总结构并没有发生大的变化，碳税是按用于供热和运输
燃料的含碳量征收。2008 年 1 月，芬兰对碳税进行了修订，主要变
化有：平均税率提高 9.8%，碳附加税提高 13%，接近 20 欧元/吨
碳，并保持至今。此外，2008 年芬兰还开始对生物质燃料油进行了
全额豁免，并增加了对农业和碳汇工程的税收返还。北欧国家普遍
采用特殊税收条款，如减少或全部免除能源和碳排放税，但芬兰未
采取大幅度的碳税豁免政策。在芬兰，唯一的优惠条款是工业享有
更低的电力税，而且对产品加工过程中被用作原料的能源产品免除
能源税。

2. 丹麦

丹麦也是世界上实施碳税较早的国家之一，1992 年成为第一个
对家庭和企业同时征收碳税的国家，其目的是将 2000 年的碳排放量
保持在 1990 年的排放水平上，刺激能源节约和能源替代。征税范围
包括汽油、天然气和生物燃料以外的所有碳排放，税率是 100 丹麦
克朗/吨碳（相当于 14.3 美元/吨碳），截止到 1995 年，对于交纳增
值税的企业给予 50% 的税收返还。1996 年开始采取更复杂的计税系
统，碳税税率不变，但税基扩大到供暖用能源，碳税的退税方案被
更新并更为严格，还执行了新的能源效率自愿协议，签订自愿协议
的高能耗企业按优惠税率纳税。企业按用途将消耗的能源分成三类：
供暖用、生产用和照明用能源，碳税对供暖用能源按 100% 征税，对
照明用能源按 90% 征税，对生产用能源按 25% 征税。1999 年政府出
台了一揽子经济政策措施，其中一项就是将能源税提高 15% ~ 20%，
企业供暖用能源的碳税调高到 100 欧元/吨碳，企业生产用能源的碳

税下调到 12.1 欧元/吨碳，同时对基准的能源税税率相应进行了上调。

3. 瑞典

瑞典在 1991 年整体税制改革中引入了碳税，同时将能源税税率降低。征税范围包括所有燃料油，其中对电力部门使用的部分给予税收豁免。税率根据燃料含碳量的不同而有区别。对私人家庭和工业的税率为 250 瑞典克朗/吨碳。由于考虑到企业的竞争力，工业企业也只需按照 50% 的比例缴税，对一些高能耗产业，如采矿、制造、纸浆和造纸、电力等，给予税收豁免。1993 年为增加瑞典的国际竞争力，对工业部门的税率降到 80 瑞典克朗/吨碳，对私人家庭的税率增加到 320 瑞典克朗/吨碳，同时对一些能源密集型产业给予了进一步的税收减免。1995 年，税率微微上调，二氧化碳普通税率为 340 瑞典克朗/吨碳，工业部门的适用税率是 83 瑞典克朗/吨碳。2002 年税率又进一步提高，同时作为补偿劳动收入的税率被下调。对工业部门的税收减免由 50% 上调至 70%，抵消了税率上调增加的税收负担。2008 年新政府将碳税提高至 1010 瑞典克朗（108 欧元），并规定所有企业有权享有特殊的税收条款，支付碳税的 21%，企业碳税接近于欧盟最低税率水平。

4. 英国

英国为了履行《京都议定书》的承诺，于 2001 年 4 月实行气候变化税（Climate Change Levy），主要向为工业、商业和公共部门提供能源产品的供应商征收，暂时不适用于国内消费者和慈善团体。其目的是提高能源效率、缩减温室气体排放和促进节能投资，政府并不通过气候变化税筹措财政基金，税收大部分通过减免社会保险税的方式返还给企业，部分用于节能投资的补贴或拨给碳基金。由于气候变化税的征收会对能源密集型产业造成相当大的冲击，英国政府制定了气候变化协议（Climate Change Agreement）。加入气候变化协议的企业如果能够达到该协议规定的温室气体减排目标就可以得到 80% 的气候变化税减免，但是如果企业达不到这一协议的中期目标（2002 年、2004 年、2006 年、2008 年），则意味着企业在未来两个年度将得不到气候变化税的减免，而如果达不到 2010 年的最终目标则要补交以往全部的气候变化税。从排放每吨二氧化碳的税收标准来看，煤是每吨征收 7 欧元，天然气是每吨征收 13 欧元，电力是每吨征收 14 欧元。近年来做过小幅调整，排除通货膨胀的原因，税率基本是稳定的。

5. 挪威

挪威从 1991 年开始对汽油、矿物油和天然气征收碳税，覆盖了所有碳排放的 65%。1992 年把征收范围扩展到煤和焦炭。对航空、海上运输部门和电力部门（因采用水力发电）给予税收豁免；造纸行业适用的实际税率为规定税率的 50%。1995 年对汽油和柴油的征税标准分别为 110 挪威克朗/吨碳和 350 挪威克朗/吨碳（相当于 13.8 美元/吨碳和 43.7 美元/吨碳）。2005 年碳税增加为石油 41 欧元/吨，轻燃料油 24 欧元/吨、重燃料油 21 欧元/吨，对纸浆和造纸工业征收 12 欧元/吨，对工业用电按每兆瓦时征收 4.5 欧元/吨。根据 IEA（2005）对挪威碳税的评估，挪威碳税控制二氧化碳排放的最重要的经济措施，覆盖了 64% 的碳排放量和 52% 的温室气体排放量。

6. 加拿大

加拿大的魁北克省自 2007 年 10 月 1 日起开始实施碳税；不列颠哥伦比亚省自 2008 年 7 月 1 日起开始实施碳税，税率为 10 美元/吨，并每年增加，直到 2010 年达到 30 美元/吨。不列颠哥伦比亚省政府通过碳税一年可增加税收 3 亿加元左右，并通过减税的方式，将碳税的收入还给省民。

7. 美国

2006 年美国科罗拉多州博尔德市通过全体选民投票采用碳税，于 2007 年 4 月开始实施。税率是以电力使用的千瓦时为基础，最开始居民每千瓦时负担 0.0022 美元，商业消费者每千瓦时负担 0.0004 美元，工业消费者每千瓦时负担 0.0002 美元。2009 年 8 月，碳税税率增加到法令允许的上限：对居民每千瓦时征税 0.0049 美元，商业消费者每千瓦时负担 0.0009 美元，工业消费者每千瓦时负担 0.0003 美元。这个税率相当于接近每吨碳征收 12～13 美元的碳税。2008 年碳税的收入是 846885 美元，全部用于提高全市的能源效率以及改用替代燃料等方面。①

8. 日本

日本是《京都议定书》缔约方中亚洲唯一一个承担减排义务的国家，是世界第五大温室气体排放国。2009 年日本环境省正式提出环境税（碳税）方案，其基本特征是低税率，为 2400 日元/吨。日本碳税的征收对象是使用化石燃料的单位，既包括工厂企业，如煤炭、石油、天然气的消费大户，采用化石能源发电的企业等，又包括家庭和办公场所。碳税收入成为执行相关环保政策的稳定资金来源，除用于防止全球变暖，还用于森林保育，促进低排放的机动车发展，开发新能源汽车，提高建筑节能，建设低碳都市和低碳地区等。在 2010 年碳税修正的具体方案中，日本对减免税的情况做了以下规定：钢铁、焦炭等行业生产所用的煤炭免税；农业渔业用的柴油免税；作为产品原料的化石燃料（挥发油）免税。出于加强国际竞争力、对特定产业的保护和照顾低收入者考虑，减轻相应的课税。

总结上述各国所开征的碳税，可以发现具有以下几个特点：

---

① 王彬辉：《美国碳税历程、实践及对中国的启示》，《湖南师范大学社会科学学报》2012 年第 2 期。

①各国碳税税率相差很大；②在各国内部不同行业之间实行的也是差异税率，并且注重行业保护和税收减免；③碳税与其他能源税混合征收；④征税对象各不相同；⑤各个国家在实施碳税的过程中，都十分注重税收中性原则，尽量减少碳税对社会福利的影响；⑥大部分国家将碳税的收入用于补贴和开发新技术。

（二）实施效果

碳税作为一项税收制度，对一国的经济社会所产生的影响需要较长时间才能显现出来。从上述国家征收碳税的效果来看，碳税是一个有效的环境经济政策工具，可以较好地起到减少二氧化碳以及其他污染物排放、提高能源效率的作用。以一些欧盟国家为例，根据丹麦能源署发布的数据，整个能源行业的二氧化碳排放呈现了减少态势，从1990年的5270万吨减少至2005年的4940万吨，而生产每千瓦时电排放的二氧化碳则由1990年的937克减少到2005年的517克[①]；瑞典环境保护署（SEPA）对瑞典碳税的评估报告显示，随着碳税的执行，1990~2006年，瑞典温室气体的总排放量下降了9%，而同期GDP却增长了44%，碳税同瑞典环境政策一起对二氧化碳排放的减少发挥了作用，在很多情况下，能源生产厂家因碳税的实施更换了燃料；挪威对碳税实施效果评估的结果显示，税收导致1991~1993年的二氧化碳排放量下降了3%~4%。效果最显著的是造纸工业，如果没有该税，造纸行业的油耗要增加21%。

值得注意的是，碳税不仅可以起到减少碳排放和降低能源消耗的作用，还创造了新的就业岗位。对德国的一项研究显示，截止到2002年，二氧化碳减排量超过700万吨，同时创造了6万个新岗位。另一项对能源税效果的研究显示，有清晰的证据表明，碳税实现了预期的生态效果，包括能源消耗的降低以及二氧化碳排放到2005年

---

① 周勇刚：《丹麦能源发展战略：节能与环保并举》，《中华工商时报》2007年4月16日。

下降 2% ~ 3%。该研究也表明，能源税对劳动力市场有正面影响，创造了 25 万个新的就业岗位。[①]

（三）　对中国开征碳税的启示

通过对发达国家碳税政策的分析，可以得出下列几点启示。

1. 结合国情设计税率，并逐步提高

碳税开征的初期应选择较低税率，然后逐步提高税率，以尽量减少对经济可能产生的负面影响。例如，1991 年瑞典引入碳税之初，每吨二氧化碳的一般税率仅为 27 欧元，而目前已提高至 114 欧元。由于中国经济的整体碳排放强度还比较高，这个做法尤其值得借鉴。

2. 区别对待碳税对不同行业的影响

开征碳税会加大企业负担，对企业的总成本产生影响，从而影响企业的国际竞争力。根据上述实施碳税国家的经验，税率不宜绝对统一。结合我国的实际现状，要考虑在不同的行业实行差异税率或实施必要的税收减退免优惠政策，保护受碳税冲击比较大的行业的竞争力，特别是能源消耗大、竞争力差的行业，实现向低碳经济的平稳过渡。

3. 开征碳税要坚持同整体税制改革相结合

开征碳税时，应理顺碳税和我国现存资源税、排污费、消费税、增值税以及可能出台的能源税、环境税等税种的关系，防止重复课税。根据上述国家的经验，将碳税与能源税、环境税结合，循序渐进地调整税收体系，有益于保持经济社会稳定发展。

4. 注重碳税政策设计的税收中性原则

上述国家实施碳税的先进经验表明，各国都十分重视税收制度设计的税收中性原则，在征税的同时减少企业或个人所得税、社会

---

① 杨姝影等：《国际碳税研究》，化学工业出版社，2011，第 33 页。

保障税等，强化税收的循环再利用，消减扭曲税收，以避免税负增加过多，并取得"双重红利"的好处。另外，中国作为发展中国家，碳税收入的一部分还需要用于促进节能减排，通过奖励政策刺激企业研究节能新技术，促进新能源和可再生能源的利用，更新设备提高能源利用效率。

三　碳税的效应分析

随着各国的碳税政策陆续推出，学术界围绕其效应的研究也在不断地发展和丰富。国外学者对碳税政策效应的研究起步较早，研究成果也颇为丰富，但随着我国经济的快速发展，国内也有相当多的学者进行了广泛而深入的研究，总结现有的国内外研究成果，主要可以归纳为环境效应、经济增长效应、收入分配效应等三个方面。

（一）　环境效应

碳税作为一项减排措施，我们首先要关注的是它的环境效应。Baranzini 等指出，碳税的环境效应通过两方面显现：一方面是直接作用，通过价格上升来刺激经济活动中的节约行为、能源使用效率的提高、能源产品的替代以及生产与消费结构的变化，进而有效地调节经济行为体的二氧化碳排放量；另一方面是间接作用，通过将碳税收入合理地投放回经济中，引起投资与消费模式的转变，进而增强前一方面的效应。[①]

大量研究证明，碳税的环境效应是非常明显的。Floros 和 Vlachou 利用可计算一般均衡模型分析了碳税对希腊能源业与制造业碳排放的直接影响效应，结果表明，碳税能够有效地减缓气候变暖，如果征收 50 欧元/吨的碳税，希腊的碳排放量将会在 1998 年的水平

---

① Baranzini, A., Goldember, J. and Speck, S., "A Future for Carbon Taxes", *Ecological Economics*, 2000, 32: 395–412.

上减少 17.6%，减排幅度最大的四个产业是饮食业、纺织业、非金属矿产开发业和冶金业。[1]Wissema 和 Dellink 的研究表明，征收 10 欧元/吨~15 欧元/吨的碳税会导致爱尔兰的碳排放量在 1998 年的水平上减少 25.8%，而且由于不同产业部门对能源需求的弹性存在差异，碳税对不同行业产生的减排效应存在一定差异。[2]张明喜建立中国开征碳税的 CGE 模型并进行了模拟发现，征收碳税对中国经济影响不大，短期内减少 GDP 约 0.51%，长期内减少 GDP 约 0.08%，但二氧化碳的排放量将大幅度下降。[3]Allan 等基于 CGE 模型对苏格兰的分析发现，如果征收 50 英镑/吨的碳税，将使苏格兰的碳排放下降 37%，减排效应较为显著。[4]针对一个国家整体的研究表明，如果一个国家的疆域辽阔，同时考虑到内部不同区域的经济结构差异，则对一国内部具体区域进行分析更具有现实意义。基于这种认识，Mori 研究了碳税对美国华盛顿州的影响，发现对每吨碳排放征收 30 美元的税收可以实现相对于基准情景 8.4% 的减排。[5]虽然大部分学者利用不同国家样本都得出了碳税有明显的减排作用的结论，但也有一些学者得出了不同的结论。如 Lin 和 Li 采用了模拟法和倍差法对五个北欧国家的减排效应进行了综合估计，结果表明，在芬兰征收的碳税对人均二氧化碳的排放增长率产生了显著的负面影响；与此同时，在丹麦、瑞典和荷兰碳税的负面影响都不显著；但在挪威，

---

[1]　Floros, N. and Vlachou, A., "Energy Demand and Energy-related CO_2 Emission in Greek Manufacturing: Assessing the Impact of Carbon Tax", *Energy Economics*, 2005, 27: 387-413.

[2]　Wissema, W. and Dellink, R., "CGE Analysis of the Impact of a Carbon Energy Tax on the Irish Economy", *Ecological Economics*, 2007, 61: 671-683.

[3]　张明喜：《我国开征碳税的 CGE 模拟与碳税法条文设计》，《财贸经济》2010 年第 3 期。

[4]　Allan, G. et al., "The Economic and Environmental Impact of a Carbon Tax for Scotland: a Computable General Equilibrium Analysis", *Ecological Economics*, 2014, 100: 40-50.

[5]　Mori, K., "Modeling the Impact of a Carbon Tax: a Trial Analysis for Washington State", *Energy Policy*, 2012, 48: 627-639.

碳税并未完全实现减排作用。[①]

征收碳税的主要目的是减少二氧化碳的排放，但实际上，它所产生的环境效应并不局限于此。化石能源在使用过程中除了排放二氧化碳，还会产生大量的其他污染物。碳税减少了企业和个人的化石能源消费，这不仅减少了碳排放，也减少了其他污染物的排放，这一效应被称为实施碳税政策的"二次收益"或者"附加收益"（Secondary Benefits or Ancillary Benefits）。Ekins 对这方面的研究做了简单的归纳，指出这个规模是相当可观的。[②]曹静根据环境经济学的基本理论并结合我国国情，探讨了基于污染量控制的排污权交易与基于价格变化的碳税机制的优缺点，认为碳税政策更适合当前我国的国情，当碳税税率在 50~200 元/吨时，不仅减少了温室气体排放，还减少了 9%~30% 的二氧化硫、颗粒物等排放，带来非常显著的"附加收益"。[③]由此可见，如果忽视了二次收益，那么对实施碳税的净成本估计就可能出现较大偏差，从而导致碳税设计的失误。

（二）经济增长效应

碳税政策除了环境效应以外，学者和政府还关注其对 GDP 或经济增长的影响。总体来看，碳税对经济增长的影响具有两面性。一方面，在短期内，征收碳税可能会影响相关产品价格，降低私人投资的积极性，降低消费和投资需求从而对经济增长产生抑制作用。另一方面，从长期来看，碳税政策可能会促进相关替代产品的发展，调节环境成本，有助于经济的绿色发展。同时，征收碳税还可以增加政府的财政收入，从而放松政府的财政预算约束，

[①] Lin, B. and Li, X., "The Effect of Carbon Tax on per capita CO_2 Emissions", *Energy Policy*, 2011, 39 (9): 5137-5146.

[②] Ekins, P., "The Secondary Benefits of CO_2 Abatement: How Much Emission Reduction Do They Justify?", *Ecological Economics*, 1996, 16: 161-188.

[③] 曹静：《走低碳发展之路：中国碳税政策设计及 CGE 模型分析》，《金融研究》2009 年第 12 期。

扩大政府的整体投资规模，增加资本积累，从而对经济增长发挥拉动作用。

目前，大多数文献都是利用模型工具来研究碳税对 GDP 的影响，如 CGE 模型等。Barker 等通过 3E 模型对英国在征收碳税的情况下的宏观经济进行了分析研究，结果显示：1990～2005 年，二氧化碳的排放量保持在 12% 的减少量，在税收循环的基础上，GDP 的增长量保持在 0.2% 的水平。[①]Goto 通过一个简化的一般均衡模型分析了碳税对日本经济和工业部门的影响，研究结果显示，在进行有效的经济调控的情况下，碳税带来的经济成本并不是很大。[②]要在 1990～2010 年将碳排放稳定在 1990 年的水平上，所带来的减排成本将是 GNP 的 0.1%，如果考虑经济的增长率，那么这样的损失几乎是可以忽略不计的。Krause 等分析了碳税对美国经济产生的影响，认为结合市场改革实行碳税，与只实施市场改革相比可以产生两倍的减排量，但对经济的影响很小。[③]Lee 等分析了碳税和碳排放交易对中国台湾经济增长的影响，结果表明仅征收碳税对 GDP 有负面影响，若同时实施排污权交易则会拉动 GDP 增长。[④]Lu 等通过动态 CGE 模型专门讨论了开征碳税对中国经济的长期影响。[⑤]数值模拟结果显示，碳税可以在对经济增长产生很小的负面效应的情况下有效地降低碳排放，因此碳税是一项有效的政策工具。实施一些配套的

① Barker, T., Baylis, S. and Madsen, P., "Auk Carbon/ Energy Tax: The Macroeconomics Effects", *Energy Policy*, 1993, 21 (3): 296 – 308.

② Goto, N., "Macroeconomic and Sectoral Impacts of Carbon Taxation: A Case for the Japanese Economy", *Energy Economics*, 1995, 17 (4): 277 – 292.

③ Krause, F., De Canio, J., Hoerner, A. and Baer, P., "Cutting Carbon Emission at a Profit: Impacts on U. S. Competitiveness and Jobs", *Contemporary Economic Policy*, 2003, 21 (1): 339 – 365.

④ Lee, F., Lin, J. and Lewis, C., "Analysis of the Impacts of Combining Carbon Taxation and Emission Trading on Different Industry Sectors", *Energy Policy*, 2008, 36 (2): 722 – 929.

⑤ Lu, C., Tong, Q. and Liu, X., "The Impacts of Carbon Tax and Complementary Policies on Chinese Economy", *Energy Policy*, 2010, 38 (11): 7278 – 7285.

辅助政策将有助于缓冲碳税对经济所产生的负效应。胡宗义等基于可计算一般均衡模型（MCHUGE 模型）采用在生产环节征收渐进碳税的方式，设置了不同的返还方式，模拟结果表明，采用税收中性原则，即将碳税收入用于降低其他税收时，宏观经济的受损程度均低于将碳税收入作为一般财政收入时宏观经济的受损程度，对 GDP 的影响不大。[①]

但也有少数研究认为，碳税政策的减排效果并不理想，其对国民经济的影响也不容忽视。Bruvoll 和 Larsen 应用 CGE 模型对碳税征收先行国挪威进行研究发现，尽管碳税引起某些燃料价格上涨，但碳税的经济影响较为温和。[②]尽管 1990～1999 年的总排放量有所增加，但由于能源强度的降低，单位 GDP 的排放量显著降低了 12%，然而碳税对碳减排的贡献仅有 2%，碳税的效果并不理想，其原因主要在于挪威国内免税政策的过度宽松和对企业提出的碳税要求过分苛刻和不切实际。

由于所采用的方法、模型、研究对象及参数选取的差别，现有研究结论不尽相同，但从中不难看出，碳税政策在大多数已实施国家是成功的，它已被大部分研究者视为一种可行的环境政策。尽管客观来讲，征收碳税在短期内通常会通过影响相关产品价格，对消费需求、投资需求、经济增长等宏观经济因素产生抑制作用，但从长远来看，只要税率水平合理，配套措施得当，其负面效应是可以得到缓解甚至被规避的。

（三） 收入分配效应

作为一种税收制度，碳税必然带来一定程度的社会财富再分配。

---

① 胡宗义等：《不同税收返还机制下碳税征收的一般均衡分析》，《中国软科学》2011 年第 9 期。

② Bruvoll, A. and Larsen, M., "Greenhouse Gas Emissions in Norway: Do Carbon Taxes Work?", *Energy Policy*, 2004, 32（4）: 493 –505.

通常来讲，政府在制定税收政策时，总是希望更少地影响到低收入人群。但大多数情况下却恰恰相反，碳税对低收入家庭的影响相对于高收入家庭会更大一些。原因是能源消费占低收入家庭总支出的比例更高，许多实证研究支持了这一观点。Smith 等（1995）测算了一种碳税和能源税结合的税种对英国不同收入水平家庭的再分配效应，结果显示，收入最低的 20% 的家庭，支付该税种的份额占到其总支出的 2.4%；而收入最高的 20% 的家庭，支付该项税收的份额只占其总支出的 0.8%。[①]Cornwell 和 Creedy（1996）研究了澳大利亚的碳税开征情况，通过把居民家庭的消费数据与当年的投入－产出资料相结合得出了碳税累退性的结论。[②]Wier（2005）对丹麦碳税收入分配效应的研究，创造性地引入了碳税对化石燃料的替代效应影响，通过把碳税影响下的价格变化与替代效应相结合，也得出了碳税累退效应的结论。[③]苏明等（2009）基于中国 2005 年的投入－产出表数据和 CGE 模型分析发现：从静态角度看，开征碳税会导致可支配收入下降，城市可支配收入下降幅度低于农村可支配收入下降幅度，城市与农村可支配收入的最大降幅分别为 0.17% 和 0.27%；从动态角度看，可支配收入也是不断下降的，在最小和最大税率情形下，农村可支配收入累计减少幅度分别为 0.44% 和 3.21%，在最小和最大税率下，城镇可支配收入累计减少幅度分别为 0.25% 和 1.92%。[④]樊勇和张宏伟以碳税的收入分配效应为研究对象，将碳税的收入分配效应分解为直接效应与间接效应，运用收入支出法、投

---

① Smith, C. , Hall, S. and Mabey, N. , "Econometric Modelling of International Carbon Tax Regimes", *Energy Economics*, 1995, 17: 133 – 146.

② Cornwell, A. and Creedy, J. , "Carbon Taxation, Price and Inequality in Australia", *Fiscal Studies*, 1996, 17: 21 – 38.

③ Wier, M. K. , "Are CO_2 Taxes Regressive? Evidence from the Danish Experience", *Ecological Economics*, 2005, 52: 239 – 251.

④ 苏明等：《我国开征碳税问题研究》，《经济研究参考》2009 年第 72 期。

入－产出表原理测算表明，中国碳税的征收存在明显的累退性，其中，直接效应与间接效应对碳税累退性的贡献不同，直接效应贡献更大，可以解释大部分累退性。[1]

尽管对不同收入水平的家庭来说，碳税占总支出的份额不同，但是有研究表明，总体来说，碳税的再分配效应对家庭的平均影响比预期的程度要弱，甚至会带来正面影响。例如，Barker 和 Kohler 在研究碳税对欧洲家庭的影响时指出，碳税会增加欧洲家庭消费的交通燃料价格，但对家庭总体交通费用和消费产品的价格水平的影响却是复杂的。[2]因为，如果碳税收入用于降低劳动力成本，那么公共交通的费用和家用汽车的购买价格是有所下降的，这在一定程度上能够抵消交通燃料价格的上升。他们的结论是，在研究选取的国家中所有家庭都是受益的，只不过低收入家庭的受益程度比平均程度稍低一些。Zhang 和 Baranzini 认为，之所以对碳税再分配效应的关注程度较高，是因为其他减排政策的成本可以轻易地在实施过程中被忽视，而碳税却可以带来明显的价格上升。[3]然而，他们分析相关的经验研究后发现，碳税/能源税的收入分配效应总体上不显著，且比实际观察的要小，但相对于其他行政政策而言，采用碳税的一个重要特点就是产生了税收，而碳税收入的使用是否合理，可能直接决定着碳税实施的成功与否。

现有研究和实践表明，无论是从政策制定者还是从大众的观点来看，合理的碳税制度应该区分开不同收入阶层的家庭，这甚至关

---

① 樊勇、张宏伟：《碳税对我国城镇居民收入分配的累退效应与碳补贴方案设计》，《经济理论与经济管理》2013 年第 7 期。

② Barker, T. and Kohler, J., Equity and Ecotax Reform in the EU: Achieving a 10% Reduction in CO₂ Emissions Using Excise Duties, Environmental Fiscal Reform Working Paper No. 10, Cambridge: University of Cambridge.

③ Zhang, Z. X. and Baranzini, A., "What do We Know about Carbon Taxed? An Inquiry into their Impacts on Competitiveness and Distribution of Income", Energy Policy, 2004, 32: 507 - 518.

系到碳税制度能否被大众所接受。

第二节 碳税与贸易竞争力

除了具有环境效应、经济增长效应和收入分配效应，碳税可能会对征收国相关产业的贸易竞争力产生负面影响，一直以来这个问题都是各国普遍担心的，也是各国能否顺利实施碳税政策的重要政治考量。

一 碳税对贸易竞争力的负向影响

由于碳税的征收通常会导致能源成为一种更昂贵的生产要素，从而引起生产成本提高，降低企业投资的积极性。而企业则会相应地采取减少生产的措施，引起能源消费大幅减少，使生产过程中的资本密集程度相对提高。因此，碳税通常会使征税对象产生额外负担，从而遭到相关工业和经济部门的反对。因此，如果没有一定的减缓或补偿措施，碳税的征收将对能源密集型部门产生不利影响，导致其竞争力降低甚至丧失。

竞争力是较为抽象的概念，一般认为，产业贸易竞争力，亦称产业国际竞争力，是指某国或某一地区的某个特定产业相对于他国或他地区同一产业在生产效率、满足市场需求、持续获利等方面所体现的竞争能力。Baron 认为，产业贸易竞争力会受到微观和宏观两方面的影响，微观方面包括成本结构、产品质量、信誉和服务等，宏观层面包括国际汇率、交易规则、政治稳定等。[①]碳税的产业竞争力效应通常直接反映于其引起的产业相关成本的增加，尤其对于相

---

① Baron, R., Economic/ Fiscal Instruments: Competitiveness Issues Related to Carbon/ Energy Taxation, Annex I Expert Group on the UNFCCC Policies and Measures for Common Action Working Paper, 1997, No. 14.

互竞争的产业而言，碳税的影响主要表现在对不同产业的成本产生不同程度的影响。Baranzini 等指出，碳税之所以会对不同企业竞争力的影响产生这样的差别，主要有两方面的原因：一是各个国家的政策不同，对不同企业尤其是对设立在不同国家的企业，其征税幅度是不同的；二是各个企业自身的不同特性所产生的差异，比如碳排放量的不同，或者所有使用能源的可替代性不同。[①]

如果征收碳税难以逆转，竞争力受到负面影响的企业通常会采取这样几种应对：第一是顺应政策趋势，按照市场状况来提高产品的价格，将成本上升的部分在一定程度上转嫁给消费者；第二是实施技术上的转变，选择低碳的替代型能源产品，这取决于企业的能源密集程度以及所使用能源的可替代性；第三是采取相对强硬的态度来避免缴纳碳税，有些企业甚至会迁移到其他一些环境政策相对宽松的国家，以此来给政府施压。这要取决于，碳税对企业竞争力的破坏作用是否如此巨大，以至于企业需要进行国家间迁移来做出回应。

二 碳税对贸易竞争力的正向影响

碳税对贸易竞争力可能产生负面影响，但也有可能产生正面影响，有两个支持这一结论的理论："波特假说"和"双重红利"。

（一）"波特假说"

在环境规制方面，有一个著名的"波特假说"（Porter Hypothesis），即只要新的环境规制标准是建立在激励基础之上的，而且受到规制的厂商能够适应新的环境标准，积极进行创新活动，那么严格的环境规制就能够提升厂商的国际竞争力，而且从国家的层面来看，

[①] Baranzini, A., Goldember, J. and Speck, S., "A Future for Carbon Taxes", *Ecological Economics*, 2000, 32: 395–412.

还有利于催生环保产业，刺激生产污染检测和控制设备产业的发展。①他们认为，传统观点是从静态角度出发，假定技术、产品、生产过程和消费需求不变，企业已做出成本最小化的选择。因此，环境规制不可避免地要提高生产成本，从而导致产业绩效下降。但从动态观点看，由于企业并不是总能够做出最优决策，所以合理设置的环境规制政策能够通过为企业提供技术改进的信息和进行创新的动力，使企业面对较高的污染治理成本时，通过投资创新活动来满足规制的要求，这就是环境规制的创新引导作用，从而产生"创新补偿"效应。所以，波特假说认为环境规制会激发革新，提高竞争力，从而抵消增加的成本，尤其当环境标准能够为国际范围广泛接受时。

正如前文所述，碳税是一种典型的激励性环境规制措施，那么它对贸易竞争力的影响，完全有可能是正向的。图 5-2 是根据波特假说建立的碳税效应框架图。在图 5-2 中，因变量用矩形表示，自变量用椭圆形表示，部分自变量被省略了，如政府刺激节能的补贴和政策，这部分变量被假定保持不变，虚线和实线分别表示两种不同途径的影响。

图 5-2 中的实线所示的逻辑关系如下：碳税导致能源价格上涨，企业转向替代因素（主要是劳动力和资本）和能源效率的提高，导致能源消费降低。如果能效提高和替代因素空间有限，提高的能源价格和税收将会导致产量降低，同时单位能源成本上升。虚线表示的是另一个方面的连锁反应：碳税导致能源价格上升，可能会促使公司进行产品创新，最大限度地减少资源利用，或采取各类环保措施，确保更有效地治理污染。作为回报，公司通过绿色形象的建

---

① Porter, M. E. and Linder, C., "Toward a New Conception of the Environment-Competitiveness Relationship", *Journal of Economic Perspectives*, 1995, 9 (4): 97 – 118.

立或绿色产品需求的增加刺激经济，进而提升企业的贸易竞争力。由此可以看出，只要虚线部分的影响超过实线，碳税完全有可能对贸易竞争力产生正面影响。

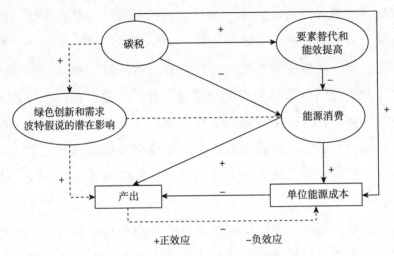

图 5 - 2　波特假说的碳税效应

（二）"双重红利"

"双重红利"（Double Dividend）的概念最早由 Pearce 提出，直接针对碳税。[1]他认为碳税的第一重红利是环境质量的改善，第二重红利是税制扭曲程度的降低，即政府可以实施财政中性的碳税改革，将碳税收入用于减少诸如所得税、公司税、资本税等激励扭曲性税种的税负。"双重红利"假说的含义是，通过税收中性的综合性税制改革，在增收碳税的同时，减免企业与个人的所得税、投资税、社会保障税等，降低现存税制对资本、劳动产生的扭曲作用，维持国家的财政收入不变，从而促成更多的社会就业、国民生产总值持续增长等。这样不仅可以改善环境质量、节约资源，还能够刺激投资和就业，提高竞争力，进而推动经济增长。

---

① Pearce, D., "The Role of Carbon Taxes in Adjusting to Global Warming", *The Economic Journal*, 1991, 101 (407): 938 - 948.

Goulder 将"双重红利"分为双重红利弱效应与双重红利强效应。[①]他认为，弱效应是指，双重红利效应从社会福利角度讲是有积极作用的，税收收入可以用来缩减其他税种所造成的扭曲效应。他认为，相对于一次性财政补偿而言，这样的做法可以节约更多的社会福利成本。比如在美国，对资本的征税比对劳动收入的征税更重，因此在征收碳税的同时，缩减对资本收入的征税，会比缩减对劳动收入的征税节约更高的成本。双重红利强效应则从更宽的角度来考虑环境类税制对整个社会福利的作用，认为碳税不仅是无社会福利成本的，相反能带来福利的净收益。例如，对 GDP 有推动作用，对提升竞争力有所帮助等。

《1993 年欧盟增长、竞争与就业白皮书》将"双重红利"同竞争力提高联系起来，主张提高综合效率，应对"坏的东西"（污染物）征税，而不是对"好的东西"（劳动）征税。此后，大量的研究围绕"双重红利"与竞争力提高展开。欧洲国家的一些案例已经显示，在环境税改革刺激下，实施环境税改革的国家或地区收获了双重收益：既改善了环境质量，又为新产品赢得了市场份额。

三 碳税影响贸易竞争力的实证检验

随着碳税政策影响的不断扩大，国内外学者就碳税影响贸易竞争力进行了实证研究。

Jorgenson 和 Wilcoxen 通过对一个包含税收结构的美国经济跨期一般均衡模型的研究认为，至少在美国，碳税将极大地打击煤炭工业，但对其他能源相关部门，如电力工业和天然气工业的影响则小得多。因此，美国和欧盟国家内部工商界都极力游说政府对脆弱的

---

① Goulder, L. H., "Environmental Taxation and the Double Dividend: a Reader's Guide", *International Tax and Public Finance*, 1995, 2 (2): 157 – 183.

工业部门实行免税措施，以保护其竞争力。[1]Baranzini 等探讨了征收碳税所产生的国家（或企业）竞争力效应、税负转嫁效应以及环境影响，并认为它所带来的主要负面影响可以通过税制的设计以及相应财政收益的使用方式来弥补。[2]Zhang 和 Baranzini（2004）通过对相关文献进行梳理指出，从短期来看单边碳税的实施会对某些行业的影响比较严重，比如能源密集型行业；但从长期看，不一定会导致其国际竞争力减弱。事实上，合理的税收再分配可以有效减少碳税对企业的影响。因此，目前开征碳税的国家出于保护本国产业在国际市场竞争力的考虑，对能源密集型行业往往会实行低税率或税收返还的保护政策。[3]Lee 等基于灰色预测和投入－产出理论，运用模糊目标规划方法构建模型，模拟了三种碳税方案下碳税对中国台湾不同行业所产生的经济影响。结果显示，征收碳税将使上游产业较之下游产业面临更大的产值损失，到 2020 年石化产品制造业的 GDP 损失将达到 23%，但塑料制品业的产值损失仅为 0.9% ~ 1.6%，人造纤维制造业和石化原料制造业分别是减排成本最低和最高的行业，石化原料制造业将面临相对更为严峻的形势。[4]赵玉焕和范静文在对基本引力模型进行改进的基础上，引入一组碳税政策变量构建了碳税对能源密集型产业国际竞争力影响的计量模型，以 21 个 OECD 国家为研究对象，通过对征收碳税对这些国家的能源密集

① Jorgenson, W. and Wilcoxen, J., "Fundamental U. S. Tax Reform and Energy Markets", *Energy Journal*, 1997, 18 (3): 1–30.

② Baranzini, A., Goldember, J. and Speck, S., "A Future for Carbon Taxes", *Ecological Economics*, 2000, 32: 395–412.

③ Zhang, Z., X. and Baranzini, A., "What Do We Know about Carbon Taxed? An Inquiry into their Impacts on Competitiveness and Distribution of Income", *Energy Policy*, 2004, 32: 507–518.

④ Lee, F., Lin, J., Lewis, C. and Chang, F., "Effects of Carbon Taxes on Different Industries by Fuzzy Goal Programming: A Case Study of the Petrochemical-related Industries, Taiwan", *Energy Policy*, 2007, 35 (8): 4051–4058.

型产业（选取 9 个产业）国际竞争力的影响进行计量分析发现，碳税对能源密集型产业的国际竞争力有显著的负面影响，尤其是对区位敏感型产业的国际竞争力的影响更明显。[①]

有部分学者考察了碳税对中国贸易竞争力的影响。胡宗义等利用可计算一般均衡模型分析发现，中国能源产业以及高能耗产业的产出会因为碳税的开征而受到明显削弱，而劳动力密集型的低能耗产业受益比较明显。[②]Wang 等基于 2007 年的投入－产出表，分析了征收碳税对中国 36 个产业部门竞争力的短期影响，考察了各部门产值中的碳税成本比例。研究发现，在 100 元/吨碳的高税率水平下，有必要对某些影响较大的产业实行某种补偿措施，而 10 元/吨碳的低税率水平对所有产业竞争力的影响均很小，这是一个较为合适的起征点。[③]赵玉焕和张继辉使用引力模型，利用 2000～2010 年中国对 9 个样本国家的贸易数据，对碳税征收对中国能源密集型产业国际竞争力的影响进行了实证分析。研究结果表明，碳税对中国能源密集型产业的国际竞争力存在负面影响。[④]

综合来看，目前绝大多数文献集中在分析碳税对中国节能减排和宏观经济的影响上，专门分析碳税对中国制造业贸易竞争力的研究还不多见，尤其缺乏细分行业的研究，下面我们将对此问题进行分析。

[①]　赵玉焕、范静文：《碳税对能源密集型产业国际竞争力影响研究》，《中国人口·资源与环境》2012 年第 6 期。

[②]　胡宗义等：《不同税收返还机制下碳税征收的一般均衡分析》，《中国软科学》2011 年第 9 期。

[③]　Wang Xin, Ji Fengli and Ya Xiongzhang, "An Analysis on the Short-term Sectoral Competitiveness impact of Carbon Tax in China", *Energy Policy*, 2011, 30: 4144 – 4152.

[④]　赵玉焕、张继辉：《碳税对我国能源密集型产业国际竞争力影响研究》，《国际贸易问题》2012 年第 12 期。

第三节 碳税对中国制造业贸易竞争力的
短期影响分析

碳税的征收势必会导致能源要素价格的上升，提高制造业企业的生产成本，进而对其贸易竞争力产生影响。当然，这一影响有短期和长期之分，本节将对短期影响进行分析。

一 分析框架

由于碳税是基于二氧化碳的排放量征收，首先要计算制造业生产过程中使用的一次能源和二次能源的碳排放量。制造业某行业 i 的一次能源二氧化碳的排放量（以 DCO_i 表示）由该行业生产过程中使用的化石燃料产生。DCO_i 可由公式（5-1）求得，其中 E_{ij} 表示 i 行业的 j 种一次能源消耗量，C_j 表示 j 种一次能源中的碳含量，B_j 表示其燃烧率。

$$DCO_i = \sum_j E_{ij} \times C_j \times B_j \qquad (5-1)$$

二次能源二氧化碳的排放量 ICO_i 是制造业生产过程中与用电量有关的排放量，可用公式（5-2）求得，其中 ELE_i 表示产业的用电量，C 表示单位用电的碳排放量。

$$ICO_i = ELE_i \times C \qquad (5-2)$$

虽然各个制造业行业所消费的电在构成上可能有所区别，但由于这些方面的数据无法获得，我们假设每个制造业行业电消费的构成是相同的。单位用电的碳排放量 C 可用公式（5-3）求得：

$$C = \frac{\sum_k EL_k \times C_k \times B_k}{TEI} \qquad (5-3)$$

其中，EL_k表示化石能源 k 所发的电；EC_k 和 EB_k 分别表示化石能源 k 的碳含量和燃烧率。TEI 表示某一年的总发电量。

行业 i 因为碳税增加的直接成本（DC_i）和间接成本（IC_i）可以通过公式（5-4）和（5-5）求得：

$$DC_i = t \times DCO_i \qquad (5-4)$$

$$IC_i = t \times ICO_i \qquad (5-5)$$

其中 t 表示碳税税率，DCO_i 是该产业的一次能源消费的碳排放量，ICO_i 是二次能源消费的碳排放量。

碳税对某行业短期的潜在影响可通过公式（5-6）和（5-7）求得：

$$CTV_i = \frac{DC_i + IC_i}{VA_i} \qquad (5-6)$$

$$MS_i = \frac{VA_i}{MVA} \qquad (5-7)$$

其中，CTV_i 表示 i 行业碳成本增量（DC_i 和 IC_i 之和）除以该行业增加值 VA_i，而 MS_i 等于 i 行业的增加值除以制造业的全部增加值。CTV_i 越高，碳税对该行业的影响越大；MS_i 越高，碳税对整体制造业的影响越大。

在开放经济下，碳税的影响程度还取决于贸易强度。总体上，贸易强度能够较好地衡量一个行业的暴露程度，已经实施碳税的国家决定对某一行业是否给予税收优惠或返还时基本上采取这一指标。强度越大，表示该行业融入世界经济的程度越高。我们用出口强度（EXI_i）和进口强度（IMI_i）来表示碳税对某一产业进出口的影响，分别可以通过公式（5-8）和（5-9）求得：

$$EXI_i = \frac{EX_i}{Y_i - EX_i + IM_i} \qquad (5-8)$$

$$IMI_i = \frac{IM_i}{Y_i - EX_i + IM_i}$$ (5 - 9)

其中，EX_i 表示 i 行业的出口，IM_i 表示 i 行业的进口，Y_i 表示 i 行业的国内生产总值。

出口强度反映了某一行业出口产品相对于内销产品的比例。出口强度越大，则该产业的出口依存度越大。与低 EXI 产业相比，碳税对高 EXI 产业的影响更大，因为其会影响相关产品在国际市场的竞争力。IMI 反映了进口产品在国内市场的占有率。强度越高，表示市场开放度越大，竞争越激烈。碳税对高 IMI 行业竞争力的影响要大于低 IMI 产业。在这种情况下，碳税对竞争力的影响就不甚明显。值得注意的是，一个行业的碳排放量是该行业竞争力的核心决定因素之一。通过区分对国内外市场竞争力的影响，相应的补偿措施也有所不同。例如，可对出口竞争力受到负面影响的产业提供出口退税，而对以内销为主的产业采用其他补偿措施。

二 数据处理

为了使增加值、进出口数据和能源消费数据相互匹配，首先要进行归并。经过处理后，我们考察碳税对 15 个制造业行业的贸易竞争力的短期影响，具体包括：食品制造及烟草加工业（FD）、纺织业（MA）、纺织服装鞋帽皮革羽绒及其制品业（MF）、木材加工及家具制造业（WO）、造纸印刷及文教体育用品制造业（MB）、化学工业（MC）、非金属矿物制品业（MN）、金属冶炼及压延加工业（MS）、金属制品业（MM）、通用专用设备制造业（MG）、交通运输设备制造业（MT）、电气机械及器材制造业（ME）、通信设备计算机及其他电子设备制造业（MP）、仪器仪表及文化办公用机械制造业（MO）、工艺品及其他制造业（OT）。此外，一次性能源包括煤炭、焦炭、原油、汽油、煤油、柴油、燃料油、天然气 8 种。

由于《中国统计年鉴》中的分行业增加值数据只包含具有一定规模的企业，不包含数量众多的中小企业，但《中国能源统计年鉴》包含了全部企业的能源消费，因此我们只能使用投入－产出表的数据进行分析。而且，投入－产出表数据还有一个重要的优势就是具有较强的可比性，均采用生产者价格。不过，投入－产出表并不是每年都编制，每隔几年编制一次，现在最新的是 2010 年的投入－产出表延长表，因而我们基于这一延长表数据进行分析。

能源消费数据来源于《2011 年中国能源统计年鉴》，碳排放相关系数来自 IPCC（2006），其他数据来源于 2010 年中国投入－产出表延长表。

三 结果分析

综合考虑中国国情并借鉴现有研究，我们分别测算了征收 10 元/吨、50 元/吨、100 元/吨、200 元/吨四个水平的碳税对中国制造业贸易竞争力的影响。

（一） 制造业各行业碳成本增加比较分析

表 5－1 是利用上述分析框架测算的制造业各行业由于征收碳税增加的直接成本和间接成本。从中可以看出，由于制造业各行业的能源消费水平以及能源消费结构不同，征收碳税所增加的碳成本在各行业之间存在一定的差别。具体来看，直接碳成本增加较高的是造纸印刷及文教体育用品制造业（MB）、化学工业（MC）、非金属矿物制品业（MN）、金属冶炼及压延加工业（MS）四个行业，尤其是金属冶炼及压延加工业（MS）。以征收 50 元/吨为例，四个行业的碳成本增加幅度分别为 0.553%、0.951%、2.313% 和 3.9%。这几个行业均是典型的高能耗高排放的行业，如果征收碳税，将对这几个行业产生较大的负面影响。如果征收 50 元/吨的碳税，纺织服装鞋帽皮革羽绒及其制品业（MF）、电气机械及器材制造业（ME）、

通信设备计算机及其他电子设备制造业（MP）、仪器仪表及文化办公用机械制造业（MO）、工艺品及其他制造业（OT）五个行业的直接碳成本增加幅度在0.1%以下，影响相对较小，而其他行业位于二者之间，介于0.1%~0.3%。总体上，间接碳成本增加与直接碳成本增加在行业特征上比较相近，但由于金属制品业（MM）用电量较大，该行业的间接碳成本不仅明显高于直接碳成本，而且仅略低于化学工业（MC），在全部制造业中排在第四位。如果征收50元/吨碳税，间接碳成本增加最多的仍然是金属冶炼及压延加工业（MS），为0.636%。从趋势上看，在征收10元/吨碳税时，制造业各行业的碳成本增加不是很明显，无论是直接碳成本还是间接碳成本，都在1%以下，但随着碳税水平的提高，碳成本明显上升。这也意味着，10元/吨碳税对中国制造业贸易竞争力的影响比较小，但税率提高后影响逐渐显现出来，当然，不同行业由于出口强度和进口强度不同，影响也有差别，下面我们具体分析。

表5-1 制造业分行业的碳成本

单位:%

行业	DC_i/VA_i				IC_i/VA_i			
	10 元/吨	50 元/吨	100 元/吨	200 元/吨	10 元/吨	50 元/吨	100 元/吨	200 元/吨
FD	0.045	0.224	0.448	0.896	0.013	0.066	0.133	0.266
MA	0.054	0.269	0.537	1.075	0.046	0.228	0.456	0.912
MF	0.018	0.090	0.180	0.361	0.013	0.063	0.125	0.250
WO	0.036	0.179	0.358	0.716	0.021	0.107	0.213	0.426
MB	0.111	0.553	1.107	2.213	0.038	0.190	0.381	0.762
MC	0.190	0.951	1.902	3.803	0.060	0.301	0.602	1.204
MN	0.463	2.313	4.627	9.254	0.067	0.334	0.668	1.337
MS	0.780	3.900	7.800	15.601	0.127	0.636	1.271	2.542
MM	0.027	0.135	0.269	0.538	0.050	0.252	0.504	1.007

续表

行业	DC_i/VA_i				IC_i/VA_i			
	10 元/吨	50 元/吨	100 元/吨	200 元/吨	10 元/吨	50 元/吨	100 元/吨	200 元/吨
MG	0.036	0.180	0.361	0.722	0.016	0.080	0.161	0.322
MT	0.023	0.115	0.230	0.461	0.017	0.085	0.169	0.338
ME	0.012	0.060	0.120	0.240	0.017	0.084	0.167	0.334
MP	0.008	0.042	0.084	0.167	0.019	0.093	0.185	0.370
MO	0.010	0.049	0.097	0.194	0.014	0.069	0.138	0.275
OT	0.011	0.053	0.106	0.211	0.015	0.077	0.155	0.309

（二） 碳税对国内市场贸易竞争力的影响

征收碳税以后，中国制造业企业将会增加一个额外的碳成本，而进口产品没有增加这一成本，在国内市场的贸易净值力势必会受到一定的影响。[①]当然，影响程度大小不仅取决于碳成本的增加幅度，还取决于行业的开放程度，即进口强度。正如前文所述，一个行业的进口强度越高，其面临的进口竞争就越激烈，征收碳税后贸易竞争力受到的影响有可能更大。随着改革开放不断向纵深推进，中国制造业的国内开放程度已经达到了较高的水平，进口强度在 10% 以上的有 7 个行业，几乎占全部行业的一半，最高的是仪器仪表及文化办公用机械制造业（MO），高达 58.62%（见表 5 - 2）。综合考虑碳成本增加和进口强度，碳税征收对化学工业（MC）的国内市场贸易竞争力的影响程度较大，因为该行业不仅碳成本较高，在全部行业中排第三位，而且进口强度较高，为 12.417%，面临着较为激烈的进口产品竞争；其次是金属冶炼及压延加工业（MS），虽然该行业的进口强度略低一些，为 6.137%，但该行业的碳成本增加幅度最

[①] 我们在第四章已经讨论过，如果对进口产品也征收碳税，目前还存在一些困难和障碍，而且目前实施碳税的国家都没有采取边境调节措施，如碳关税，所以在此假定进口产品的成本不变。

大，在 50 元/吨的情形下就达 4.536%。这两个行业还有一个共同特点是在制造业增加值中占比较高，分别为 14.153% 和 11.461%。另外一个行业是造纸印刷及文教体育用品制造业（MB），该行业的进口强度为 5.284%，碳成本的增加幅度也较大，碳税对其国内市场的贸易竞争力会有一定的负面影响，不过，该行业在增加值中所占比重较低，仅为 3.355%，总体影响不会太大。非金属矿物制品业（MN）虽然碳成本增加幅度最大，但其进口强度非常低，只有 1.484%，碳税对其国内市场贸易竞争力的影响不大。

其他行业大概可以分为两类：一类是进口强度很高，但碳成本增加幅度较低，如通信设备计算机及其他电子设备制造业（MP）、仪器仪表及文化办公用机械制造业（MO）、工艺品及其他制造业（OT）等；另一类是碳成本增加了一定幅度，但进口强度较低，如纺织服装鞋帽皮革羽绒及其制品业（MF）、木材加工及家具制造业（WO）、金属制品业（MM）等。只要碳税征收不超过 50 元/吨，这两类制造业行业在国内市场的贸易竞争力所受到的负面影响是比较有限的。

表 5-2　碳税对中国制造业贸易竞争力的影响

单位:%

行业	$CTVi$				MS_i	IMI_i	EXI_i
	10 元/吨	50 元/吨	100 元/吨	200 元/吨			
FD	0.058	0.290	0.581	1.162	11.141	3.586	3.264
MA	0.099	0.497	0.993	1.987	5.267	3.916	36.562
MF	0.031	0.153	0.305	0.611	3.632	3.974	30.316
WO	0.057	0.286	0.571	1.142	2.267	3.610	21.066
MB	0.149	0.744	1.487	2.975	3.355	5.284	11.603
MC	0.250	1.252	2.504	5.008	14.153	12.417	9.867

续表

行业	CTVi				MS$_i$	IMI$_i$	EXI$_i$
	10 元/吨	50 元/吨	100 元/吨	200 元/吨			
MN	0.530	2.648	5.295	10.591	6.893	1.484	4.911
MS	0.907	4.536	9.071	18.143	11.461	6.137	4.377
MM	0.077	0.386	0.773	1.546	3.590	3.299	15.870
MG	0.052	0.261	0.522	1.043	10.986	14.059	10.413
MT	0.040	0.200	0.399	0.799	8.791	10.005	8.558
ME	0.029	0.143	0.287	0.574	5.723	10.421	22.738
MP	0.027	0.134	0.269	0.538	6.818	35.251	48.152
MO	0.023	0.117	0.235	0.470	1.173	58.620	42.476
OT	0.026	0.130	0.260	0.520	4.751	22.953	11.098

（三）　碳税对出口贸易竞争力的影响

长期以来，出口贸易竞争力一直是各国政府制定碳税政策时考虑的重要因素。中国作为外向型的发展中大国，这个问题尤其重要。同样，征收碳税对出口贸易竞争力的影响也取决于碳成本增加和出口强度两个因素。出口强度在10%的以上有11个行业，其中4个行业在30%以上，明显高于进口强度。在其他条件不变的情况下，征收碳税对出口贸易竞争力的影响程度要高于对国内市场贸易竞争力的影响。具体来看，出口贸易竞争力受影响较大的是化学工业（MC），虽然该行业出口强度为9.867%，在全部行业中属于相对较低的水平，但其碳成本增加的幅度较大，在50元/吨情形下就达1.252%，且该行业在制造业增加值中占比较高，因而，综合这些因素得出，该行业的出口贸易竞争力受碳税的影响还是比较大的。与化学工业（MC）相似，造纸印刷及文教体育用品制造业（MB）和金属制品业（MM）虽然出口强度不高，分别为11.603%和15.87%，但其碳成本增加幅度位于前列，在50元/吨情形下分别为

0.744% 和 0.386%，碳税对这两个行业出口贸易竞争力的影响不可小觑。还有，纺织业（MA）的出口贸易竞争力受到的影响也较大，该行业是中国比较优势较为显著的行业，也是中国贸易顺差的重要来源，出口强度高达 36.562%，而且碳成本增加幅度相对也比较大，在 50 元/吨的情形下接近 0.5%。非金属矿物制品业（MN）由于出口强度高于进口强度，其出口贸易竞争力受碳税的影响大于其国内市场贸易竞争力受到的影响，而金属冶炼及压延加工业（MS）恰好相反。其他行业由于碳税引起的成本增加幅度不大，在 50 元/吨的情形下不超过 0.3%，虽然出口强度高低不一，只要税率不要太高，碳税对这些行业的出口贸易竞争力影响还比较有限。

上述短期影响的分析表明，在碳税为 10 元/吨时，碳成本增加不大，对中国制造业贸易竞争力的影响比较小。在碳税为 50 元/吨或以上时，一些行业的国内市场贸易竞争力或出口贸易竞争力开始受到负面影响，且与碳税税率呈正比关系，这就需要采取差别税率、税收返还等措施将负面影响控制在较低水平，以免对贸易竞争力产生较大的冲击。

第四节　碳税对中国制造业贸易竞争力的长期影响分析

本节将基于动态可计算一般均衡模型考察开征碳税对中国制造业贸易竞争力长期的、动态的影响，为科学决策提供坚实基础。

一　碳税可计算一般均衡模型建立

近年来，擅长模拟和分析政策效果的可计算一般均衡模型（CGE）已成为国内外研究碳税政策影响的主流分析工具。CGE 模型在传统的投入－产出基础上，引入了通过价格激励发挥作用的市场机制和政策工具，从而将生产、需求、国际贸易和价格有机地结合在一起，以刻画在混合经济条件下，不同产业、不同消费者对由一定政策冲击所导致的相对价格变动的反应，非常适合用于碳税政策的模拟分析。

本节建立的碳税 CGE 考虑 7 个能源行业、2 个采矿业、15 个制造业行业、农业以及服务业，共 26 个行业（见表 5 - 3）。模型包括生产模块、收支模块、对外贸易模块、碳税模块、宏观闭合与动态模块五个基本模块，下面对这些模块进行描述。[①]

表 5 - 3　模型中行业代码及名称

CL	煤炭开采与洗选业	WO	木材加工及家具制造业
OL	石油开采业	MB	造纸印刷及文教体育用品制造业
NG	天然气开采业	MC	化学工业
RO	石油及核燃料加工业	MN	非金属矿物制品业
CK	炼焦业	MS	金属冶炼及压延加工业
EL	电力、热力的生产和供应业	MM	金属制品业
GS	燃气生产和供应业	MG	通用专用设备制造业
AG	农业	MT	交通运输设备制造业
FM	金属矿采选业	ME	电气机械及器材制造业
NM	非金属矿及其他矿采选业	MP	通信设备计算机及其他电子设备制造业
FD	食品制造及烟草加工业	MO	仪器仪表及文化办公用机械制造业
MA	纺织业	OT	工艺品及其他制造业
MF	纺织服装鞋帽皮革羽绒及其制品业	SE	服务业

① 碳税可计算一般均衡与碳关税可计算一般均衡在模块上有很多是相同的，为了节省篇幅，此处只做一些简单描述，详细内容请参阅第四章第三节。

（一） 生产模块

生产模块定义了经济系统中的生产要素、生产函数及其相互关系等，其中生产函数有不变替代弹性生产函数（Constant Elasticity of Substitution，CES）和 Leotief 函数两种类型。我们采用 GTAP－E 模型中的嵌套结构形式，即中间投入的组合只包括非能源投入，而将能源投入与资本进行 CES 嵌套。资本—能源 CES 合成的嵌套结构中依照各种能源投入的替代程度自下而上依次组合，即替代程度高的先组合，替代程度低的后组合，然后再将最后得到的综合能源合成品与资本进行组合，共五层嵌套：第一层为煤炭、原油、成品油、天然气、燃气与焦炭化石能源合成；第二层为化石能源与电力的合成；第三层为能源与资本的合成；第四层为资本能源与劳动投入的合成，即增加值合成；第五层为资本能源劳动合成与中间投入的合成（见图 5－3）。此外，增加值（KEL）与中间投入品（INT）以及

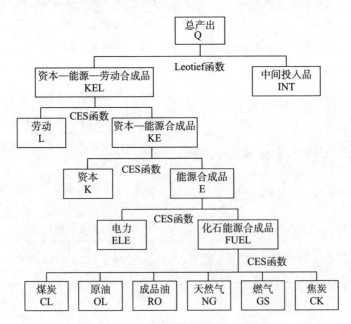

图 5－3　五层嵌套生产结构

中间投入品之间采用 Leontief 函数。Leontief 函数实际上是 CES 函数的一种极端情况，即替代弹性为 0，价格的变化不会对产出产生影响，对于某种投入要素的需求是产出的固定份额。

（二）　收支模块

本模块主要说明居民、企业和政府的收入来源与支出。居民的主要收入来源是通过付出劳动获得的报酬收入，此外，还有一个部分收入是资本要素所得以及国外、政府对居民的转移支付，居民收入扣除个人所得税之后即为可支配收入，可以用来消费和储蓄。企业的收入主要依靠资本要素所得，还有一部分来源于政府对企业的转移支付。政府收入主要来自向居民和企业征税，还有一部分来自国外对政府的转移支付：

$$YGOV = \sum_a tind_a \cdot PA_a \cdot QA_a + ti_h \cdot YH + ti_{ent} \cdot YENT + CTAX +$$
$$\sum_c tm_c \cdot pwm_c \cdot QM_c \cdot EXR + transfr_{grow} * EXR \qquad (5-10)$$

其中，$YGOV$、YH 和 $YENT$ 分别表示政府收入、居民收入和企业收入；$tind$、ti_h 和 ti_{ent} 分别表示间接税税率、个人所得税税率和企业所得税税率；a 和 c 分别表示活动和商品；tm_c 和 QM_c 分别表示进口关税税率和进口额；EXR 和 $transfr_{grow}$ 分别表示汇率和国外对政府的转移支付；$CTAX$ 为总的碳税税额。与前面的不同之处在于，政府由于征收碳税增加了 $CTAX$。

政府支出包括政府购买、对居民的转移支付、对企业的转移支付以及出口退税，结余部分作为政府储蓄。政府购买商品的支出按照柯布－道格拉斯效应（C－D）函数来分配，而居民的消费支出采用扩展线性支出系统（Extended Linear Expenditure System，ELES）。

（三）　对外贸易模块

生产者基于销售收入最大化原则，采用不变转换弹性函数（Constant Elasticity of Transformation，CET）将产出供应国内和出口。

国内市场的商品需求采用"阿明顿假设"（Armington Assumption），即各国或地区商品之间也存在着不完全替代性。[①]那么，国内市场商品则是通过 CES 函数由进口和国内生产两部分组成。

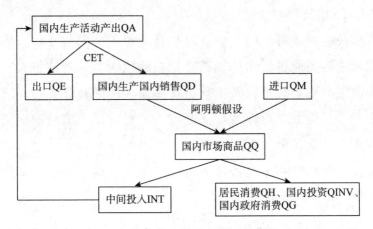

图 5 - 4　对外贸易模块结构

中国出口快速增长，对国际市场价格的影响有所上升，小国假设已经不适用于中国。鉴于此，我们采用大国假设：

$$QE_a = EXP_a \left(\frac{\overline{pwse_a}}{pwe_a} \right)^{\sigma_{ex}} \qquad (5-11)$$

其中，QE_a 表示出口额，pwe_a 表示世界出口价格，$\overline{pwse_a}$ 为初始世界出口价格，假定为 1，EXP_a 为转换系数（Transforming Parameter），σ_{ex} 为出口需求弹性，参考现有文献，σ_{ex} 取 2。由（5 - 11）式可以看出，世界出口价格不再是固定不变的，中国制造业的出口额上升将导致世界出口价格下降。

（四）　碳税模块

碳税的征收环节目前主要有两种模式，一种是"PPP 模式"，即

---

① Armington, P. A., A Theory of Demand for Products Distinguished by Place of Production, IMF Staffpaper, 1969, 16（1）: 159 - 178.

"污染者付费"原则；另一种是"UPP 模式"，即"使用者付费"原则。前者指按石化燃料的产量向生产企业征收碳税，后者按照石化能源的消费量向消费者征收碳税。从充分发挥碳税政策效应的角度考虑，在消费环节征税，并采取价外税的形式，更有利于刺激消费者减少能源消耗。考虑到中国目前对煤炭、天然气和成品油征税的实际做法，在化石能源和电力生产环节征税更能保障碳税的有效征收，减少税收征管成本。

由于化石能源和电力的最终投资、消费等需求在总需求中所占的比重不大，结合中国国情以及一些实施碳税国家的经验，我们假设对最终需求部分不征收碳税，仅在化石能源和电力的中间投入使用环节征税。具体碳税设计如下：

$$CTAX_j = tc \cdot \sum_a E_{aj} \cdot \theta_j \qquad (5-12)$$

其中，$CTAX_j$ 为化石能源或电力征收的碳税，tc 为每吨二氧化碳排放所征收的碳税税额，E_{aj} 为行业 a 消费化石能源或电力的数量，θ_j 为二氧化碳排放系数。

基准情形（BAU）确定以后，计算化石能源和电力的碳税税额以后，就可以将碳税的税率转化为从价税率，即对某种化石能源或电力征收的碳税税收与其国内需求的价值量之比：

$$tc_j = \frac{CTAX_j}{PQ_j \cdot QQ_j} \qquad (5-13)$$

由此，化石能源需求和电力需求的价格将变为（$1 + t_{cj}$）PQ_j，这将直接影响到生产函数第四层电力和第五层各种化石能源的使用成本，从而对中国制造业的贸易竞争力产生影响。

（五）　宏观闭合与动态模块

在 CGE 模型中，为了使经济达到均衡状态，需要市场出清并根据宏观经济理论设定宏观闭合。对于商品市场而言，国内市场的商品供给等于需求；对于要素市场而言，我们采用劳动、资本充分调整的假设。为了实现模型的宏观闭合，在政府收支闭合中，我们选择各类税率外生而政府储蓄内生的闭合法则；在国际收支平衡中，选择国外储蓄内生、汇率外生的闭合法则；在投资模块中，采用了新古典的闭合法则，认为总投资由总储蓄决定，即总投资等于来自于所有经济主体的总储蓄。而模型的动态通过三个途径实现：劳动增长、资本积累以及技术进步，仍然采用碳关税可计算一般均衡模型的设定（见第四章第三节），不再赘述。

二 模拟情景设置

借鉴欧洲碳交易市场价格以及现有的研究，并考虑中国的国情，我们将利用上述碳税可计算一般均衡模型，模拟分析 2020 年中国开始征收 50 元/吨、100 元/吨和 200 元/吨的碳税对中国制造业贸易竞争力的影响。征收碳税后，能源价格的提高将导致投入要素价格相对发生变化，企业生产成本提高，但是碳税收入的不同循环使用，如在征收碳税的同时降低居民所得税、企业所得税、企业间接税等有可能会产生"双重红利"。因此，我们既模拟分析税收不返还，也模拟分析税收不同返还方式时征收碳税对中国制造业贸易竞争力的影响（见表 5 - 4）。

表 5 - 4　模拟情境设定

情境	具体描述
Sim0	对生产部门中间投入能源征收碳税，对最终需求部门不征收碳税。碳税不返还，作为一般财政收入。
Sim1	对生产部门中间投入能源征收碳税，对最终需求部门不征收碳税。同时降低居民所得税税率，保持政府财政收入中性。此时，居民所得税税率为内生变量，政府总的财政收入为外生变量。

续表

情境	具体描述
Sim2	对生产部门中间投入能源征收碳税，对最终需求部门不征收碳税。同时降低企业所得税税率，保持政府财政收入中性。此时，企业所得税税率为内生变量，政府总的财政收入为外生变量。
Sim3	对生产部门中间投入能源征收碳税，对最终需求部门不征收碳税。同时降低企业间接税税率，由于部分的间接税税率并不相等，将部门的间接税税率降低相同的百分比，保持财政收入中性，即政府的总收入不变。此时，间接税税率降低比例为内生变量，政府总的财政收入为外生变量。

三　模拟结果与分析

（一）不采用税收返还时的影响

1. 对国内市场贸易竞争力的影响

理论上，衡量一国产业在国内市场的竞争力有多种指标，如利润率、市场份额、生产效率等，它们各有优劣，其中最直观的指标就是市场份额。基于此，我们通过这一指标考察征收碳税对我国制造业国内贸易竞争力的影响。

由表5-5可以看出，征收碳税对中国制造业国内市场贸易竞争力的影响呈现出以下几个特点：①碳税对制造业国内市场份额的影响程度与税率呈正相关关系。2020年征收50元/吨碳税所导致的市场份额下降，大部分行业都在1%以下，但随着税率的提高，在200元/吨碳税时，有8个行业的市场份额的下降超过2%，化学工业甚至高达7%，影响程度明显提高。②碳税对高碳行业的影响较为显著。以2020年征收200元/吨的碳税为例，市场份额下降幅度较大的有化学工业（MC）、非金属矿物制品业（MN）、金属冶炼及压延加工业（MS）三个行业，分别为-7.628%、-3.846%和-5.256%。这三个行业是典型的高排放行业，碳税对其国内贸易竞争力的影响较为显著。另外，由于金属制品业（MM）、通用专用设备制造业（MG）、交通运输设备制造业（MT）、电气机械及器材制造业（ME）等几个行业与高碳行业存在较为显著的前向和后向的产业关联，从而导致对这几个行业的影响也较大，一般都在 2 个百分点以上。虽然造纸印刷及文教体育用品制造业（MB）的碳排放强度也较高，但由于这一行业的产品具有特殊性，征收碳税对其国内市场份额的影响并不是很大。③随着时间的推移，征收碳税对制造业贸易竞争力的影响趋于下降。在征收 50 元/吨碳税的情况下，木材加工及家具制造业（WO）、造纸印刷及文教体育用品制造业（MB）等行业在 2025 年的市场份额已经为正。不仅如此，对高排放行业的影响程度也在逐步降低，在征收 200 元/吨碳税的情况下，2030 年只有化学工业（MC）下降幅度在 3% 以上。这主要是能源使用效率提高、消费和生产结构调整的结果。

另外，有部分制造业行业被征收碳关税后不仅没有出口下降，反而有一定幅度的增长，包括食品制造及烟草加工业（FD）、纺织服装鞋帽皮革羽绒及其制品业（MF）、通信设备计算机及其他电子设备制造业（MP）、仪器仪表及文化办公用机械制造业（MO）等。这几个行业的共同特点是碳排放强度相对较低，中国的优势较为显著。征收碳关税后，社会资源将向这些低碳行业转移，导致这些行业的市场份额有了一定幅度的扩张。

从上述分析可以发现，征收碳税对中国制造业国内市场贸易竞争力的影响主要集中在高碳行业以及与这些关联较强的行业，征收初期的负面影响尤为显著。

表 5 - 5 　征收碳税对中国制造业国内市场份额的影响

单位:%

	2020			2025			2030		
	50元/吨	100元/吨	200元/吨	50元/吨	100元/吨	200元/吨	50元/吨	100元/吨	200元/吨
FD	0.306	0.416	0.408	1.033	0.826	1.033	0.734	0.419	1.572
MA	-0.527	-1.434	-1.742	-0.210	-0.525	-0.315	-0.418	-0.209	-1.253
MF	0.540	0.423	0.212	0.706	0.330	0.624	1.178	0.857	1.285
WO	-0.512	-0.614	-0.716	0.308	-0.308	0.120	0.103	0.180	0.413
MB	-0.114	-0.405	-0.732	0.312	-0.831	-1.350	0.209	-0.418	-0.837
MC	-2.996	-5.104	-7.628	-1.871	-2.523	-4.938	-1.577	-3.153	-3.384
MN	-1.058	-1.319	-3.846	0.442	-1.215	-2.215	-0.221	-0.842	-1.553
MS	-1.315	-2.261	-5.256	-1.105	-1.630	-3.944	-0.105	-1.419	-2.838
MM	-0.102	-1.127	-2.639	-0.102	-0.615	-1.434	0.000	-0.307	-1.127
MG	-0.658	-1.044	-2.188	-0.263	-0.553	-1.763	0.675	-0.484	-1.024
MT	-1.108	-1.501	-1.715	0.642	-0.749	-0.321	0.214	-0.107	-0.107
ME	-1.045	-1.292	-2.552	0.323	-0.592	-1.076	0.432	-0.216	-0.324
MP	0.221	1.163	1.638	0.478	1.091	1.626	0.549	1.196	2.098
MO	0.303	0.706	1.212	0.501	0.902	1.708	0.604	1.809	3.112
OT	-1.238	-1.675	-2.455	0.883	-1.522	-2.261	0.619	0.124	-1.485

2. 对出口贸易竞争力的影响

征收碳税不仅对中国制造业国内市场贸易竞争力产生影响,对出口贸易竞争力也会产生一定的影响。鉴于出口在中国经济中的重要地位,还需要对此进行分析。由表 5 - 6 可以看出,碳税对中国制造业出口贸易竞争力的影响在行业间存在较大差别。具体来看,呈现以下几个特点。

一是征收碳税将使中国制造业大部分行业出口下降。2020 年征收碳税后,只有纺织服装鞋帽皮革羽绒及其制品业(MF)、通信设备计算机及其他电子设备制造业(MP)、仪器仪表及文化办公用机械制造业（MO）三个行业的出口有一定幅度的上升，其他行业均有不同程度的下降。这三个行业是中国比较优势相对显著的行业，也是碳排放强度较低的行业。征收碳税后，这些行业的成本上升较少，再加上其他行业资源向这几个行业转移，两个因素共同作用导致了碳税不仅没有降低反而增加了出口。

二是征收碳税影响程度的大小不仅与行业碳排放强度相关，还与行业特点相关。征收碳税对金属冶炼及压延加工业（MS）出口的影响最大，2020年征收200元/吨碳税，将导致其出口下降13.162%，其次是纺织业（MA）、非金属矿物制品业（MN）、化学工业（MC）三个行业，在7%~8%。上述四个行业的碳排放强度相对较高，而且国际市场的竞争较为激烈，碳税成本的增加将导致其出口贸易竞争力受到较大的负面影响。金属制品业（MM）、通用专用设备制造业（MG）、交通运输设备制造业（MT）三个行业出口受碳税的影响也较大，2020年征收200元/吨碳税时分别下降5.173%、6.507%和4.116%。虽然这些行业属于资本密集型行业，直接的碳排放强度不是很高，但这些行业的投入要素很多来源于高排放行业，间接的成本上升不容小觑。其他行业出口受到碳税的冲击较小，特别是在碳税税率较低的情况下。

三是随着时间推移，碳税对中国制造业出口贸易竞争力的影响在不同行业存在一定差异。从动态角度来看，征收碳税对低碳行业出口的负面影响不断减弱，部分行业甚至由负转为正，如食品制造及烟草加工业（FD）、电气机械及器材制造业（ME）等，征收50元/吨或100元/吨的碳税在2030年的影响已经为正向。不过，对于高碳行业的负面影响不仅没有减弱，反而进一步加强。在征收200元/吨的碳税的情形下，金属冶炼及压延加工业（MS）、化学工业（MC）、非金属矿物制品业（MN）三个行业出口的下降幅度在2030年要高于2020年的水平，分别为15.257%、9.605%和9.106%。此外，在征收较高水平的碳税时，金属制品业（MM）和造纸印刷及文教体育用品制造业（MB）两个行业也有较大幅度的上升，2030年分别达到 9.289% 和 8.787%。碳税作为最有效的市场化手段，实施以后将会导致生产结构的持续调整，从而导致了这一现象的出现。

表 5-6　征收碳税对中国制造业出口的影响

单位:%

	2020			2025			2030		
	50 元/吨	100 元/吨	200 元/吨	50 元/吨	100 元/吨	200 元/吨	50 元/吨	100 元/吨	200 元/吨
FD	-0.451	-1.710	-2.623	0.595	-0.038	-1.148	1.193	2.018	2.679
MA	-2.963	-3.878	-7.601	-1.741	-2.816	-4.397	-1.088	-1.961	-3.721
MF	1.303	0.622	1.584	1.929	1.278	2.119	1.245	2.526	3.412
WO	-1.564	-2.240	-4.226	-1.590	-2.386	-4.418	-1.705	-2.158	-4.292
MB	-0.507	-2.150	-2.952	-3.630	-3.972	-8.446	-4.388	-3.521	-8.787
MC	-2.099	-4.437	-7.262	-2.706	-5.887	-9.548	-3.034	-5.610	-9.605
MN	-2.952	-3.828	-7.533	-3.148	-4.694	-8.712	-3.156	-5.039	-9.106
MS	-4.901	-6.944	-13.162	-4.934	-7.208	-13.491	-5.225	-8.506	-15.257
MM	-1.660	-2.996	-5.173	-1.729	-5.772	-8.334	-2.226	-6.134	-9.289
MG	-1.193	-3.664	-6.507	-1.715	-3.808	-6.137	-0.273	-2.864	-3.879
MT	-1.828	-3.577	-4.116	-1.399	-4.730	-6.810	0.814	-4.512	-4.108
ME	-1.639	-2.406	-3.495	-0.512	-1.502	-2.460	0.378	0.784	-0.673
MP	1.841	0.787	1.365	0.206	1.630	2.374	0.558	0.655	0.903
MO	1.217	0.956	0.525	0.610	1.510	0.467	1.396	1.034	1.700
OT	-0.386	-1.836	-2.469	-1.661	-1.905	-3.962	-1.559	-1.331	-3.210

（二）税收中性时的影响

1. 对国内市场贸易竞争力的影响

图 5-5 是在税收中性条件下 2020 年征收 100 元/吨的碳税对制造业国内市场份额的影响。从中可以看出，总体上，在税收中性条

件下，碳税对中国制造业国内市场贸易竞争力的负面影响有所下降，当然，由于不同行业特点不同，之间也存在一定差别。从竞争力角度来看，降低企业间接税税率要优于降低居民所得税和企业所得税，不仅大部分行业市场份额下降幅度明显减少，如化学工业（MC）市场份额下降幅度由5.104%减少至3.501%，而且部分行业的市场份额已经由下降变为增加，包括金属制品业（MM）、通用专用设备制造业（MG）等。因此，为避免碳税对制造业贸易竞争力产生负面影响，降低企业间接税税率的中性政策是较好的选择。

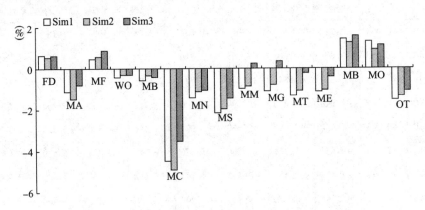

**图 5 − 5　2020 年税收中性时碳税对制造业国内市场
份额的影响（100 元／吨碳）**

2. 对出口贸易竞争力的影响

采取相同的情境设定可以模拟不同税收返还下碳税对中国制造业出口的影响（见图 5 −6）。如果征收的碳税收入用于降低居民所得税，其对中国制造业出口贸易竞争力的影响与作为政府一般财政收入时基本相同。如果征收的碳税收入用于降低企业所得税（Sim2）或用于降低企业间接税（Sim3），总体上有利于降低碳税对出口贸易竞争力的影响，但从程度上来看，降低企业间接税的中性税收政策在缓解碳税对出口贸易竞争力的影响方面作用更为显著。金属冶炼及压延加工业（MS）、化学工业（MC）、非金属矿物制品业（MN）、纺织业（MA）等几个受碳税影响较大的行业，在 Sim3 情境下出口的下降幅度明显降低，而交通运输设备制造业（MT）和电气机械及器材制造业（ME）两个行业所受的影响更是由负变正，不仅没有下降，反而有所上升。

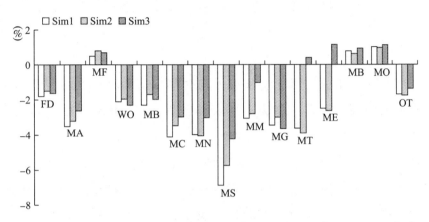

图 5 - 6　2020 年税收中性时碳税对制造业出口的影响（100 元/吨碳）

第五节　本章小结

本章在回顾碳税的内涵、国外开征碳税的现状以及碳税经济效应的基础上，通过投入 - 产出表和动态可计算一般均衡模型，分别从短期和长期分析了碳税对中国制造业贸易竞争力的影响。结果显示：①较低的碳税税率在短期内对中国制造业的国内市场贸易竞争力以及出口贸易竞争力的影响较小，但随着碳税税率水平的提高，影响会越来越大；②如果中国 2020 年征收碳税，高碳行业无论是国内市场贸易竞争力还是出口贸易竞争力都会受到较大的影响，尤其是后者所受影响具有很强的持续性，在 2030 年仍然较为显著；③从税收循环使用来看，降低企业间接税的中性税收政策对减缓贸易竞争力影响的作用较为显著。如果中性税收政策设计合理，中国征收碳税获得"双重红利"完全是有可能的。

第六章 低碳经济条件下环境规制强度影响中国制造业贸易竞争力分析

经过几十年的发展，中国的劳动密集型产品不仅在世界市场上占有很高份额，而且一些资本技术密集型产品的国际竞争力也有了大幅提高，中国已经成为世界第一大出口国。另一个重要事实是，以煤炭为主的能源结构、相对较低的能源利用效率等因素导致了中国制造业单位价值的污染强度相对较高。低碳经济条件下，中国面临的国内外压力越来越大，加强环境规制是必然趋势，这就需要我们深入研究环境规制对我国制造业贸易竞争力的影响，为国家制定环境政策、产业政策以及外贸政策提供一些建议参考。

第一节 中国环境规制现状分析

一 中国环境污染的现状分析

随着经济的快速发展，中国自然资源和生态环境都遭到了严重的破坏，环境质量下降严重，环境恶化的速度仍然没有得到有效控制。下面我们将以工业"三废"为例，对中国环境污染的现状进行分析，并比较中国的环境可持续能力。

（一）工业"三废"排放情况分析

1. 工业废气排放情况

由表 6-1 可以看出，近年来，中国工业废气的排放量呈不断增长态势，2011 年高达 674509 亿标立方米，2012 年有所下降，但仍然高达635519亿标立方米，是2000年的4.6倍，成为中国环境污染的重要来源之一。到目前为止，中国工业废气排放还没有得到有效控制，其排放强度基本处于逐年增长之中，从2000年的165.83亿标立方米/万元，增长至2012年的410.07亿标立方米/万元，年均增长率达到8.12%。[①]虽然2008年和2012年排放强度的增长率出现负值，但总体趋势仍然没有出现实质性扭转。工业生产造成的废气排放包括二氧化硫、二氧化碳、工业粉尘、工业烟尘等，这些废气排放变化各不相同，下面我们进一步分析二氧化硫和工业粉尘的排放情况。[②]

二氧化硫是造成酸雨污染的最主要因素，对环境有着举足轻重的影响。中国工业二氧化硫排放呈现"先升后降"的特点，2006年达到峰值2588.8万吨，此后开始下降，2012年为1911.7万吨，略低于2000年的水平。同样，二氧化硫的排放强度也出现先增后降的现象。以2005年为分界点，二氧化硫的排放从2000年的193.91吨/亿元上升到2005年的203.81吨/亿元，此后下降到2012年的123.35吨/亿元，年平均增长率为 - 3.48%。由此可知，中国工业二氧化硫的排放强度有了一定幅度的下降，但总量仍然维持在较高水平，减排压力依然巨大。

工业粉尘的排放量也是衡量环境污染的重要指标之一。如表6 - 1所示，中国工业粉尘基本上得到了有效控制，排放总量基本处于不断下降之中，2010年为448.7万吨，比2000年下降了60%，而且排放强度也呈现出逐年下降的趋势，2000年的排放强度为131.09吨/亿元，到2010年其排放强度仅为32.46吨/亿元，年均增长率为 - 12.7%。

---

① 排放强度为每亿元污染物的排放量，其中 GDP 为2000年可比价格。

② 二氧化硫排放增加是导致废气排放增加的重要原因之一，详细内容见第三章。

表 6 - 1　2000 ~ 2012 年中国工业废气排放情况

年份	工业废气		工业粉尘		工业二氧化硫	
	排放量（亿标立方米）	排放强度（亿标立方米/万元）	排放量（万吨）	排放强度（吨/亿元）	排放量（万吨）	排放强度（吨/亿元）
2000	138145	165.83	1091.0	131.09	1995.1	193.91
2001	160863	190.41	990.6	117.26	1947.2	185.37
2002	175257	200.38	941.0	107.59	1926.6	178.59
2003	198906	216.65	1021.3	111.24	2158.5	195.14
2004	237696	236.83	904.8	90.15	2254.9	188.45
2005	268988	252.82	911.2	85.64	2549.4	203.81
2006	330990	300.00	808.4	73.27	2588.8	202.56
2007	388169	331.60	698.7	59.72	2468.1	182.90
2008	403866	317.60	584.9	46.00	2321.2	156.60
2009	436064	341.72	523.6	41.03	2214.4	146.22
2010	519168	375.58	448.7	32.46	2185.1	134.88
2011	674509	447.02	–	–	2217.9	133.69
2012	635519	410.07	–	–	1911.7	123.35

资料来源：《中国环境统计年鉴》（2001 ~ 2013）。

2. 工业废水排放情况

从总量上来看，中国工业废水排放没有明显上升或下降的趋势，有一定的波动性，基本上在 200 亿吨 ~ 250 亿吨，2012 年为 221.6 亿吨，比 2000 年减少了 35.8 亿吨（见表 6 - 2）。从强度来看，2000 ~ 2012 年中国工业废水的排放强度呈现出逐年下降的趋势。2000 年的工业废水排放强度为 240927.4 吨/亿元，而到了 2012 年降至 142987.4 吨/亿元，年平均增长率为 - 4.18%，其中 2008 年和 2011 年的降幅较为显著，分别为 - 9.82% 和 - 10.94%。工业废水一直以来都是中国环境治理的重点对象之一，2007 年以后无论是排放总量还是排放强度均开始下降，这一趋势还在持续。

工业废水的主要成分是化学需氧量（COD）。如表 6-2 所示，除 2005 年外，2000~2012 年中国工业化学需氧量（COD）的排放量和排放强度基本上都呈现出下降的趋势，排放量从 2000 年的 607.5 万吨，下降至 2012 年的 338.5 万吨，排放强度由 72.99 吨/亿元下降至 21.84 吨/亿元。

表 6-2　2000~2012 年中国工业废水与 COD 排放情况

年份	工业废水		工业 COD	
	排放量（亿吨）	排放强度（吨/亿元）	排放量（万吨）	排放强度（吨/亿元）
2000	257.4	240927.4	607.5	72.99
2001	249.0	239936.5	584.0	71.91
2002	222.0	236897.4	511.9	66.77
2003	194.2	231350	509.7	55.76
2004	197.8	220292.2	554.8	50.78
2005	216.0	228490.7	493.2	52.14
2006	208.0	217710.7	462.6	49.15
2007	246.6	210759.1	453.1	43.67
2008	241.7	190069.8	404.8	35.99
2009	220.9	183762.9	379.2	34.46
2010	237.5	171815.9	434.8	31.45
2011	230.9	153024.6	354.8	23.51
2012	221.6	142987.4	338.5	21.84

资料来源：《中国环境统计年鉴》（2001~2013）。

3. 工业固体废物排放情况

如图 6-1 所示，近年来中国工业固体废物排放处于不断下降之中，2000 年的排放量为 3186.2 万吨，而 2010 年已经降至 500 万吨以下，降幅高达 84.37%。与此同时，2000～2010 年工业固体废弃物的排放强度呈现出逐年下降的趋势。2000 年的排放强度为 382.46 吨/亿元，到 2010 年，排放强度则下降为 36.03 吨/亿元，降幅高达 90.58%。这说明，中国工业固体废弃物的排放量得到了很好的控制。

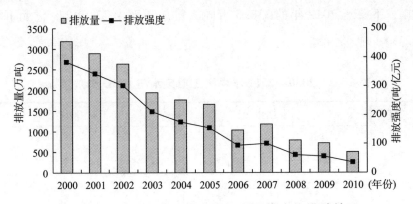

图 6 – 1　2000～2010 年中国工业固体废物排放情况

资料来源：《中国环境统计年鉴》（2001～2011）。

（二）　环境可持续发展比较分析

随着环境污染越来越严重以及可持续发展理念逐步普及，世界经济论坛的明日全球指数（GLT）环境课题组、耶鲁大学环境法律与政策中心（YCELP）和哥伦比亚大学国际地球科学信息网络中心（CIESIN）合作创立了环境可持续性指数（Environmental Sustainability Index，ESI），共设立 21 个指标、68 个变量，分属 5 个组成部分，其目的在于衡量一个国家或地区能为其后代人保持良好环境状态的能力。ESI 为跨国比较环境问题提供了一个系统的指标，为分析环境政策问题提供了一个基础，在国家或地区确定优先进行的政策改善、量化政策和项目成功状况、促进调查经济和环境发展的相互关系、确定影响环境可持续能力的主要因素等各方面，提供了参考标准。针对 ESI 存在的不足，也为了使联合国"千年发展目标"中的可持续发展目标落到实处并能得到精确测评，ESI 研究组在 2006 年又推出了一套新的指标体系——环境绩效指数（Environmental Performance Index，EPI）。我们借助这两个指数对中国环境可持续能力进行纵向和横向的比较分析。

由表6-3可知，根据达沃斯世界论坛共同发布的评估世界各国环境质量的"环境可持续指数"，在2002年第一次发布该指数时，全球142个国家和地区中，中国排在第129位，位列世界倒数第14位；2005年，在全球142个国家和地区，中国居第133位，世界倒数第10位。从中可以看出，中国环境可持续能力指数远低于美、日等发达国家，甚至也低于印尼、泰国等发展中国家。

表6-3　2002年和2005年世界部分国家环境
可持续能力指数（ESI）及排名

国家	2002		2005	
	ESI 值	排名	ESI 值	排名
芬兰	73.9	1	75.1	1
挪威	73.0	2	73.4	2
巴西	59.6	20	62.2	11
日本	48.6	78	57.3	30
俄罗斯	49.1	72	56.1	32
美国	53.2	46	52.9	45
泰国	51.6	54	49.7	73
印尼	45.1	100	48.8	75
印度	41.6	116	45.2	101
中国	38.5	129	38.6	133

资料来源：Environmental Sustainability Index（2002，2005），http://epi.yale.edu/previous-work。

2006年至今，中国各级政府高度重视环境保护事业，提出并严格执行了节能减排政策，环境保护工作取得了一定成效。但是，从环境绩效指数来看，中国 EPI 指数值上升幅度不大，2010 年为 42.2 分（满分为 100 分），比 2006 年只上升了 0.3 分，在全球 EPI 的绝对排名更有所下降，从第 114 名降至第 116 名。无论从 EPI 指数值还是排名来看，中国环境可持续发展能力不仅同世界上先进的发达国家相比还存在很大差距，也低于经济发展水平相近的巴西、泰国等国家。这从一定程度上反映出，中国尽管加大了环境保护投入和环境治理的力度，但是中国整体的环境态势仍未发生根本性的改善，我们面临的环境形势依然非常严峻，环境规制在未来经济发展中将会进一步加强。

表 6-4　2006～2010 年世界部分国家环境绩效指数（EPI）及排名

国家	2006		2008		2010	
	EPI 值	排名	EPI 值	排名	EPI 值	排名
芬兰	62.6	22	64.7	18	64.4	19
挪威	70.1	2	70.3	2	69.9	3
巴西	29.2	29	60.0	31	60.9	30
日本	63.0	18	63.3	22	63.4	23
俄罗斯	45.7	102	45.5	104	45.4	106
美国	55.9	49	56.2	50	56.6	49
泰国	59.1	31	59.7	33	60.0	34
印尼	50.3	79	51.9	74	52.3	74
印度	36.3	126	36.4	125	36.2	125
中国	41.9	114	42.1	115	42.2	116

资料来源：Environmental Performance Index（2006 - 2010），http://epi. yale. edu/previous-work。

二　中国环境规制的现状分析[①]

一个国家环境规制的强度一般可以用环境污染治理控制经费

---

① 环境规制强度在行业间的差别将在本章第四节进行讨论。

（PACE）占 GDP 的比例额来衡量。2000 年以后，随着中国对环境保护工作的重视，这一指标呈现出先升后降的特点，2010 年环境污染治理投资高达 8253.46 亿元，总额较 2000 年增加了 7.5 倍，该指标达到峰值 1.9%，此后有所下降，2012 年为 1.59%，比 2000 年高 0.57 个百分点（见图 6 - 2）。20 世纪 90 年代，中国与美国、德国、日本、法国等主要发达国家在这一指标上差距较大，但此后发达国家这一指标值基本不变，而中国不断增长，目前已经达到甚至超过了部分发达国家的水平。以 2006 年为例，加拿大 PACE 占 GDP 的比重为 1.2%，高于 OECD 国家的平均水平，排在第 8 位，而同年中国的这一指标值为 1.19%，基本相当（Canada's Environmental Performance，2010）。①不过，由于工业化、城市化将继续推进，未来能源消耗仍将不断上升，污染物排放也将继续增加，中国的这一指标值与西方国家污染治理高峰期以及中国污染治理的实际需要相比还相差甚远，环境污染治理投资总额还将逐步增加，占 GDP 比重也会进一步上升。

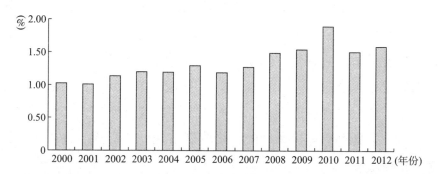

图 6 - 2　2000 ~ 2012 年中国 PACE 占 GDP 比重

资料来源：《中国统计年鉴》（2001 ~ 2013）。

---

① http：//www.davidsuzuki.org/publications/downloads/2010/OECD_ Report_ Final. pdf.

第二节　中国环境规制政策工具的演变

一　环境规制政策工具的分类

所谓环境规制政策工具，是指政府实施环境保护政策所采用的措施和方法，通常分为命令—控制型工具、市场激励型工具、自愿型工具三大类。

（一）命令—控制型工具

命令—控制型环境规制工具是指通过立法或制定行政部门的规章、制度来确定环境规制的目标、标准，并以行政命令的方式要求企业遵守，对于违反相应标准的企业进行处罚。[①]环境资源属于公共物品，那么不可避免就会有负外部性，政府强制性的命令—控制型政策手段一直以来都是世界各国，不论是经济合作与发展组织（OECD）国家还是发展中国家所采取的重要政策工具之一。它直接限定产品生产过程中污染物的排放量或者是特定时间、地点进行影响环境的活动，最明显的特征就是对污染排放或削减进行直接的规定，容易操作，见效快，其缺点是由于信息不对称，搜寻、监管、惩罚等需要大量的人力、物力，实施成本较高。污染者只有两条路可选择：要不按照规定行事，要不就等待着接受处罚或者是法律诉讼。这一工具类型包括全部的直接管制措施，如标准、许可证、配额、使用限制等。

（二）市场激励型工具

市场激励型工具则鼓励通过市场信号来影响排污者的行为决策，而不是通过明确污染控制水平或方法来规范排污者的行为。政府通

---

① Hockenstein, "The Political of Environmental Regulation: Towards a Unifying Framework", *Journal of Political Economy*, 1991, 39（2）：137 – 175.

过设计一定的经济激励措施使企业自愿地朝更有利于环境保护的方向发展，这样他们既能获得更多的好处，又不违反政府的法律，从而达到了保护环境的目的。以市场为基础的经济激励型政策工具不仅减少了政府操作成本，还激励企业通过技术创新减少污染，是一种更加有效、经济的政策手段，但同时它对于市场的完善程度也有着更高的要求，需要政府采取措施完善市场机制。主要的经济激励工具有：征收排污税费、排污权交易、政府补贴、押金—返回制度等。

征收排污税费依据的是庇古定理，理性排污者会把排污量固定在排污税率等于边际减污成本的水平上。边际减污成本低的排污者将减少较多的排污量，而边际减污成本高的排污者将减少较少的排污量。排污费制度的优点是它有很强的激励作用，不需要依赖市场的平稳运行和发展，并且是政府重要的收入来源，它不需要政府使用其他财政收入来治理污染，因而减少了税收扭曲，而且根据谁污染谁治理的原则，排污税制度符合公平原则。[①]这一工具最大的缺陷是在设置税率方面存在困难，最优的排污税率设置应该使边际税率等于边际社会损失，但规制者在缺乏足够的信息的情况下，其税率设定往往是不准确的。税率设计过高会使排污者承受太大的治污负担，影响整体经济绩效；而税率太低则会使排污者过度排放。即使是一个比较恰当的名义税率，在经济增长和物价水平不断上涨的情况下，在一段时间后也许就不再适用，需要规制者进行周期性的调整。

排污权交易制度不存在这样的问题，在总排污量给定的情况下，上涨的需求压力能够被上升的拍卖价格所消化，同时这种制度安排在激励排污者减少污染、加大创新和研发、实现污染排放在不同排

---

①　Joskow, P. and Schmalensee, R., "The Political Economy of Market-Based Environmental Policy: the U. S. Acid Rain Program", *The Journal of Law and Economics*, 1998, 41 (1): 37 - 85.

污者之间的重新配置从而达到治污成本最小化等效果方面和排污税制度是一致的。和排污税费工具下规制者事先不能预测排污量到底是多少类似，可交易排放许可工具下则会出现排污许可的交易价格不确定的情况，这就需要充分竞争的市场结构。可交易排放许可还涉及如何分配排放许可的问题，一般来说有两种方法，一种是无偿分配，另一种是通过拍卖方式分配。无偿分配有利于减少排污者的成本，为排污者创造了租金，遇到的阻力较小，坏处是政府不得不征收其他税收来提供治污和服务，造成了一定的扭曲。无偿分配还会造成在分配过程中产生不公平现象，是按照历史记录、生产能力还是其他标准分配没有定论，而拍卖方式分配不存在这样的问题，但是推行过程会遇到较大的阻力。

排污费制度和可交易排放许可制度孰优孰劣，很难区分，各有优势。Weitzman 分析了在不确定条件下数量型工具和价格型工具之间的效率比较。[①]他发现，尽管在确定性条件下两者都可能达到最优，但在不确定条件下，不同工具的选择将带来不同的结果。在边际收益曲线陡峭而边际成本曲线水平的情况下，数量型工具就是相对有利的。因为如果采取价格型工具，同时环境管制者低估了污染控制的真实成本，污染排放者的净收益大于零，污染浓度只要稍微上升，就会导致灾难的发生。相反，如果边际减污成本曲线陡峭，而边际收益曲线相对平坦，在不完美信息下，如果采取数量型工具，一旦环境管制者采取了过于严格的标准，就会对污染者征收巨大的过头税，在这种情况下价格型工具就是相对有利的。

排放补贴是除排污税和排污权交易之外的另一种激励型规制工具，排放补贴是胡萝卜，排污税和排污权交易是大棒。早期的研究

---

① Weitzman, Martin, "Prices vs. Quantities", *Review of Economic Studies*, 1974, 41（4）: 477 - 491.

认为排污税和排放补贴是等价的，但接下来就有研究认为两者之间的效率并不一致，最主要的差异在于补贴增加了企业的利润，延迟了企业的退出，使排污总量增加了；而排污税减少了企业的利润，加快了企业的退出，并减少了企业的排污量。[1]

押金—返回制度是一种在西方国家被广为使用的混合制度，潜在排污者先支付押金，如果他最后能够返回支付过押金的物品，就可以证明污染没有发生，可以获得押金退还。这种制度安排节省了规制者的监测成本，因而是有效的，但是其应用范围受到了限制。

（三）自愿型工具

近年来，自愿型工具越来越受到重视。从 20 世纪六七十年代开始，一些学者开始对萨缪尔森等提出的政府提供公共物品来解决环境负外部性提出质疑，他们认为政府由于压力、自身的利益考虑、信息不对称等问题会产生政府规制失效，从而导致社会福利的减少而达不到最佳的效果。为了实现最低成本，更加有效地解决环境问题，规制政策手段方式逐渐开始转向鼓励企业的自愿环境管制，即环境保护部门同私人企业之间通过协商签订的一种协议，企业自愿去提高能源效率，美国、英国、日本等十多个发达国家都采取了这种措施。Arimura 等的发现表明，ISO14001 认证标志以及环境绩效白皮书等工具在处理自然资源使用，固体垃圾、污水排放等污染物时是有效的，节约了规制成本，应该加大推广力度，只是该工具的使用还必须和排污者的意愿相结合，更大程度上需要媒体、舆论的宣传与传播。[2]

虽然市场激励型环境规制工具在某些方面比命令—控制型环境

---

[1] Kohn, Robert, "A General Equilibrium Analysis of the Optimal Number of Firms in a Polluting Industry", *Canadian Journal of Economics*, 1985, 18（2）：347 – 354.

[2] Arimura, T. H., Hibiki, A. and Kayayama, H., "Is a Voluntary Approach an Effective Environmental Polilcy Instrument? A Case of Environmental Management Systems", *Journal of Environmental Economics and Management*, 2008, 55：281 – 295.

规制工具要具有一些优越性，然而在实际中，环境政策的制定并不是在这两者之间进行简单的选择，为了更好地满足效率、可行性和公平分配等要求，通常需要对两者进行组合来使用。因为在特定的情况下，哪一种规制工具更有效取决于环境问题本身的一些特点，以及所处的具体社会、政治、经济环境。因而，在环境规制的过程中应根据每一个具体情况来选择最佳的规制工具。

二　中国环境规制政策工具的发展变化

面临着环境不断恶化的严峻形势，中国政府对于环境保护工作也高度重视，中国一直在环境规制的道路上不断进行努力，大致经过了无视——逐渐意识——深刻理解——不断发展——逐步完善五个发展阶段。同时，中国的环境规制也正在经历从行政手段过渡到经济手段的转变。从表6-5可以看出，中国的环境规制工具已经从命令—控制型逐步转变为市场激励型，环境规制逐步完善。由于市场激励型工具将会越来越重要，下面我们对这一类型的工具进行分析。

（一）征收排污费政策

改革开放之初中国开始实行排污收费政策，1999年《中华人民共和国环境保护法（试行）》被批准通过，这标志着中国的排污收费制度首次在法律上给予明确。1982年中国颁布《征收排污费暂行办法》，该办法中要求一切单位都应执行《工业"三废"排放试行标准》中规定的有关标准，地方各级政府要对超标排放污染物的单位收取排污费。各地排污收费的实施方法与细则由各省市政府根据《暂行办法》来制定。2003年国务院颁布的《排污费征收使用管理条例》，对征收排污费的整个政策体系、收费的标准、使用与管理方法进行了重大的改革完善。该条例的核心内容包括三点：①实行收支两条线管理，要求收取的排污费一定要上缴财政，作为环境保护的专用资金，全部用来治理污染；②排污收费从超过了一定的标准收费转向按照排污总量收费，单一浓度收费转向浓度与总量相结合进行收费，低收费标准转向补偿治理成本的目标收费；③加强排污收费工作的执行力度与监督管理力度。

近年来，中国排污费征收额有了大幅增长，2012 年达到 216.1 亿元，比 2001 年上升了 2.5 倍，只有金融危机后的 2009 年出现了一定幅度下降，其他年份基本上处于不断上升之中（见图 6 - 3），征收排污费已经成为环境规制的重要工具之一。

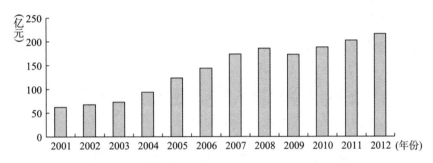

图 6 - 3　2001 ~ 2012 年中国排污费征收金额

资料来源：《中国统计年鉴》（2002 ~ 2013）。

（二）排污权交易

1989 年在排污许可证制度的基础上，结合黄浦江的治理，针对许可证制度的不足，中国对部分污染源尝试性地实行了排污交易政策。1999 年国家环保局与美国环保协会签署了开展排污权交易研究和试点的协议，推动了排污权交易由点到面的铺开。2001 年 9 月经过多方的共同努力，中国首例排污权交易在江苏省南通市顺利实施。交易双方为南京醋酸纤维有限公司与南通天生港发电有限公司，双方在 2001 ~ 2007 年交易二氧化硫排污权 1800 吨。2003 年江苏太仓港环保发电有限公司与南京下关发电厂达成二氧化硫排污权异地交易协议，这开创了中国跨区域交易的先例。2007 年 11 月 10 日，中国第一个排污交易中心在浙江嘉兴挂牌成立，这标志着中国排污权交易逐步走向了制度化、规范化、国际化的轨道。

排污许可证制度是中国较早实施的环境保护制度，已经相当合理和成熟，与发达国家相比，中国排污许可证制度创新相对较缓慢，还存在较大差距。完善中国排放权交易制度需要处理好以下几个问题：①当排污权交易市场非完全竞争市场时，企业可能通过市场操纵以保持自身的优势地位；②与现存环境规制的协调问题，若不协调，企业可能通过最低成本的制度选择尽可能地降低环境绩效；③以市场交易为方式则存在交易成本，在存在交易成本时，来自双边谈判的预期结果随着产权初始分配的不同而不同，并且企业之间在交易时倾向于内部交易而非外部交易。

（三） 押金—返还制度

押金—返还制度是收费制度的一种特殊形式。中国在 20 世纪六七十年代曾实行过押金—返还制度，比如啤酒瓶的回收，其中一个重要原因是当时原材料匮乏，也不存在计划外的市场，厂家只能回收啤酒瓶，清洗后重复使用，以确保市场对啤酒供应的需求。但目前押金—返还制度在中国已几乎寻不见踪影，原因除原材料供应充分外，也因为运行成本过高以及同一产品的生产商数量越来越多、批发和进货的渠道无法控制等，使本来就不是出于环保考虑的厂商失去了实行押金—返还制度的动力。形成鲜明对比的是，近些年来，押金—返还制度在法国、德国、瑞典、丹麦、荷兰等发达国家作为一种固体废弃物污染控制的手段，被广泛应用于回收金属、塑料容器、玻璃瓶等。因此，在押金—返还制度方面中国需要加快制度创新。

表 6 – 5 中国环境规制工具分类

类型	名称	颁布或实施时间
行政 命令型	"三同时"制度	1973 年《关于保护和改善环境的若干规定》，1979 年和 1989 年的《环境保护法》中规定
	限期治理	1989 年《环境保护法》中规定
	污染总量控制	1996 年《水污染防治法》中规定
	环境保护规划和计划制度	1988 年《水污染排放许可证管理办法》和 1989 年《环境保护法》中规定
	环境保护目标责任制	1989 年《环境保护法》中规定
	城市环境综合整治定量考核制度	1989 年开始实行
	企业"关停并转"	1996 年国务院在《关于环境保护若干问题的决定》中规定
	环境影响评价	1998 年《建设项目环境保护管理条例》和 2002 年《环境影响评价法》中规定
市场 经济型	排污收费制度	1982 年《征收排污费暂行办法》中规定
	污染治理补贴	1982 年开始实行
	排污权处理	1989 年开始试点
	污水排污费	2003 年修订《排污费征收标准管理办法》
	SO_2 排放总量控制及排污交易政策	2002 年《SO_2 排放权交易管理办法》中规定
信息 公开型	环境听证制度	2004 年《环保行政许可听证暂行办法》、2006 年《环境影响评价公众参与暂行办法》
	ISO14000	1996 年在全国开展实施
	环境认证	1995 年环境标志工作起步
	资源协议	2003 年 4 月起步

资料来源：笔者整理。

从上述分析表明，征收排污费、排污权交易制度等市场激励性工具在中国环境规制中的作用已经越来越大，但总体来看，环境保护更多的是依赖于命令—控制型政策工具，而通过税收机制进行环境规制的政策理念和实践还没有真正地确立起来。事实上，西方市场经济国家，如 OECD 经济体的实践经验表明，环境税是与市场经济运行要求相适应的重要环境保护手段，是通过经济手段解决环境问题的主要方式，也是筹集环境保护资金的重要渠道。因此，在中国市场经济体制纵深运行的基本背景下，需要我们尽快推进环境规制政策转型，即从传统的以行政手段为主的环境政策转向以市场机制为主的现代环保政策，改革现行税制制度和结构，体现"绿色税制"理念，借鉴发达国家的成功实践经验，推动环境税的开征和实施。

第三节　环境规制影响竞争力的理论假说与实证检验

一　理论假说

从理论研究看，关于环境规制对产业国际竞争力的理论假说主要有三个："环境竞次理论"、"污染避难所假说"和"波特假说"。这几个理论假说分别从环境标准变化、污染产业转移和企业技术创新三个角度对环境规制的影响进行了综合的分析。

（一）环境竞次理论

"环境竞次理论"也被称为"向底线赛跑假说"（Race-to-the-Bottom），最初是由 Dua 和 Esty 两位学者在 1997 年提出的，之后由巴格瓦第等人加以完善，并成为三大理论之一。其基本要义是，在国际经济竞争中，每个国家都担心本国的工业因其他国家采取比本国更低的环境标准而失去竞争优势，丧失产业竞争力，为避免遭受竞争损害，国家之间会竞相采取比他国更低的环境标准和非最优的环境政策，最后的结果是每个国家都会采取比没有国际经济竞争时更低的环境标准，从而加剧了全球环境恶化。同时，该理论认为最妥善的解决办法就是在国家间协调有关的环境标准，或至少确保在某种程度上环境保护政策的一致性。

环境竞次局面的出现是 20 世纪中后期贸易自由化盛行的结果，而进入 21 世纪以来，随着环境保护思想的深入人心，无论是发达国家还是发展中国家，其国内实施的环境标准和环境政策都有了不同程度的提高，因而整体而言，这一理论观点与目前的状况有较大出入。但它向人类目前所进行的环境保护运动敲响了警钟，在一定程度也指明了人类开展环境运动、协调环境保护与产业竞争力关系的艰巨性与复杂性。

（二）　污染避难所假说

"污染避难所假说"又称为污染产业转移假说，最早由沃尔特等人提出，该假说的基本逻辑是：如果在实行不同环境政策强度和环境标准的国家间存在自由贸易，那么实行低环境政策强度和环境标准的国家，由于其外部性内在化的差异，而使该国企业所承受的环境成本相对要低。这样，在该国进行生产时，其产品价格就会比在母国生产出同样产品的价格相应要低一些。在以追求利润最大化为目标的企业主眼里，该国在投资和生产方面具有更大的优势，会产生吸引国外的企业到该国安家落户的动力，尤其是对于环境敏感型产业企业的影响更加强烈。

环境避难所假说的理论渊源是传统的国际贸易理论——要素禀赋理论。我们把环境要素也看作一种普通的资源要素，显然环境标准和环境政策强度低的国家，其环境要素较为富裕，而环境标准和环境政策强度高的国家，其环境要素则较为贫乏。这样环境政策强度低的国家将充分利用本国较为丰裕的环境要素生产那些环境污染密集型产品，并在环境要素密集的产业进行专业化生产；在自由贸易条件下，环境标准较高的国家的企业会将污染密集型产品转移到环境标准较低的国家进行生产，这样就将污染产业转移到了低环境标准的国家，即产生所谓的污染产业转移。

对于这一理论假说的理解目前存在诸多分歧：根据一些学者的研究，环境成本只占企业总成本的很小一部分，而产业转移成本则相对较大，对于一个以利润最大化的企业来说，转移其生产得不偿失，因而该假说的理论观点并不能成立。世界银行根据 1986～1995 年不同国家污染密集型产品出口与进口的比值所撰写的报告认为，污染密集型的生产活动更多地发生在环境管制较为严格的发达国家，这一现实与发展中国家成为污染产业转移目的地的理论观点相反。

（三） 波特假说

与传统观点相反，美国著名管理学家迈克尔·波特教授认为："恰当设计的环境规制可以激发被规制企业进行技术创新，产生正的效率收益，相对于不受规制的企业，这可能会导致绝对竞争优势；相对于规制标准较低的国外竞争者而言，环境规制通过刺激创新可对本国企业的国际市场地位产生正面影响。"[1]这一结论通常被称为"波特假说"或规制与竞争力关系的"双赢"观点。

与前两个理论相比，波特假说认为环境规制水平或环境政策强度与一国的产业竞争力成正向变动关系，这对于国家和企业而言都是好消息。但这一假说并不完美，它的成立有许多前提条件：一是从静态模型走向动态模型。波特认为竞争优势不是依赖于静态效率和固定约束下的最优化行为，而是依赖于变动约束条件下的改进与创新。在对竞争力的动态理解基础上，波特认为应把环境管制作为激发企业创新，从而提高企业竞争力的来源。二是恰当设计的环境规制，具体包括：必须为企业创新提供最大空间，管制目标应通过灵活的方式实现；管制应能促进连续创新，而不是锁定于

---

① Porter, M. A., "America's Green Strategy", *Scientific American*, 1991, 264 （4）: 168.

某种特定技术上；管制过程应分阶段实施，尽可能减少不确定性，同时应以管制者和企业之间合作的方式来实施等。在这些条件的限制下，波特假说的应用受到大大削弱，同时也引起许多学者的质疑。

（四）评述

以上三个理论假说可谓经典，代表了目前学术界对环境规制与产业国际竞争力关系的基本观点。

环境规制无疑会使出口企业为达到各种绿色标准而对其生产经营行为进行调整。这种调整势必会增加成本支出，导致出口品价格上升，进而削弱其出口产品的国际竞争力。[1][2]如果出口方保持价格不变，就必然迫使生产商让渡一部分的利润，还有可能被冠以生态倾销名义而遭到进口国的反倾销诉讼。但是，同样的环境规制对不同国家的影响可能是不同的，当出口国的环境规制标准高于进口国时，环境规制的存在不仅不会限制贸易发展，相反，出口国更有可能利用自身的环境规制，强化其出口产品的竞争优势。因为，较高的环保规制所造就的发达的环保产业能够创造新的竞争优势，提高对外贸易经营效益。当出口国现行的环境规制标准低于国际标准特别是进口国标准时，就必须增加相应的成本支出以适应较高规制标准要求，由此削弱了出口产品的国际竞争力。

当然，环境规制对企业产生或正或负的影响是依部门不同而不同的，影响结果还取决于其他约束因素。[3]环境成本对竞争力的影

---

[1] Viscusi, W. K., "Frameworks for Analyzing the Effects of Risk and Environmental Regulations on Productivity", *The American Economic Review*, 1983, 73（4）：793 - 801.

[2] Xepapadeas, A. and Zeeuw, A., "Environmental Policy and Competitiveness: The Porter Hypothesis and the Composition of Capital", *Journal of Environmental Economics and Management*, 1999, 37（2）：165 - 182.

[3] Alpay, S., Can Environmental Regulations Be Compatible with Higher International Competitiveness: Some New Theoretical Insights, FEEM Working Paper, 2001.

响将根据生产的环境外部性的形式和范围以及控制污染的投资在总投资中的比例而有所不同；劳动力、资本、技术等非环境因素不同的部门，其对竞争力的影响也不同；环境规制对竞争力的影响还会因国际竞争的性质和范围，以及产品销往本地市场还是国际市场而不同；厂商规模、生产的规模经济、投入环境改善中的财政和技术资源的不同，也会对环境规制地厂商的竞争力产生不同的影响。

二 实证检验

随着环境规制与竞争力的关系越来越受到重视，国内学者围绕这一问题利用不同样本和不同方法对这一问题进行实证检验。

Tobey 基于 HOV 模型，利用截面数据分析得出，严格的环境措施并没有使贸易模式偏离 HOV 模型预测的结果。[1]Jaffe 等的研究也没有发现严格的环境规制影响竞争力的证据。[2]然而，Van Beers 和 Van den Bergh 基于引力模型，并运用 OECD 国家数据，得出了严格的环境规制对污染密集型产品的竞争力具有显著的负面影响的结论。[3]同样是基于引力模型，Xu 利用发达国家和发展中国家的混合数据并没有找到支持这一结论的证据。由于截面数据无法控制观测不到的异质性，结果可能存在偏差，此后，面板数据分析成为主流方法。[4] Harris 等使用与 Van Beers 和 Van den Bergh 相同的数据，利用固定效

---

① Tobey, James, "The Effects of Domestic Environmental Policies on Patterns of World Trade: An Empirical Test", *KYKLOS*, 1990, 43 (2): 191 – 209.

② Jaffe, A. B., Peterson, S. R., Portney, P. R., et al., "Environmental Regulation and the Competitiveness of US Manufacturing: What does the Evidence Tell Us?", *Journal of Economic Literature*, 1995, 33 (1): 132 – 163.

③ Van Beers, Van den Bergh, "An Empirical Multi-Country Analysis of the Impact of Environmental Regulations on Foreign Trade Flows", *KYKLOS*, 1997, 50 (1): 29 – 46.

④ Xu, Xinpeng, "International Trade and Environmental Regulation: Time Series Evidence and Cross Section Test", *Environmental and Resource Economics*, 2000, 17 (3): 233 – 257.

应模型分析发现，环境规制强度的影响变得不显著。[①]Grether 和 De Melo 使用双边固定效应模型也得出了相似的结论。[②]

另外，环境规制变量内生性问题开始受到重视。Ederingtom 和 Minier、Levinson 和 Taylor、Cole 等考虑内生性后发现，环境规制强度对进口有显著的正向影响，支持"污染避难所假说"。[③④⑤]Cole 等采用美国 1978～1994 年产业层面数据，考虑内生性后也发现环境规制对产业竞争力具有负面影响，但系数明显小于物资资本和人力资本，并没有改变美国的专业化模式。[⑥]近年来，部分学者开始利用企业层面数据对此进行分析。Testa 等利用部分欧盟国家建筑业企业数据发现，较为严格的环境规制对企业增加高技术设备投资以及竞争力具有正向影响，而且直接规制最为有效。[⑦]Greenstone 等利用 1972～1993 年美国制造业企业数据发现，环境规制对竞争力产生了一定程度的负面影响，导致 TFP 下降了 2.6%，剔除价格和生存因素后，下降幅度上升至 4.8%。[⑧]

① Harris, M. N., Kónya, L., Mátyás, L., "Modelling the Impact of Environmental Regulations on Bilateral Trade Flows: OECD, 1990 – 1996", *The World Economy*, 2002, 25 (3): 387 – 405.

② Grether, J. M., De Melo, J., Globalization and Dirty Industries: Do Pollution Havens Matter, NBER Working Paper 9776, 2003.

③ Ederington, J., Minier, J., "Is Environmental Policy a Secondary Trade Barrier? An Empirical Analysis", *Canadian Journal of Economics*, 2003, 36 (1): 137 – 154.

④ Levinson, A., Taylor, M. S., "Unmasking the Pollution Haven Effect", *International Economic Review*, 2008, 49 (1): 223 – 254.

⑤ Cole, A., Robert, J., Okubo, T., "Trade, Environmental Regulations and Industrial Mobility: An Industry-level Study of Japan", *Ecological Economics*, 2010, 69: 1995 – 2002.

⑥ Cole, A., Robert, J. and Shimamoto, K., "Why the Grass is not Always Greener: The Competing Effects of Environmental Regulations and Factor Intensities on US Specialization", *Ecological Economics*, 2005, 54: 95 – 109.

⑦ Testa, F., Iraldo, F., Frey, M., "The Effect of Environmental Regulation on Firms' Competitive Performance: The Case of the Building & Construction Sector in Some EU Regions", *Journal of Environmental Management*, 2011, 92: 2136 – 2144.

⑧ Greenstone, M., List, J., Syverson, C., "The Effects of Environmental Regulation on the Competitiveness of U. S. Manufacturing, NBER Working Paper 18392, 2012.

相对来说，针对环境规制影响中国制造业竞争力的文献还不是很多。傅京燕和李丽莎基于 HOV 模型研究发现，环境规制对中国制造业竞争力具有显著的负面影响，且呈现"U"形特点，目前处于拐点的左侧。[①]基于相同的模型，李小平等发现环境规制程度提高能够提升国际竞争力，但有一个度，超过这个度以后，其影响会有降低趋势。[②]章秀琴和张敏新基于引力模型检验了环境规制对中国六个环境敏感性行业出口竞争力的影响，结果表明，内生和外生环境规制对污染密集型产品出口竞争力的影响呈现倒"U"形，现在处于外生环境规制拐点的左边，政府加强环境监管，环境敏感性产品国际竞争力将增强；同时处在内生环境规制拐点的右边，随着人均 GDP 的提高，竞争力反而会下降。[③]董敏杰等基于投入－产出表的分析表明，进一步加强环境规制对各行业价格水平的影响有限，提高幅度不超过 2%，没有必要担心环境规制会降低中国产品国际竞争力。[④]

国内外已有研究为我们理解环境规制与国际竞争力的关系提供了一些重要参考，但大多数文献针对美欧等发达国家和地区，对中国的研究还很少，且没有考察不同竞争力水平时的影响差异。为了弥补上述不足，下一节我们将基于 HOV 模型，利用面板分位数的回归方法分析环境规制对中国制造业竞争力的影响，以期得到更为可靠和科学的结论。

---

① 傅京燕、李丽莎：《环境规制、要素禀赋与产业国际竞争力的实证研究——基于中国制造业的面板数据》，《管理世界》2010 年第 10 期。

② 李小平等：《环境规制强度是否影响了中国工业行业的贸易比较优势》，《世界经济》2012 年第 4 期。

③ 章秀琴、张敏新：《环境规制对我国环境敏感性产业出口竞争力影响的实证分析》，《国际贸易问题》2012 年第 5 期。

④ 董敏杰等：《环境规制对中国出口竞争力的影响——基于投入产出表的分析》，《中国工业经济》2011 年第 3 期。

第四节　环境规制影响中国制造业贸易
竞争力的实证分析

一　制造业分行业环境规制强度的测度

（一）测度方法

从现有文献看，环境规制强度的测度仍然是该领域研究的一个难点，国内外学者提出了多种方法，常见的有研究减污运营成本（PACE）占总成本或附加值的比重、单位产出的污染排放量、人均收入等。考虑到我国数据的可获得性，我们借鉴傅京燕和李丽莎的方法，选择废水排放达标率、二氧化硫去除率、固体废物综合利用率、粉尘去除率和烟尘去除率5个单项指标，通过构建综合指数来测度 26 个制造业分行业的环境规制强度。[①]计算分三步进行。

第一步：对单项指标进行线性标准化。由于各单项指标的内在属性、数量级等存在差别，不能对其直接进行综合和比较，必须先进行标准化处理。我们采用下列最常用的线性标准化方法，将其转化为无量纲、无数量级差异、方向一致的标准指标值：

$$PM^s_{ij} = \frac{PM_{ij} - Min(PM_{ij})}{Max(PM_{ij}) - Min(PM_{ij})} \qquad (6-1)$$

---

① 剔除数据缺失的行业，我们共选择 26 个制造业行业，包括 H1 食品制造业、H2 饮料制造业、H3 烟草制品业、H4 纺织业、H5 纺织服装及鞋帽制造业、H6 皮革毛皮羽毛及其制品业、H7 木材加工及木竹藤棕草制品业、H8 家具制造业、H9 造纸及纸制品业、H10 石油加工炼焦及核燃料加工业、H11 化学原料及化学制品制造业、H12 医药制造业、H13 化学纤维制造业、H14 橡胶制品业、H15 塑料制品业、H16 非金属矿物制品业、H17 黑色金属冶炼及压延加工业、H18 有色金属冶炼及压延加工业、H19 金属制品业、H20 通用设备制造业、H21 专用设备制造业、H22 交通运输设备制造业、H23 电器机械及器材制造业、H24 通用设备计算机及其他电子设备制造业、H25 仪器仪表及文化办公用品业、H26 工艺品及其他制造业。

其中，PM_{ij} 为单项指标的原始值，Max (PM_{ij}) 和 Min (PM_{ij}) 分别为 i 行业 j 指标的最大值和最小值，PM_{ij}^s 为标准化值，大小为 [0，1]。

第二步：计算出各指标的权重。各个行业排放的主要污染物不同，为了反映治理力度的变化，需要对各指标赋予不同的权重，具体方法为：

$$\varphi_{ij} = \frac{C_{ij}}{\sum C_{ij}} / \frac{V_i}{\sum V_i} = \frac{C_{ij}}{V_i} / \frac{\sum C_{ij}}{\sum V_i} = PM_{ij} / \overline{PM_{ij}} \qquad (6-2)$$

其中，φ_{ij} 为 i 行业 j 种污染物的排放量 C_{ij} 占全国同类污染物排放总量（$\sum C_{ij}$）的比重与 i 行业产值（V_i）占全部工业总产值（$\sum V_i$）的比重之比。经过转换以后，φ_{ij} 实际上就是 i 行业 j 种污染物的单位产值排放（PM_{ij}）与 j 种污染物单位产值排放全国平均水平（$\overline{PM_{ij}}$）之比。

第三步：利用单项指标的标准化值和权重可以计算出各行业的环境规制强度指数：

$$ERI_i = \frac{1}{5} \sum_{j=1}^{5} PM_{ij}^s \times \varphi_{ij} \qquad (6-3)$$

（二）中国制造业环境规制强度的变化分析

图 6-4 和图 6-5 是按照 2003~2010 年 ERI 平均值排序以后选取的五个污染行业和清洁行业。前者包括造纸及纸制品业、化学原料及化学制品制造业、化学纤维制造业、黑色金属冶炼及压延加工业、有色金属冶炼及压延加工业五个行业；后者包括电气机械及器材制造业、塑料制品业、通用设备计算机及其他电子设备制造业、工艺品及其他制造业、家具制造业五个行业。从划分结果来看，与国外文献采用减污运营成本（PACE）指标划分的结果基本上是一致

的。2010 年污染行业和清洁行业的 ERI 平均值分别为 2.24 和 0.03。前者明显高于后者，说明污染密集型行业的环境规制强度较高，符合对污染产业的界定，即环境规制较强的产业往往是污染强度较高的产业。

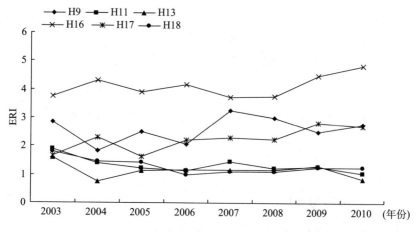

图 6 - 4 2003 ~ 2010 年污染行业环境规制强度的变化

从动态变化来看，2010 年 ERI 相对于 2003 年下降的制造业行业有 17 个，基本不变的有 3 个，上升的有 6 个。其中，下降幅度最大的是化学原料及化学制品制造业，ERI 指数由 1.91 降至 1.05；上升幅度最大的是非金属矿物制造业，ERI 指数由 3.77 升至 4.84；其他行业 ERI 指数变化幅度不是很大，绝大多数在 0.1 左右，皮革毛皮羽毛及其制品业、塑料制品业、金属制品业三个行业 2010 年和 2003 年的 ERI 指数基本相当。此外，虽然行业的环境规制强度在此期间不断地发展变化，但没有一个行业出现从污染行业到清洁行业或从清洁行业到污染行业的逆转，相对较为稳定。

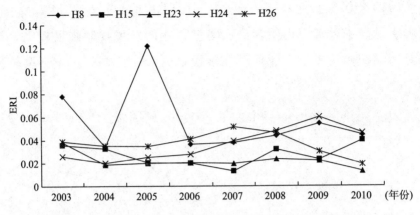

图 6 – 5　2003 ～ 2010 年清洁行业环境规制强度的变化

二　模型设定与变量处理

（一）模型设定

我们主要考察环境规制对中国制造业竞争力的影响，就模型方法而言，最常用的是基于 HOV 模型，在要素禀赋的基础上，加入环境规制变量作为竞争力的影响因素。我们将借鉴 Cole 等（2005）的研究思路，利用 2004 ～ 2010 年中国 26 个制造业的面板数据，检验环境规制强度对竞争力的影响，建立以下模型：

$$TC_{it} = \alpha + \beta_1 ERI_{it} + \beta_3 PC_{it} + \beta_5 HC_{it} + \beta_7 RD_{it} + \beta_8 FDI_{it} +$$
$$\beta_2 ERI_{it}^2 + \beta_4 PC_{it}^2 + \beta_6 HC_{it}^2 + \eta_i + \lambda_t + \varepsilon_{it} \qquad (6-4)$$

其中，TC_{it} 为竞争力指数，ERI_{it} 表示环境规制指数，PC_{it} 为物质资本，HC_{it} 为人力资本，RD_{it} 为研发投入，FDI_{it} 为外商直接投资，η_i 和 λ_t 分别为行业效应和时间效应，ε_{it} 为干扰项。此外，为了检验环境规制和要素禀赋的长期影响，加入了 ERI_{it}^2、PC_{it}^2、HC_{it}^2 三个平方项。

（二）变量说明

（1）竞争力指数（TC）。显性比较优势指数（RCA）是最常用的衡量国际竞争力的指标，能够反映一国某行业相对于世界上其他国家的竞争力情况。[①]该指数最早由 Balassa（1965）提出，具体计算公式为：$RCA_{it} = (X_{it}/\sum_i X_{it})/(X_{wit}/\sum_i X_{wit})$，其中，$X_{it}$ 表示中国 i 行业 t 年的出口额，X_{wit} 表示全世界 i 行业 t 年的出口额。若 RCA 指数大于 1，说明该行业具有显性比较优势；若在 0~1 为显性比较劣势。[②]然而，因为 RCA 的取值范围为 0~无穷大，在回归分析时将会给 1 以上数据较大的权重。为了避免此问题，Lauren（1998）提出了一种转换方法，即 $SRCA = (RCA - 1)/(RCA + 1)$。

（2）环境规制指数（ERI）。正如前文所述，环境规制对竞争力的影响存在一定的不确定性，既可能增加成本，降低竞争力，也有可能促进企业创新，提高竞争力。我们通过构建综合指数来表示该变量，其数值越大，表示实施环境规制的强度越大。

（3）物质资本（PC）。物质资本是一定时期内积累起来的用于生产其他生产资料或消费资料的耐用品，是形成较强竞争力的重要因素。一个行业的人均物质资本越多，其拥有的设备就越先进，竞争力水平也就可能越强。目前，这一变量的测算方法很多，我们采用行业人均固定资产净值作为物质资本的近似估算。

（4）人力资本（HC）。人力资本是通过在教育、培训等方面的投资所形成的资本。现有研究表明，人力资本积累是行业国际竞争力的重要源泉之一。我们用科技人员数量占总职工总数的比重来表示人力资本。

（5）研发投入（RD）。一般而言，技术水平是决定行业竞争力的关键因素之一，而技术的取得需要研发投入作为保障。我们用行业的研究与发展经费支出数额占工业总产值的比重来表示研发投入。

[①]　除了 RCA 以外，衡量国际竞争力的还有净出口率指数（NEX）和 Michaely 指数（MIC）。我们将用这两个指数进行稳定性检验。

[②]　中国制造业各行业 RCA 指数的发展变化可以参考第二章的分析。

（6）外商直接投资（*FDI*）。外资的引进不仅提供了产业发展所需的大量资本，还有先进的技术、管理机制、管理经验以及高端的人力资本等。事实证明，FDI 的引进在提高中国产业国际竞争力方面发挥着重要的作用。我们用外商投资企业的产值与各行业的工业总产值的比值来表示。

（三） 数据处理及来源

由于国民经济行业分类（GB/T4754 - 2002）中制造业行业分类与联合国制定的国际贸易标准分类（SITC，第三版）不统一，我们参考盛斌（2002）的方法进行重新归并。我们所用的贸易数据来自联合国商品贸易统计数据库（UN COMTRADE），环境规制的各指标数据来自于历年《中国环境统计年鉴》，研发投入数据来源于历年《中国科技统计年鉴》，其他数据来源于历年《中国统计年鉴》。样本空间为 2004 ~ 2010 年 26 个制造业行业，模型回归变量主要统计量见表 6 - 6。

表 6 - 6　模型回归变量主要指标统计量

指标	样本数据	均值	方差	最小值	最大值
RSCA	182	- 0.12	0.42	- 0.89	0.58
NEX	182	0.30	0.42	- 0.65	0.97
MIC	182	0.00	0.04	- 0.12	0.10
ERI	182	0.65	0.99	0.01	4.84
PC	182	14.93	11.99	2.03	71.66
HC	182	4.13	2.36	0.41	10.20
RD	182	1.58	1.47	0.17	13.94
FDI	182	32.60	16.60	0.07	84.26

三　结果分析

（一）整体回归结果

我们首先用 Hausman 检验是选择固定效应模型还是随机效应模型。检验结果表明，在 1% 显著性水平拒绝原假设，即选择固定效应模型。比较表 6 - 6 第一列和第二列发现，加入平方项以后，变量的显著性水平和 R^2 值显著提高，说明环境规制和要素禀赋对竞争力的影响在长期内存在非线性特征，下面我们将基于此进行分析。

从回归结果来看，环境规制变量在 10% 水平显著为负，说明环境规制是影响中国制造业竞争力的重要因素之一。随着环境规制加强（ERI 指数上升），企业的生产成本将有一定程度的增加，在其他条件不变的情况下会导致产业竞争力下降。理论上，环境规制加强也存在"波特效应"，即合理的环境规制不仅不会降低其国际竞争力，反而会通过促进技术创新形成一定的优势，弥补其遵守规制的成本。然而，由于中国目前的要素禀赋决定了竞争力主要集中在劳动密集型产品或劳动密集型环节的产品，如纺织服装、文化办公等，而技术创新较多的资本密集型产业的优势还不是很明显，加上其他一些制约因素，这一效应在中国还没有得到充分的发挥。在低碳经济环境下，加强环境规制势必会对中国制造业竞争力产生一定的冲击。

环境规制平方项与竞争力呈显著正相关关系，即随着环境规制强度由弱转强，在拐点之前，环境规制加强将降低竞争力水平，而在拐点之后，环境规制加强反而能够提高竞争力，二者之间呈现"U"形关系。通过计算得出，中国环境规制的拐点值为 3.56[①]，而 2010 年中国制造业各行业环境规制强度指数的平均值为 0.65，环境

---

① 拐点值具体计算方法为：3.56 = 0.089／（2×0.0125），下同。

规制的总体水平还比较低，处在"U"形曲线的左侧。这是由中国所处的发展阶段决定的：一方面，正如前文所述，中国制造业竞争力较强的行业主要集中在劳动密集型产品，而资本技术密集型产品的竞争力还不是很强，从污染强度来说，前者明显要低于后者；另一方面，中国环保政策相对来说还不是很严，环境规制强度还比较低。然而，随着中国经济的进一步发展和人们环保意识的增强，这一情况将有所改变。一是中国制造业将向资本技术密集型产业转变，虽然这些产业的污染强度相对较高，但在增加值较大的前提下，环境规制成本占总成本的比重很小，对竞争力的影响将会比较小。二是随着人们生活水平的提高，人们越来越重视环境保护，加强环境规制反而会提高其在消费者中的形象。三是这些产业的技术进步和创新的空间比较大，只要环境规制政策较为合理有效，通过"波特效应"发挥其正向作用完全是有可能的。因而，当前及未来一定时期内环境规制对制造业竞争力的负面影响是中国的必经阶段，在上述三个条件成熟的情况下，达到拐点右侧是完全有可能的。

除了环境规制变量外，物质资本和人力资本都与中国制造业竞争力正相关，表明企业通过购买机器设备的固定资本投资以及提高人力资源水平能够提高其国际竞争力。同时，这两个变量的平方项与竞争力均呈负相关关系，说明它们之间存在倒"U"形关系，即随着物质资本和人力资本的增加，二者对竞争力的影响在拐点之后会发生逆转，反而不利于竞争力水平的提高。当然，目前中国还处在拐点的左侧，与拐点值差距还很大。以2010年为例，中国制造业各行业平均的物质资本和人力资本分别为14.93和4.13，而拐点值分别为63.5和8.48。与上述两个变量相似，外商直接投资对中国制造业的竞争力也有促进作用。不过，研发投入的影响不仅不显著，而且与理论预期不一致，与竞争力负相关，这可能由于中国制造业大部分企业研发投入还比较少，导致该变量还没有成为影响竞争力的重要因素。

表 6 – 7　环境规制对竞争力影响的估计结果（SRCA）

变量	固定效应		面板分位数回归				
	（1）	（2）	0.1	0.25	0.5	0.75	0.9
ERI	– 0.0241	– 0.0890	– 0.0632	– 0.0380	– 0.0583	– 0.0043	0.0015
	（– 0.89）	（– 1.69）*	（– 1.86）*	（– 1.57）*	（– 1.18）	（– 0.07）	（0.02）
PC	0.0005	0.0127	0.0179	0.0128	0.0090	0.0097	0.0073
	（0.33）	（3.85）***	（1.92）*	（1.79）*	（1.66）*	（1.65）*	（1.45）
HC	0.0087	0.0339	0.0342	0.0310	0.0199	0.0111	0.0079
	（1.49）	（1.95）*	（1.92）*	（1.73）*	（1.57）*	（0.93）	（0.64）
RD	– 0.0025	– 0.0001	0.0019	– 0.0011	0.0001	– 0.0003	– 0.0005
	（– 0.64）	（– 0.02）	（0.07）	（– 0.06）	（0.00）	（– 0.02）	（– 0.04）
FDI	0.0015	0.0036	0.0032	0.0031	0.0020	0.0026	0.0047
	（1.12）	（2.59）**	（1.43）	（1.65）*	（1.22）	（1.62）*	（2.54）***
ERI^2		0.0125	0.0077	0.0056	0.0088	– 0.0009	– 0.0002
		（1.68）*	（0.68）	（0.58）	（0.87）	（0.06）	（– 0.01）
PC^2		– 0.0001	– 0.0002	– 0.0001	– 0.0001	– 0.0001	– 0.0002
		（– 3.72）***	（– 1.34）	（– 0.97）	（– 0.96）	（– 1.21）	（– 1.56）
HC^2		– 0.0020	– 0.0020	– 0.0017	– 0.0016	– 0.0009	– 0.0008
		（– 1.5）	（– 1.37）	（– 1.18）	（– 1.28）	（– 1.05）	（– 0.89）
cons	– 0.1972	– 0.4326	– 0.2410	– 0.1542	0.0482	0.0412	– 0.1026
	（– 3.44）***	（– 5.32）***	（– 1.99）*	（– 1.69）*	（0.27）	（0.26）	（– 0.52）
拐点值	–	3.56	4.10	3.39	3.31	–	0.375
样本	182	182	182	182	182	182	182
Hausman 检验	84.69***	108.62***	–	–	–	–	–
R^2	0.0325	0.3492	–	–	–	–	–

注：括号内为 t 值，***、**、* 分别表示 1%、5% 和 10% 置信水平。

（二） 面板分位数回归结果

上述固定效应模型采用普通的最小二乘法进行估计，得出的是解释变量的平均效果，无法考察不同分位数下解释变量对被解释变量的影响差别。为弥补这一缺陷，Koenker 和 Bassett 提出了线性分位数回归理论，用被解释变量的条件分位数对解释变量进行回归，捕捉分布上尾和下尾的特征，得出解释变量对不同部分被解释变量产生的不同影响。[1]基本的分位数回归模型可以写成：

$$Q_{yi}(\tau|x_{it}) = \alpha_i + x_{it}^T\beta(\tau)$$
$$i = 1, \cdots, n; t = 1, \cdots, m_i$$

此时，等式右端不再是关于解释变量的被解释变量的数学期望，而是变成了条件分位数。为了同时估计不同分位数下的参数，需要对下式进行求解：

$$\min_{(\alpha,\beta)} \sum_{k=1}^{q} \sum_{t=1}^{T} \sum_{i=1}^{n} \omega_k \rho_{\tau_k}[y_{it} - \alpha_i - x_{it}^T\beta(\tau_k)] + \lambda \sum_{i=1}^{n} |\alpha_i|$$

其中，ω_k 为对应各分位数的权数，λ 为调节系数，α_i 为不随分位数变化而变化的固定效应。最常用的方法是 Koenker 提出的采用固定效应作为惩罚项的分位检验函数的最小化方法，且标准误差采用 Bootstrap 求解。[2]我们借鉴这一方法并选择 10%、25%、50%、75%、90% 五个具有代表性的分位点进行回归。

从表 6 - 7 和图 6 - 6 可以看出，随着竞争力分布的不同，环境规制对其影响存在一定差异。具体来看，环境规制强度上升对竞争力的负面影响随着分位点的提高呈下降趋势，75% 分位点的系数降至 -0.0043，远低于 10% 分位点的 -0.0632，而在 90% 分位点，系数由

---

① Koenker, R., Bassett, G. J., "Regression Quantiles", *Econometrica*, 1979, 46 (1): 33 - 50.

② Koenker, R., "Quantile Regression for Longitudinal Data", *Journal of Multivariate Analysis*, 2004, 91 (1): 74 - 89.

负变正且未通过显著性检验，环境规制已经不是影响竞争力的主要变量，这可能是由中国制造业竞争力的特点所决定的。以 2010 年为例，中国制造业 RCA 指数大于 2 的行业共有五个，包括纺织服装及鞋帽制造业、皮革毛皮羽毛及其制品业、纺织业、家具制造业、通用设备计算机及其他电子设备制造业，这些行业基本上都属于劳动密集型行业，且这些行业大部分都属于清洁行业，环境规制成本占总成本的比重相对较小，这就导致了在竞争力较强的情况下环境规制强度上升对其影响比较小。相反，中国比较优势不是很显著的大多是资本技术密集型行业，如化学原料及化学制品制造业、金属冶炼及压延加工业等，这些行业大多属于污染行业，环境规制成本占总成本的比重较高，在"波特效应"还不能充分显现的情况下，环境规制提高势必会较大幅度增加企业成本，从而削弱其竞争力。从平方项来看，在 50% 分位点之前，环境规制与竞争力之间呈"U"形关系，且拐点值逐渐降低，由 4.1 降至 3.31，说明越是竞争力低的行业，达到拐点右侧，即增强环境规制能够提高竞争力对应的值也就越大，这与中国当前的制造业结构以及竞争力特点是相符的。在 75% 分位点，这一"U"形关系开始发生变化，平方项由负变正。在 90% 分位点，环境规制与竞争力之间的关系不同于之前，呈现微弱的倒"U"形，拐点值较低，为 0.375，但不显著。结合上述中国制造业竞争力特点的分析可以看出，即使竞争力较强的行业，加强环境规制对中国竞争力的正向影响也是非常有限的。

此外，物质资本和人力资本对竞争力的影响随着分位点提高逐步降低，这主要是因为中国竞争力较弱的大多为资本技术密集型行业，而竞争力较强的行业大多是劳动密集型行业，导致了在不同分位点这两个变量的差异。不同于上述两个变量，外商直接投资在 90% 分位点的影响系数最大，为 0.0047，而且在 1% 显著性水平上通过了检验，反映了引进外商直接投资在提高中国优势产业竞争力方面的重要作用。研究投入在所有的分位点都不显著，且系数符号有正有负，进一步说明该变量对中国制造业的竞争力影响不大。

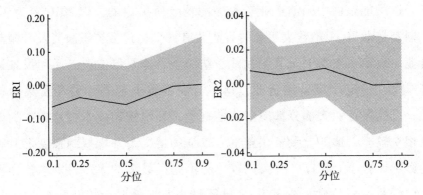

图 6 – 6   环境规制面板分位数回归系数

（三）稳定性检验

为了得到更为科学合理的结论，我们进行两个方面的稳定性检验：一是竞争力指数。显性比较优势指数忽略了进口贸易的重要性，在经济规模较大的时候可能会导致偏差，因而需要引入净出口指数和 Michealy（1962）指数进行稳定性检验，它们的计算公式分别为 $NEX_{it} = (X_{it} - M_{it})/(X_{it} + M_{it})$ 和 $MIC_{it} = (X_{it}/\sum X_{it} - (M_{it}/\sum M_{it})$。通过 Hausman 检验发现，$MIC$ 指数回归不能拒绝假设，应选随机效应，而 NEX 指数回归应选固定效应。二是内生性问题。现有研究表明，环境规制被当作次优的贸易壁垒，环境规制提高导致更多进口等都有可能导致内生性问题，即环境规制影响竞争力，而竞争力同时又影响环境规制（Ederingtom 和 Minier，2003；Levinson 和 Taylor，2008）。最常用的方法是通过工具变量消除内生性问题，基于此，我们利用能源指标标准煤作为环境规制的工具变量。通过相关关系检验，标准煤与环境规制的相关系数为 0.65，与 $SRCA$ 指数、NEX 指数、MIC 指数回归残差的相关系数分别为 0.0552、0.0841 和 0.0357，符合工具变量选取的基本原则。通过内生性检验，得到 $SRCA$ 指数、NEX 指数、MIC 指数作为因变量的 Hausman 统计量分别为 1.47、0.83 和

21.34，p 值分别为 0.9833、0.9971 和 0.0034，即环境规制在 $SRCA$ 指数和 NEX 指数是外生的，而在 MIC 指数是内生的。

表 6 - 8 反映了稳定性检验的估计结果。与表 6 - 7 的结果相似，环境规制在 10% 以下的显著性水平下与 NEX 指数和 MIC 指数负相关，进一步说明环境规制是影响中国制造业竞争力的重要因素。从具体数值来看，以 NEX 指数作为竞争力衡量指标时，环境规制强度提高的负面影响更大一些，而以 MIC 指数作为竞争力衡量指标时，负面影响要小一些。环境规制的平方项与 NEX 指数和 MIC 指数呈显著的正相关关系，且拐点值与 RCA 指数作为竞争力衡量指标时基本相当，说明环境规制与中国制造业竞争力之间的"U"形关系较为稳健。除了人力资本在 MIC 指数回归中变得不显著以外，其他变量的系数值和显著与表 6 - 7 比较接近。

表 6 - 8   稳定性检验

变量	NEX	MIC	$MIC - IV$
ERI	-0.2239 $(-2.4)^{**}$	-0.0046 $(-2.97)^{***}$	-0.0059 $(-1.82)^{*}$
PC	0.0221 $(3.79)^{***}$	0.0048 (0.81)	0.0097 $(2.9)^{***}$
HC	0.0975 $(3.16)^{***}$	-0.0003 (-0.01)	0.0173 (0.98)
RD	0.0039 (0.59)	0.0014 (0.18)	-0.0007 (-0.17)
FDI	0.0047 $(1.87)^{*}$	0.0039 $(1.67)^{*}$	0.0042 $(2.99)^{***}$
ERI^2	0.0307 $(1.63)^{*}$	0.0011 $(2.61)^{***}$	0.0008 (1.47)
PC^2	-0.0002 $(-2.18)^{**}$	0.0000 (-0.47)	-0.0001 $(-3.14)^{***}$
HC^2	-0.0048 $(-1.97)^{*}$	-0.0009 (-0.33)	-0.0011 (-0.77)
cons	-0.3233 $(-2.24)^{**}$	0.1941 (1.29)	-0.3671 $(-3.41)^{***}$
拐点值	3.65	2.09	3.69
样本	182	182	182
Hausman 检验	157.48^{***}	13.05	—
R^2	0.3069	0.0668	0.1348

注：括号内为 t 值，$***$、$**$、$*$ 分别表示 1%、5% 和 10% 置信水平。

第五节　本章小结

本章首先分析了中国环境规制的现状和政策工具，然后回顾了环境规制影响贸易竞争力的理论与实证检验，最后在合理构建环境规制强度指数前提下，基于 HOV 模型，利用 2004 ~ 2010 年 26 个制造业行业的数据实证检验了环境规制对中国制造业贸易竞争力的影响，从中可以得出以下几点重要的结论。

（1）环境规制与中国制造业竞争力负相关，而其平方项与竞争力正相关，呈"U"形关系。目前，中国环境规制强度还处在拐点的左侧，即加强环境规制将提高企业的成本，在"波特效应"还没充分显现的情况下，将对竞争力产生一定的负面作用。

（2）环境规制对中国制造业竞争力的影响在不同分位数下存在较大差别。从分位数回归结果来看，当前提升环境规制强度对中国低竞争力的产业冲击较大，而对高竞争力的产业影响不大。这主要是因为中国竞争力较高的产业主要是劳动密集型产业，大多属于清洁行业。因而，中国在加强环境规制时也无须过度担心对制造业竞争力的冲击。

（3）从长期来看，环境规制与中国制造业竞争力实现良性循环还是完全有可能的。当前中国处在"U"形曲线拐点左侧是由中国产业结构和竞争力的特点决定的，而"波特效应"较为显著的很多产业在中国都不具有竞争力。要实现二者的良性循环，一方面要加快产业结构转型升级，实现由"中国制造"向"中国创造"的质的飞跃，提高附加值，从而降低环境规制成本占总成本的比重；另一方面要调整环境规制政策，尽量减少命令与控制政策，探索推行市场机制政策，并辅以一些科技政策，激发企业的技术创新，培育制造业在低碳经济下的核心竞争力。

第七章 低碳经济条件下提升中国制造业贸易竞争力的对策建议

改革开放以来，在传统非低碳经济条件下，中国制造业凭借廉价的劳动力和资源，加上优惠的外贸外资政策，全面融入国际分工链条，贸易竞争力显著提升，成为"世界工厂"。然而，在《京都议定书》、"巴厘岛路线图"和《哥本哈根协议》签订后，低碳经济取代传统经济成为世界经济发展的大趋势，中国制造业建立在"低成本、高能耗、高排放"基础上的贸易竞争力面临着巨大挑战。本章对前面的研究进行总结，并在此基础上提出低碳经济条件下提升中国制造业贸易竞争力的对策建议。

第一节 研究结论

一 非低碳经济条件下中国制造业在总体上具有较强的贸易竞争力

20 世纪 90 年代中期以来，特别是加入 WTO 以后，中国制造业的对外贸易发展迅速，进出口规模不断扩大，贸易顺差稳步增加，进出口结构日益优化，进出口市场进一步多元化，特别是出口市场分布格局日趋合理，但出口主要是沿着集约边际增长，面临外部冲击时较为脆弱。通过国际市场占有率（MS）、贸易竞争力指数（TC 指数）、显示性竞争优势指数（CA 指数）、出口技术复杂度指数（EXPY 指数）、产业内贸易指数（IIT 指数）等测算表明：①虽然中国制造业在总体上具有竞争优势，但是近年来，部分指数呈现一定程度下降的态势；②劳动密集产品一直是中国制造业中最具有国际竞争力的产品，资本密集型与资本和技术密集型产品的国际竞争力在缓慢提升，形成较强贸易竞争力还需要一定的积累；③中国机电产品的贸易竞争力持续上升，其中金属制品与机械设备产品的竞争优势较强，与此同时，中国高技术机电产品的国际竞争力也在不断上升，但除了计算机和通信技术产品外，其他产品并不具有竞争优势。由此可以看出，目前中国虽然是制造业大国却不是强国，低碳经济条件下的竞争优势还有待增强。

二 非低碳经济条件下中国制造业对外贸易中隐含碳存在不平衡

随着中国制造业出口的快速增长，出口中隐含碳的排放量呈现出迅速增长态势，超过 20 亿吨，占中国当年碳排放量的 1/3，个别年份甚至超过 40%，而进口中隐含碳排放增长相对较慢，导致了中国从 2006 年处于净出口隐含碳地位，目前数量已经相当可观。其中，净出口隐含碳的 60% 以上集中在服装皮革羽绒及其制品业、通信设备计算机及其他电子设备制造业、金属制品业三个行业。这就意味着，在基于生产核算原则（Production Accounting Principle）下，中国实际上承担了消费国的碳排放责任。因此，在开放经济条件下，这一核算原则有失公平。中国制造业与欧美贸易中处于净出口隐含碳地位，而与周边亚洲国家贸易中处于净进口隐含碳地位，且变化呈现同步性特征。这一特征是由于中国制造业承接新一轮国际产业转移和大力发展加工贸易形成的，欧美日等发达国家和地区从中国快速增长的碳排放中获得了部分利益。此外，中国制造业对外贸易中隐含碳排放失衡还呈现出较高的行业集中度和国别集中度。

三　出口总量是中国制造业出口中隐含碳排放增长的主要驱动因素

第三章运用 SDA 和 IDA 两种分解方法测算表明：出口总量是促进中国制造业出口贸易隐含碳排放增加的主要因素，直接排放系数是碳减排的主要因素。虽然中间生产技术和出口结构起到了减排作用，但影响较小，尤其是出口结构，贡献值在 −1% 以下。中国制造业出口不同贸易伙伴隐含碳排放增长的驱动因素存在一定程度的区别。出口总量增长是导致出口不同贸易伙伴隐含碳排放增加的主要因素，出口结构改善降低了出口欧美的隐含碳排放，但出口日本和韩国却由于结构恶化导致了碳排放增加。降低排放强度是近期中国制造业减缓出口贸易中隐含碳排放增长的最佳选择。从长远看，出口结构调整升级是降低中国制造业出口中隐含碳排放的一个可行的选择。

四　征收碳关税将会对中国制造业贸易竞争力及其出口产生冲击

虽然碳关税的实施还存在合法性、高昂的行政成本等问题，但随着低碳经济的不断推进，经过科学合理的设计和实施，只要不构成武断的或不合理的差别待遇，也不构成对国际贸易的变相限制，碳关税在不久的将来变成现实还是有可能的。通过动态可计算一般均衡模拟分析美欧征收碳关税对中国制造业贸易竞争力及其出口的影响表明：①碳关税将会对中国制造业贸易竞争力及其出口产生冲击，税率越高，影响越大，且持续时间越长；②碳关税对中国制造业贸易竞争力及其出口的影响在行业间存在较大差别，碳排放强度高的行业影响较大，而少数低碳行业的出口不仅没有下降还有小幅上升；③碳关税对中国制造业出口流向也会产生一定的影响，出口美欧将会下降，而出口日本和其他地区将会上升；④缓解碳关税措施的模拟结果表明，在短期内，出口补贴对碳关税的抵消效果较好，但从长期来看，能源使用效率提升则更优。作为世界第一大排放国和第一大出口国，碳关税的征收势必对中国制造业贸易竞争力产生一定的影响，中国需要未雨绸缪，积极采取措施应对这一低碳贸易壁垒。

五　征收碳税将对中国制造业贸易竞争力产生负面影响

征收碳税被普遍认为是减少碳排放最具市场效率的经济手段之一，已经在很多发达国家实施，并取得了较好的效果。基于投入－产出表和动态可计算一般均衡模型分析碳税对中国制造业贸易竞争力的短期和长期影响表明：①较低的碳税税率在短期内对中国制造业的国内市场贸易竞争力以及出口贸易竞争力的影响较小，但随着碳税税率水平的提高，影响越来越大；②如果中国2020年征收碳税，高碳行业无论是国内市场贸易竞争力还是出口贸易竞争力都会受到较大的影响，尤其是对后者影响具有很强的持续性，在2030年仍然较为显著；③从税收循环使用来看，降低企业间接税的中性税收政策对减缓贸易竞争力影响的作用较为显著。丹麦、爱沙尼亚、芬兰、捷克、奥地利、德国、意大利、荷兰、挪威、瑞典、瑞士、英国、日本等征收碳税国家的实践表明，通过税收中性的综合性税制改革，在增收碳税的同时，减免企业与个人的所得税、投资税、社会保障税等，降低现存税制对资本、劳动产生的扭曲作用，维持国家的财政收入不变，从而促成更多的社会就业、国民生产总值持续增长等。这样不仅可以改善环境质量，节约资源，还能够刺激投资和就业，提高竞争力，进而推动经济增长。如果中性税收政策设计合理，中国征收碳税获得"双重红利"完全是有可能的。

六　环境规制与中国制造业贸易竞争力呈 "U" 形关系

第六章基于 HOV 模型，利用 2004～2010 年 26 个制造业行业的数据实证检验了环境规制对中国制造业贸易竞争力的影响发现：①环境规制与中国制造业竞争力呈现负相关，而其平方项与竞争力呈现正相关，呈"U"形关系。目前，中国环境规制强度还处在拐点的左侧，即加强环境规制将提高企业的成本，在"波特效应"还没充分显现的情况下，将对竞争力产生一定的负面作用。②环境规制对中国制造业竞争力的影响在不同分位数下存在较大差别。从分位数回归结果来看，当前环境规制强度提升对中国低竞争力的产业冲击较大，而对高竞争力的产业影响不大。这主要是因为中国竞争力较高的产业主要是劳动密集型产业，大多属于清洁行业。③从长期来看，环境规制与中国制造业竞争力实现良性循环还是完全有可能的。当前中国处在"U"形曲线拐点左侧是由中国产业结构和竞争力特点决定的，而"波特效应"较为显著的很多产业在中国都不具有竞争力，要实现二者的良性循环，一方面要加快产业结构转型升级，另一方面要调整环境规制政策，发挥市场机制在环境规制方面的作用，培育制造业在低碳经济条件下的核心竞争力。

第二节　对策建议

一　积极参与规则制定，争取碳排放权

低碳经济发展和国际碳减排机制的建立过程中，国际碳排放责任认定和碳减排义务的分配至关重要，碳排放权就是一个国家或地区的发展权，特别是发达国家的经济发展水平比较高，碳减排能力比较强，又掌握了设计国际碳减排机制的话语权，肯定会制定有利于发达国家的国际碳减排机制。同时，为了实现全球碳减排目标，势必带来新一轮全球标准的制订，包括能耗标准、碳排放标准等，全球产业分工合作体系和国际贸易体系也会发生重大变化，在经济

全球化背景下，所有国家都不能独善其身。

前面的研究表明，中国制造业的碳排放中有相当一部分通过出口而被其他国家消费了，按照生产核算原则明显高估碳排放水平，使中国在这一问题上承受的压力越来越大。中国作为发展中国家，经济发展任重而道远，在快速发展经济、提高国民生活水平的过程中，由于能源驱动模式的影响，必定大量增加碳排放量。如果中国不能主动参与到国际碳减排机制的制定过程中，就会丧失话语权，不但没有碳排放空间，还要承担巨大的碳减排义务，制造业贸易竞争力也会被削弱，对中国未来的发展极为不利。坚持《联合国气候变化框架公约》和《京都议定书》的基本框架，严格遵循"巴厘岛路线图"授权作为后续应对气候变化的谈判依据和行动指南，坚持能力与义务对等原则，在应对气候变化过程中，要求发达国家应通过率先大幅度减排，为发展中国家的发展腾出必要的排放空间，同时要向发展中国家提供资金、转让技术，协助发展中国家提高碳减排能力。在未来气候变化谈判中，中国既要担负起大国的责任，有建设性地参与全球应对气候变化的进程，更要坚持公平正义原则，维护国家利益，捍卫国家发展权。中国作为世界第一大出口国，在碳排放问题上，拿出可信度高、说服力强的数据证明出口给相关国家带来的利益，积极主张建立基于生产和消费共同承担碳排放责任的核算标准，真正体现"共同但有区别责任"的原则，确保在一个公平合理的框架下确定中国的排放额度和排放权，为低碳经济条件下提高中国制造业贸易竞争力创造良好的外部环境。

二 大力提高能源效率，降低排放强度

中国制造业贸易竞争力在低碳经济条件下，受到碳关税、碳税等影响较大的主要原因是碳排放强度较高。前文基于可比价格投入–产出表的测算表明，2010年中国制造业大部分行业的碳排放强度

与 2002 年相比，下降得非常有限，平均碳排放强度仅从 4.99 吨/万元降至 4.94 吨/万元。导致这一现象的重要原因是中国制造业能源使用效率较低，尤其是钢铁、化工、建材等高能耗产业主要依靠粗放式增长，能源产出效率不仅低于世界平均水平，甚至低于很多发展中国家的水平。中国还处在后工业化和城市化的黄金时期，制造业不但在当前，而且在未来长期内都将是国民经济的支柱产业，经济增长的主导部门，其规模和水平是衡量中国综合国力最重要的标志之一。当然，制造业的发展，能源投入是必不可少的要素之一。那么，在低碳经济条件下要保持并进一步提高中国制造业贸易竞争力，提高制造业的能源效率是重要前提。

当前我们可以从以下四个方面着手提高能源效率：①继续强化节能减排工作，严格执行节能减排目标的监测、考核机制，落实地方政府和企业节能减排的任务，提高能源利用效率，确实降低能源消耗和碳排放强度。②通过技术创新与引进相结合突破"节能减排"的关键技术。国内外的实践经验表明，掌握并广泛运用"节能减排"技术是制造业提高能源效率的关键。这些技术包括可再生能源及新能源、煤的清洁高效利用、油气资源和煤层气的勘探开发、二氧化碳捕获与埋存等领域开发的有效控制温室气体排放的新技术。一方面，中国要加大对自主创新突破关键节能技术和清洁能源生产技术的扶持力度；另一方面，需要加大引进国外先进技术的力度，在吸收、引进的基础上进行创新。③制造业发展从过多依靠资源能源消耗转向更多依靠技术投入、高素质人才投入和提高管理效率。如果制造业还是按照"高投入、高消耗、高排放、低效率"的发展模式，在低碳经济条件下不可能具有贸易竞争力，这就要求中国转变发展模式，更多地依靠技术投入、高素质人才投入和提高管理效率。④理顺资源能源价格体系，稳步推进能源税和环境税改革，通过价格杠杆和税收工具，促使制造业节约使用资源能源，提高能源利用效率。

三　着力优化能源结构，发展低碳能源

在低碳经济条件下，中国制造业贸易竞争力保持并进一步提高面临的重要瓶颈之一是以煤炭为主的能源消费结构。目前，煤炭占中国制造业能源消费的 70% 左右，而煤炭属于典型的高排放、高污染的能源。随着低碳经济的发展，在中国制造业中增加清洁能源使用，优化能源结构，已经成为当务之急。这就需要加大对清洁能源的投资建设力度，鼓励和支持新能源和可再生能源开发，完善清洁能源投资和产品销售的补贴政策，调动企业使用新能源的积极性，坚持以市场需求为导向，引导社会资本、技术和人才等要素投入，提高制造业清洁能源消耗比重。优化核电站布局，加快推进核电站项目建设，加快研发先进技术和设备，推进第四代核能技术研发和产业化；加强水电站建设管理，提高水电站管理水平，增强水电供应能力；加强陆地和海洋风电场勘察、设计和论证，增加风电机组容量，提高风电产出水平；推广太阳能利用和发电技术，加快光伏、光热电站项目建设；加快页岩气商业开发步伐，发挥其在绿色低碳能源供应、优化能源消费结构中的重要作用。此外，在大力发展国内优质低碳能源生产的同时，有计划地从国外购进天然气等优质低碳能源用于制造业生产。

四　加快调整产业结构，培育低碳优势

目前，中国制造业在结构上具有明显的"高碳化"特征，在低碳经济条件下要加快产业结构调整才能避免其贸易竞争力受到较大的冲击。一是要积极推进高碳产业从高能源消耗向低能源消耗转型。当前，中国还处于工业化和城市化进程中，以钢铁、船舶、机械、建材、石化为代表的具有重化工业特征的行业还处于增长阶段，而

这些产业在能源使用过程中都有着相对较高的碳排放量。作为发展中国家，中国不可能快速跳过工业化阶段，大幅度缩减重化工业比重。因此，面对低碳经济条件下提高贸易竞争力的要求，一方面以新一轮过剩产能调整为契机，加快淘汰高耗能、高污染的制造业落后生产能力；另一方面推动这些制造业的高加工度化、高知识密集化、高附加值化，降低制造业单位产值能耗。二是要打造新的低碳产业链。目前中国制造业产业链的价值分布是向资源型企业倾斜的，低碳经济的发展将改变这一分布。首先是缩短能源、汽车、钢铁、化工、建材等高碳产业所引申出来的产业链条，将处于这些产业的上、下游产业"低碳化"；其次是调整高碳产业结构，逐步降低高碳产业特别是"重化工业"在整个制造业中的比重，推进产业和产品向利润曲线两端延伸：向前端延伸，从生态设计入手形成自主知识产权；向后端延伸，形成品牌与销售网络，提高核心竞争力，最终使制造业的产业结构逐步趋向低碳经济的标准。三是要大力发展新型低碳产业。低碳产业包括火电减排、新能源汽车、建筑节能、工业节能与减排、循环经济、资源回收、环保设备、节能材料等，都是具有朝气和发展前景的新型行业。通过发展新型低碳产业，积极发展清洁及可再生能源，替代传统的高碳的化石能源，逐步建立起低碳的能源系统、低碳的技术体系和低碳的产业结构，使制造业由传统模式逐步向低碳经济转型，这是中国制造业产业转型的长期方向，也是抢占低碳经济条件下产业制高点的必然选择。

当然，无论是限制现有高碳产业的速度，还是促进新兴低碳产业的发展，按照目前现有的市场容量和发展趋势，在一定时期内，要使市场自觉地做出反应，是不现实的，政府必须在政策环境上给予相应的引导，比如在产业规划、产业税收政策、产业标准的制定以及产业环境规制等方面，采取有利于低碳产业的各种措施。此外，政府应尽快搭建一个关于低碳经济发展的信息平台，以便国内的产业发展与全球产业发展具有同步趋势。

五　逐步实施碳税政策，发挥市场机制作用

随着中国碳排放量的不断增加，面临的减排压力会越来越大，应逐步制定实施符合国情的碳税政策，发挥市场机制在应对气候变化和发展低碳经济方面的作用，与二氧化碳减排的国际框架接轨。碳税作为市场激励性的环境规制政策，虽然在短期内对中国制造业的贸易竞争力会产生一定冲击，但在长期内有利于中国制造业提高能源利用效率、优化能源结构以及调整产业结构，进而提升在低碳经济下的贸易竞争力。根据前面的研究以及其他国家的经验，中国实施碳税政策宜采用宽税基、低税率，在碳税开征的初期应选择较低税率，以尽量减少对制造业贸易竞争力可能产生的负面影响。同时，将碳税和能源税、环境税结合，尽快完善环境相关税的税制，循序渐进地调整中国税制体系，保持中国制造业现有的贸易竞争力。结合中国的现状，应该在开征初期考虑在不同行业之间实行差异税率并配以合理的税收减免相关条款，保护高耗能产业和其他受碳税冲击比较大的行业的竞争力。此外，注重碳税政策设计的税收中性原则。国际上实施碳税的先进经验表明，各国都十分重视碳税制度设计的税收中性原则，强化碳税收入的循环再利用，在实施碳税的同时消减其他的扭曲性税收，以减少征税的负面效应和对经济的负面影响。作为发展中大国和制造业大国，中国在碳税制度设计过程中应格外注重税收中性原则，争取实现"双重红利"，既改善环境质量，又提高制造业的贸易竞争力。

六　开展多边贸易协商，尽力阻止碳关税征收

从长期来看，中国制造业要在低碳经济条件下取得贸易竞争力，可以通过提高能源效率、优化能源结构和调整产业结构来实现，但

这些都不是一蹴而就的，需要相当长的时间。从短期策略来讲，为了保证制造业出口贸易的稳定发展，中国可以联合印度、巴西等对出口贸易有较大依赖的主要发展中国家，在 WTO 的框架内，对欧美碳关税制度的合法性发起挑战。第一，碳关税的性质为边境税。在 WTO 框架规定下，一国边境税征收法案的改变，需要征得 WTO 其他成员国的同意。欧盟和美国在未征得其他国家一致同意的情况下，强行将进口产品纳入碳排放交易机制是违规的。第二，碳关税规定中有减免碳关税的条款。如美国规定，与美国采取相当的减排措施的国家可以不额外购买排放指标。然而，"相当措施"的评判标准是由美国制定的，未经过 WTO 其他成员国的认可，公正性无法得到确认。WTO 框架规定有最惠国待遇的条款，要求贸易条约缔约国双方在通商、航海、关税和公民法律地位等方面相互给予不低于现时或将来给予任何第三国的优惠、特权或豁免待遇。对个别国家给予碳关税减免，同时对其他国家征收碳关税，违反了最惠国待遇规定，形成国别歧视。中国和其他 WTO 成员方中的发展中国家可以依据美欧碳关税违反 WTO 国民待遇条款和最惠国待遇条款而向 WTO 提出反对申请，以切实维护本国的利益。

另外，中国还应带领发展中国家集团在气候谈判中抵抗碳关税制度。1992 年联合国地球首脑会议上通过的《联合国气候变化公约》规定，各国的减排责任是共同但有区别的。在这一规定下形成的谈判共识是，发达国家的减排责任应大于发展中国家的责任。然而碳关税制度则是发达国家单方面迫使发展中国家承担无区别减排责任的举措，是与气候谈判的核心准则相悖的。

通过上述两个方面开展与发展中国家多边贸易协商，尽量阻止或延缓欧美碳关税的实施，可以为低碳经济条件下提高中国制造业贸易竞争力赢得宝贵的时间。

七　参与全球气候合作，利用清洁能源生产机制提升竞争力

中国制造业出口的利益绝大多数被跨国公司获得，而且通过转移排放帮助发达国家在没有降低本国福利的前提下完成《京都议定书》规定的减排任务。目前，绝大多数发达国家已经意识到与中国加强气候合作的必要性。中国要以此为契机，积极参与和美国、日本等国的双边气候合作以及各种形式的多边气候合作，在合作中实现共赢。一是要积极争取发达国家承诺的资金援助和技术支持，弥补国内低碳经济发展中资金和技术的不足；二是利用国际新能源产业兴起的机遇，广泛参与国际新能源产业合作，促进制造业发展和升级；三是有效利用清洁能源生产机制（CDM），扩大与发达国家CDM合作项目的数量和规模，提高企业清洁生产积极性。通过参与全球气候合作，在减少碳排放的同时提高中国制造业的贸易竞争力。

参考文献

［1］ Ahmed, N. , Wyckoff, A. , Carbon Dioxide Emissions Embodied in International Trade of Goods, OECD Science, Technology and Industry Working Papers No. 2003/15, 2003.

［2］ Allan, G. , et al. , "The Economic and Environmental Impact of a Carbon Tax for Scotland: a Computable General Equilibrium Analysis", *Ecological Economics*, 2014, 100: 40 – 50.

［3］ Alpay, S. , Can Environmental Regulations Be Compatible with Higher International Competitiveness: Some New Theoretical Insights, FEEM Working Paper, 2001.

［4］ Arimura, T. H. , Hibiki, A. and Kayayama, H. , "Is a Voluntary Approach an Effective Environmental Polilcy Instrument? A Case of Environmental Management Systems", *Journal of Environmental Economics and Management*, 2008, 55: 281 – 295.

［5］ Armington, P. A. , A Theory of Demand for Products Distinguished by Place of Production, IMF Staffpaper, 1969, 16 (1): 159 – 178.

［6］ Baranzini, A. , Goldember, J. and Speck, S. , "A Future for Carbon Taxes", *Ecological Economics*, 2000, 32: 395 – 412.

［7］ Barker, T. , Kohler, J. , Equity and Ecotax Reform in the EU: Achieving a 10% Reduction in CO_2 Emissions Using Excise Duties, Environmental Fiscal Reform Working Paper No. 10, Cambridge: University of Cambridge, 1998.

［8］ Barker, T. , Baylis, S. and Madsen, P. , "Auk Carbon/ Energy Tax:

The Macroeconomics Effects", *Energy Policy*, 1993, 21 (3): 296 –308.

[9] Baron, R., Economic/Fiscal Instruments: Competitiveness Issues Related to Carbon/ Energy Taxation, Annex I Expert Group on the UNFCCC Policies and Measures for Common Action Working Paper, 1997, No. 14.

[10] Bernard, A. B., Jensen, J. B., Redding, S. J. and Schott, P. K., The Margins of US Trade, NBER Working Paper No. 1466, 2009.

[11] Biermann, F. and Brohm, R., "Implement the Kyoto Protocol without the USA: the Strategic Role of Energy Tax Adjustments at the Border", *Climate Policy*, 2005, 4 (3): 289 –302.

[12] Branger, F. and Quirion, P., "Would Border Carbon Adjustments Prevent Carbon Leakage and Heavy Industry Competitiveness Losses? Insights from a Meta-analysis of Recent Economic Studies", *Ecological Economics*, 2014, 99: 29 –39.

[13] Bruvoll, A. and Larsen, M., "Greenhouse Gas Emissions in Norway: Do Carbon Taxes Work?", *Energy Policy*, 2004, 32 (4): 493 –505.

[14] Cole, M. A., Robert J. R., Okubo, T., "Trade, Environmental Regulations and Industrial Mobility: an Industry-level Study of Japan", *Ecological Economics*, 2010, 69: 1995 –2002.

[15] Cole, M. A., Robert, J. R., Okubo, T. and Shimamoto, K., "Why the Grass Is Not Always Greener: The Competing Effects of Environmental Regulations and Factor Intensities on US Specialization", *Ecological Economics*, 2005, 54: 95 –109.

[16] Cornwell, A., Creedy, J., "Carbon Taxation, Price and Inequality in Australia", *Fiscal Studies*, 1996, 17: 21 –38 .

[17] Dietzenbacher, E, Los, B. "Structural Decomposition Tech-

niques: Sense and Sensitivity", *Economic System Research*, 1998, 10 (4): 307 – 323.

[18] Dissou, Y., Eyland, T., "Carbon Control Policies, Competitiveness, and Border Tax Adjustments", *Energy Economics*, 2011.

[19] Dmailly, D. and Quirion, P., "European Emission Trading Scheme and Competitiveness: A Case Study on the Iron and Steel Industry", *Energy Economics*, 2008, 30: 2009 – 2027.

[20] Dong, et al., "An Analysis of the Driving Forces of CO_2 Emissions Embodied in Japan-China Trade", *Energy Policy*, 2010, 38: 6784 – 6792.

[21] Dong, Y. and Whalley, J., How Large are the Impacts of Carbon Motivated Border Tax Adjustments, NBER Working Paper No. 15613, 2009.

[22] Ederington, J., Minier, J., "Is Environmental Policy a Secondary Trade Barrier? An Empirical Analysis", *Canadian Journal of Economics*, 2003, 36 (1): 137 – 154.

[23] Ekins, P., "The Secondary Benefits of CO_2 Abatement: How Much Emission Reduction Do They Justify?", *Ecological Economics*, 1996, 16: 161 – 188.

[24] Feenstra R. C., "New Product Varieties and Measurement of International Prices", *American Economic Review*, 1994, March: 157 – 177.

[25] Fischer, C. and Fox, A., Comparing Policies to Combat Emissions Leakage: Border Tax Adjustment versus Rebates, Discussion Paper 09 – 02, Resources for the Future, 2009.

[26] Floros, N. and Vlachou, A., "Energy Demand and Energy-related CO_2 Emission in Greek Manufacturing: Assessing the Impact of Car-

bon Tax", *Energy Economics*, 2005, 27: 387 – 413.

[27] Goto, N. , "Macroeconomic and Sectoral Impacts of Carbon Taxation: A Case for the Japanese Economy", *Energy Economics*, 1995, 17 (4): 277 – 292.

[28] Goulder, L. H. and Schein, A. R. "Carbon Tax versus Cap and Trade: A Critical Review", *Climate Change Economics*, 2013, 4 (3): 1 – 28.

[29] Goulder, L. H. , "Environmental Taxation and the Double Dividend: a Reader's Guide", *International Tax and Public Finance*, 1995, 2 (2): 157 – 183.

[30] Greenaway, D. , Hine, R. C. and Milner, C. R. , "Country-Specific Factors and the Pattern of Horizontal and Vertical Intra-Industry Trade in the UK", *Review of World Economics/Weltwirtschaftliches Archiv*, 1994, 130 (1): 77 – 100.

[31] Greenstone, M. , List, J. , Syverson, C. , The Effects of Environmental Regulation on the Competitiveness of U. S. Manufacturing, NBER Working Paper 18392, 2012.

[32] Grether, J. M. , De Melo, J. , Globalization and Dirty Industries: Do Pollution Havens Matter, NBER Working Paper 9776, 2003.

[33] Grubel, H. G. , Lloyd, P. J. , *Intra-industry Trade: The Theory and Measurement of International Trade in Differentiated Products*, New York: Wiley, 1975.

[34] Harris, M. N. , Kónya, L. , Mátyás, L. , "Modelling the Impact of Environmental Regulations on Bilateral Trade Flows: OECD, 1990 – 1996", *The World Economy*, 2002, 25 (3): 387 – 405.

[35] Hausmann, R. , Hwang, J. , Rodrik, D. , "What You Export Matters", *Journal of Economic Growth*, 2007, 12 (1): 1 – 25.

[36] Hockenstein, "The Political of Environmental Regulation: Towards a Unifying Framework", *Journal of Political Economy*, 1991, 39 (2): 137 – 175.

[37] Hummels, D. and Klenow, P., "The Variety and Quality of a Nation's Exports", *American Economic Review*, 2005 (3).

[38] IEA, CO_2 Emissions from Fuel Combustion Highlights, 2013.

[39] International Panel on Climate Change, IPCC Guidelines for National Greenhouse Gas Inventories, 2006, available at: http://www. ipcc-nggip. iges. or. jp/public/2006gl/index. html.

[40] Ismer, R. and Neuhoff, K., Border Tax Adjustment: A Feasible Way to Support Stringer Emission Trading, CMI Working Paper, 2007, No. 36.

[41] Jaffe, A. B., Peterson, S. R., Portney, P. R., et al., "Environmental Regulation and the Competitiveness of US Manufacturing: What Does the Evidence Tell Us?", *Journal of Economic literature*, 1995, 33 (1): 132 – 163.

[42] Jakob, M., Marschinski, R., Hubleer, M., "Between a Rock and a Hark Place: a Trade-theory Analysis of Leakage under Production and Consumption-based Policies", *Environ. Resour. Econ*, 2013, 56 (1): 47 – 72.

[43] Jorgenson, W. and Wilcoxen, J., "Fundamental U. S. Tax Reform and Energy Markets", *Energy Journal*, 1997, 18 (3): 1 – 30.

[44] Joskow, P. and Schmalensee, R., "The Political Economy of Market-Based Environmental Policy: the U. S. Acid Rain Program", *The Journal of Law and Economics*, 1998, 41 (1): 37 – 85.

[45] Koenker, R, Bassett, G. J., "Regression Quantiles", *Econometrica*, 1979, 46 (1): 33 – 50.

[46] Koenker, R. , "Quantile Regression for Longitudinal Data", *Journal of Multivariate Analysis*, 2004, 91 (1): 74 - 89.

[47] Kohn, R. , "A General Equilibrium Analysis of the Optimal Number of Firms in a Polluting Industry", *Canadian Journal of Economics*, 1985, 18 (2): 347 - 354.

[48] Krause, F. , De Canio, J. , Hoerner, A. and Baer, P. , "Cutting Carbon Emission at a Profit: Impacts on U. S. Competitiveness and Jobs", *Contemporary Economic Policy*, 2003, 21 (1): 339 - 365 .

[49] Kuik, O. and Hofk, M. , "Border Adjustment for European Emissions Trading: Competitiveness and Carbon Leakage", *Energy Policy*, 2010, 38 (4): 1741 - 1748. Li, A. and Zhang, A. , "Will Carbon Motivated Border Tax Adjustments Function as a Threat?", *Energy Policy*, 2012, 47 (8): 81 - 90.

[50] Lall, S. , The Technological Structure and Performance of Developing Country Manufactured Exports: 1985 - 1998, OEH Working Paper No. 84, 2000.

[51] Lee, F. , Lin, J. and Lewis, C. , "Analysis of the Impacts of Combining Carbon Taxation and Emission Trading on Different Industry Sectors", *Energy Policy*, 2008, 36 (2): 722 - 929.

[52] Lee, F. , Lin, J. , Lewis, C. and Chang, F. , "Effects of Carbon Taxes on Different Industries by Fuzzy Goal Programming: A Case Study of the Petrochemical-related Industries, Taiwan", *Energy Policy*, 2007, 35 (8): 4051 - 4058,

[53] Levinson, A. , Taylor, M. S. , "Unmasking the Pollution Haven Effect", *International Economic Review*, 2008, 49 (1): 223 - 254.

[54] Li Aijun and Zhang Aizhen, "Will Carbon Motivated Border Tax Ad-

justments Function as a Threat?", *Energy Policy*, 2012, 47 (8): 81 – 90.

[55] Li, Y. and Hewitt, C. , "The Effect of Trade between China and the UK on National and Global Carbon Dioxide Emissions", *Energy Policy*, 2008, 36 (6): 1907 – 1914.

[56] Liapis, R. S. and Fournier, A. , How Important is the Extensive Margin in Agricultural Trade, presented at the International Agricultural Trade Research Consortium (IATRC) Meetings, Scottsale, AZ, 2008.

[57] Lin, B. and Li, X. , "The Effect of Carbon Tax on per capita CO_2 Emissions", *Energy Policy*, 2011, 39 (9): 5137 – 5146.

[58] Lin, B. and Sun, C. , "Evaluating Carbon Dioxide Emissions in International Trade of China", *Energy Policy*, 2010, 38 (3): 613 – 621.

[59] Lin Boqiang and Li Aijun, "Impacts of Carbon Motivated Border Tax Adjustments on Competitiveness across Regions in China", *Energy*, 2011, 36: 5111 – 5118.

[60] Liu, X. , Ishikawa, M. , Wang, C. , Dong, Y. and Liu, W. , "Analyses of CO_2 Emissions Embodied in Japan-China Trade", *Energy Policy*, 2010, 38 (1): 1510 – 1518.

[61] Lockwood, B. and Whalley, J. , Carbon Motivated Border Tax Adjustments: Old Wine in Green Bottles? NBER Working Paper No. 14025, 2008.

[62] Lu, C. , Tong, Q. and Liu, X. , "The Impacts of Carbon Tax and Complementary Policies on Chinese Economy", *Energy Policy*, 2010, 38 (11): 7278 – 7285.

[63] MiKibbin, W. J. and Wilcoxen, P. J. , "The Economic and Envi-

ronmental Effects of Border Tax Adjustments for Climate Policy",
Brookings Trade Forum 2009: 1 – 23.

[64] Monjon, S. and Quirion, P. , "Adressing Leakage in the EU TES:
Border Adjustment or Output-based Allocation?", *Ecological Economics*, 2011, 70 (11): 1957 – 1971.

[65] Mori, K. , "Modeling the Impact of a Carbon Tax: A Trial Analysis
for Washington State", *Energy Policy*, 2012, 48: 627 – 639.

[66] Munksgaard, J. and Pedersen, K. A. , " CO_2 Accounts for Open
Economies: Producer or Consumer Responsibility?", *Energy Policy*, 2001, 29: 327 – 334.

[67] Pearce, D. , "The Role of Carbon Taxes in Adjusting to Global
Warming", *The Economic Journal*, 1991, 101 (407): 938 – 948.

[68] Peters, G. P. and Hertwich, E. G. , " CO_2 Embodied in International
Trade with Implications for Global Climate Policy", *Environmental
Science and Technology*, 2008, 42: 1401 – 1407.

[69] Porter, M. E. and Van der Linder, C. , "Toward a New Conception
of the Environment-Competitiveness Relationship", *Journal of Economic Perspectives*, 1995, 9 (4): 97 – 118.

[70] Porter, M. A. , "America's Green Strategy", *Scientific American*,
1991, 264 (4): 168.

[71] Rivers, N. , "Impacts of Climate Policy on the Competitiveness of
Canadian Industry: How Big and How to Mitigate?", *Energy Policy*, 2010, 32: 1092 – 1104.

[72] Shui, B. and Harriss, R. , "The Role of CO_2 Embodiment in US-
China Trade", *Energy Policy*, 2006, 34 (18): 4063 – 4068.

[73] Smith, C. , Hall, S. and Mabey, N. , "Econometric Modelling of
International Carbon Tax Regimes", *Energy Economics*, 1995, 17:

133 – 146.

[74] Francesco, T. , Fabio, I. , Frey, M. , "The Effect of Environmental Regulation on Firms' Competitive Performance: The Case of the Building & Construction Sector in Some EU Regions", *Journal of Environmental Management*, 2011, 92: 2136 – 2144.

[75] Tobey, J. , "The Effects of Domestic Environmental Policies on Patterns of World Trade: An Empirical Test", *KYKLOS*, 1990, 43 (2): 191 – 209.

[76] Beers, C. V. , Jeroen, C. J. M. , "An Empirical Multi-Country Analysis of the Impact of Environmental Regulations on Foreign Trade Flows", *Kyklos*, 1997, 50 (1): 29 – 46.

[77] Viscusi, W. K. , "Frameworks for Analyzing the Effects of Risk and Environmental Regulations on Productivity", *The American Economic Review*, 1983, 73 (4): 793 – 801.

[78] Walter, I. , "The Pollution Content of American Trade", *Western Economic Journal*, 1973, 22: 61 – 70.

[79] Wang, K. , Wang, C. , Chen, J. N. , "Analysis of the Economic Impact of Different Chinese Climate Policy Options Based on a CGE Modeling Incorporating Endogenous Technological Change", *Energy*, 2009, 37: 2930 – 2940.

[80] Wang Xin, Ji Fengli and Ya Xiongzhang, "An Analysis on the Short-term Sectoral Competitiveness impact of Carbon Tax in China", *Energy Policy*, 2011, 30: 4144 – 4152.

[81] Weber, C. L. and Perters, G. P. , "Climate Change Policy and International Trade: Policy Considerations in the US", *Energy Policy*, 2009, 37: 2930 – 2940.

[82] Weitzman, M. L. , Martin, L. , "Prices vs. Quantities", *Review of*

Economic Studies, 1974, 41 (4): 477 - 491.

[83] Wier, M. K., "Are CO_2 Taxes Regressive? Evidence from the Danish Experience", *Ecological Economics*, 2005, 52: 239 - 251.

[84] Wissema, W. and Dellink, R., "AGE Analysis of the Impact of a Carbon Energy Tax on the Irish Economy", *Ecological Economics*, 2007, 61: 671 - 683.

[85] Wyckoff, A. W. and Roop, J. M., "The Embodiment of Carbon in Imports of Manufactured Products: Implications for International Agreements on Greenhouse Gas Emissions", *Energy Policy*, 1994, 22: 187 - 194.

[86] Xepapadeas, A. and Zeeuw, A., "Environmental Policy and Competitiveness: The Porter Hypothesis and the Composition of Capital", *Journal of Environmental Economics and Management*, 1999, 37 (2): 165 - 182.

[87] Xu Xinpeng, "International Trade and Environmental Regulation: Time Series Evidence and Cross Section Test", *Environmental and Resource Economics*, 2000, 17 (3): 233 - 257.

[88] Yan, Y. and Yang. L., "China's Foreign Trade and Climate Change: A Case Study of CO_2 Emissions", *Energy Policy*, 2010, 38 (1): 350 - 356.

[89] Zhang, Z. X., Competitiveness and Leakage Concerns and Border Carbon Adjustments, NOTA DI LAVORO 80, 2012.

[90] Zhang, Z., X. and Baranzini, A., "What Do We Know about Carbon Taxed? An Inquiry into their Impacts on Competitiveness and Distribution of Income", *Energy Policy*, 2004, 32: 507 - 518.

[91] 鲍勤等:《美国碳关税对我国经济的影响程度到底如何?——基于 DCGE 模型的分析》,《系统工程理论与实践》2013 年第

2 期。

［92］ 鲍勤等：《美国征收碳关税对中国的影响：基于可计算一般均衡模型的分析》，《管理评论》2010 年第 6 期。

［93］ 曹静：《走低碳发展之路：中国碳税政策设计及 CGE 模型分析》，《金融研究》2009 年第 12 期。

［94］ 常昕等：《碳关税对中国经济的影响及对策》，《山东农业大学学报（社会科学版）》2010 年第 2 期。

［95］ 陈佳贵、张金昌：《实现利润优势——中美具有国际竞争力产业的比较》，《国际贸易》2002 年第 5 期。

［96］ 陈松洲：《碳关税对我国外贸出口的双重影响与应对策略》，《河北经贸大学学报》2013 年第 4 期。

［97］ 董敏杰等：《环境规制对中国出口竞争力的影响——基于投入产出表的分析》，《中国工业经济》2011 年第 3 期。

［98］ 樊纲：《不如我们自己先征碳关税》，《资源再生》2009 年第 9 期。

［99］ 樊勇、张宏伟：《碳税对我国城镇居民收入分配的累退效应与碳补贴方案设计》，《经济理论与经济管理》2013 年第 7 期。

［100］ 傅京燕、李丽莎：《环境规制、要素禀赋与产业国际竞争力的实证研究——基于中国制造业的面板数据》，《管理世界》201 年第 10 期。

［101］ 郭正权：《基于 CGE 模型的我国低碳经济发展政策模拟分析》，中国矿业大学博士论文，2011。

［102］ 胡宗义等：《不同税收返还机制下碳税征收的一般均衡分析》，《中国软科学》2011。

［103］ 黄凌云、李星：《美国拟征收碳关税对我国经济的影响——基于 GTAP 模型的实证分析》，《国际贸易问题》2010 年第 11 期。

［104］ 李平等：《碳关税问题研究：背景、征收标准及应对措施》，《国际金融研究》2010 年第 9 期。

［105］ 李威：《碳关税的国际法与国际机制研究》，《国际政治研究（季刊）》2009 年第 4 期。

［106］ 李小平等：《环境规制强度是否影响了中国工业行业的贸易比较优势》，《世界经济》2012 年第 4 期。

［107］ 李艳梅、付加锋：《中国出口贸易中隐含碳排放增长的结构分解分析》，《中国人口·资源与环境》2010 年第 8 期。

［108］ 刘起运、彭志龙：《中国 1992 - 2005 年可比价投入产出序列表及分析》，中国统计出版社，2010。

［109］ 栾昊等：《碳关税对中国出口变化评估差异的影响因素》，《中国人口·资源与环境》2013 年第 3 期。

［110］ 栾昊、杨军：《美国征收碳关税对中国碳减排和经济的影响》，《中国人口·资源与环境》2014 年第 1 期。

［111］ 马述忠、陈颖：《进出口贸易对我国隐含碳排放量的影响：2000 - 2009 年——基于国内消费视角的单区域投入产出模型分析》，《财贸经济》2010 年第 12 期。

［112］ 潘辉：《碳关税对中国出口贸易的影响及应对策略》，《中国人口·资源与环境》2012 年第 2 期。

［113］ 平新乔等：《中国出口贸易中的垂直专门化与中美贸易》，《世界经济》2006 年第 5 期。

［114］ 齐晔等：《中国进出口贸易中的隐含碳估算》，《中国人口·资源与环境》2008 年第 3 期。

［115］ 钱学锋、熊平：《中国出口增长的二元边际及其因素决定》，《经济研究》2010 年第 1 期。

［116］ 邱嘉锋、梁宵：《"碳关税"对我国外贸出口的影响及对策建议》，《经济学动态》2012 年第 8 期。

［117］沈可挺、李钢：《碳关税对中国工业品出口的影响——基于 CGE 模型的估计》，《财贸经济》2010 年第 1 期。

［118］盛斌：《中国对外贸易政策的政治经济分析》，上海三联书店、上海人民出版社，2002.

［119］宋俊荣：《环境税边境调整与 WTO》，《世界贸易组织动态与研究》2010 年第 1 期。

［120］苏明等：《我国开征碳税问题研究》，《经济研究参考》2009 年第 72 期。

［121］王彬辉：《美国碳税历程、实践及对中国的启示》，《湖南师范大学社会科学学报》2012 年第 2 期。

［122］中国投入产业学会课题组：《国民经济各部门水资源消耗及用水系数的投入产出分析》，《统计研究》2007 年第 3 期。

［123］谢建国：《外商直接投资与中国的出口竞争力——一个中国的经验研究》，《世界经济研究》2003 年第 7 期。

［124］薛进军等：《中国低碳经济发展报告（2011）》，社会科学文献出版社，2011。

［125］杨立强、马曼：《碳关税对我国出口贸易影响 GTAP 模拟分析》，《上海财经大学学报》2011 年第 5 期。

［126］杨妹影等：《国际碳税研究》，化学工业出版社，2011。

［127］尹显萍、程茗：《中美商品贸易中的内涵碳分析及其政策含义》，《中国工业经济》2010 年第 8 期。

［128］张明喜：《我国开征碳税的 CGE 模拟与碳税法条文设计》，《财贸经济》2010 年第 3 期。

［129］张友国：《我国贸易含碳量及其影响因素——基于（进口）非竞争型投入产出表的分析》，《经济学季刊》2010 年第 9 卷第 4 期。

［130］章秀琴、张敏新：《环境规制对我国环境敏感性产业出口竞争力

影响的实证分析》,《国际贸易问题》2012 年第 5 期。

[131] 赵玉焕、范静文:《碳税对能源密集型产业国际竞争力影响研究》,《中国人口·资源与环境》2012 年第 6 期。

[132] 赵玉焕、张继辉:《碳税对我国能源密集型产业国际竞争力影响研究》,《国际贸易问题》2012 年第 12 期。

[133] 中国人民大学气候变化与低碳经济研究所:《中国低碳经济年度发展报告》,石油工业出版社,2012。

[134] 周勇刚:《丹麦能源发展战略:节能与环保并举》,《中华工商时报》2007 年 4 月 16 日。

[135] 朱永彬、王铮:《碳关税对我国经济影响评价》,《中国软科学》2010 年第 12 期。

图书在版编目(CIP)数据

低碳经济条件下提升中国制造业贸易竞争力研究/杜运苏著.
—北京:社会科学文献出版社,2015.9
ISBN 978 - 7 - 5097 - 7790 - 9

Ⅰ.①低…　Ⅱ.①杜…　Ⅲ.①制造工业－国际竞争力－研究
－中国　Ⅳ.①F426.4

中国版本图书馆 CIP 数据核字(2015)第 159056 号

低碳经济条件下提升中国制造业贸易竞争力研究

著　　者／杜运苏

出 版 人／谢寿光
项目统筹／祝得彬
责任编辑／仇　扬　邵桃炜

出　　版／社会科学文献出版社·全球与地区问题出版中心(010)59367004
　　　　　地址:北京市北三环中路甲 29 号院华龙大厦　邮编:100029
　　　　　网址:www.ssap.com.cn
发　　行／市场营销中心 (010) 59367081　59367090
　　　　　读者服务中心(010)59367028
印　　装／北京季蜂印刷有限公司

规　　格／开　本:787mm×1092mm　1/16
　　　　　印　张:16.25　字　数:208 千字
版　　次／2015 年 9 月第 1 版　2015 年 9 月第 1 次印刷
书　　号／ISBN 978 - 7 - 5097 - 7790 - 9
定　　价／59.00 元